U0527547

ETHICS

契约式道德论证研究

刘光明·著

RESEARCH ON
CONTRACTUAL JUSTIFICATION
OF MORALITY

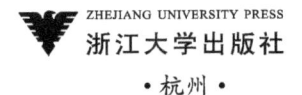

浙江大学出版社
·杭州·

图书在版编目(CIP)数据

契约式道德论证研究 / 刘光明著. --杭州：浙江大学出版社，2024.12. -- ISBN 978-7-308-25633-9

Ⅰ．B82

中国国家版本馆 CIP 数据核字第 2024HL8078 号

契约式道德论证研究
刘光明　著

责任编辑	曲　静
责任校对	朱梦琳
封面设计	雷建军
出版发行	浙江大学出版社
	（杭州市天目山路148号　邮政编码310007）
	（网址：http://www.zjupress.com）
排　　版	浙江大千时代文化传媒有限公司
印　　刷	广东虎彩云印刷有限公司绍兴分公司
开　　本	710mm×1000mm　1/16
印　　张	13.75
字　　数	205 千
版 印 次	2024 年 12 月第 1 版　2024 年 12 月第 1 次印刷
书　　号	ISBN 978-7-308-25633-9
定　　价	68.00 元

版权所有　侵权必究　　印装差错　负责调换

浙江大学出版社市场运营中心联系方式：(0571)88925591；http://zjdxcbs.tmall.com

前　言

"为什么应是道德的？"(Why be moral?)此问题始终是伦理学家关注的核心问题，它可以最早追溯至古希腊时期苏格拉底和格劳孔的争论。格劳孔引入"吉格斯指环"的比喻以说明当人们具有隐身能力时，他无须接受道德约束，格劳孔的此种论断为后世的伦理学家们确立了一个分析的基点：道德与利益是不可调和的，道德成为人们追求自我利益的障碍，这意味着关于道德的论证不能建立在自我利益的分析之上。在近代伦理学中，休谟试图从人性中寻找道德源头，他将道德行动归为同情心的作用；康德则从个体的实践理性能力中寻求答案，他试图以纯粹实践理性的"自我立法"的方式确定道德法则。

休谟和康德的伦理理论并非完美无缺。休谟过度依赖同情心而使其理论缺少普遍适用性，且无法解决主体间性的问题；康德伦理学虽然基于理性存在者先在地确立绝对命令的方式而满足了普遍性要求，但其形式主义特征使之在现实中缺少实践效力。聚焦于某一起点所建立的伦理理论不足以应对现实世界的复杂境况，"为什么应是道德的？"这一难题被带到了当代。

约翰·罗尔斯(John Rawls)在建立正义理论时引入了经典的契约论，这影响了后来的伦理学家们，契约论成为道德论证的新工具，这为回答"为什么应是道德的？"问题提供了新方案。在罗尔斯正义论中，契约论是证成正义原则的工具，大卫·高蒂耶(David Gauthier)和托马斯·斯坎伦(Thomas Scanlon)则将之作为道德论证的工具，从而建立不同的道德契约理论。不同的是：高蒂耶承袭了霍布斯式的自利契约论，斯坎伦在广义康德主义伦理学之上建立了一种非自利的契约理论。高蒂耶论证的主要目标是从个体对效用价值的合理追求以确立道德约束的必要性,他试图寻找合理要求和道德要求之间的重叠。接受道德约束是一种合理约束,道德成为个体实现效用价值最大化的工具。在行动哲学方面,高蒂耶受休谟主义的深刻影响,他承袭了休谟主义意义上的内在理由、工具推理和工具合理性等内容。

相较而言,斯坎伦则关注与利益追求无关的生命价值,他以此为切入点论证人与人之间的"彼此义务",此种论证是以外在主义行动理由论为基础,这是源于个体对外在要素的考虑而确立的行动理由,而不是休谟主义意义上的内在主义理由,即这不是偏好或欲望之理由。进一步,在外在理由论之上,斯坎伦为"合理生物"确定了"有理由性"这一基础,而不是工具合理性。对斯坎伦而言,个体对他人生命价值的考虑为其道德活动提供了道德的行动理由,此为道德理由的重要性和优先性。

在行动哲学方面,高蒂耶和斯坎伦虽然分别是理由的内在主义者和外在主义者,但他们在道德领域则是道德外在主义者,正是基于此种理由基础的"分离"决定了高蒂耶和斯坎伦使用不同的方式应对非道德主义者的挑战。高蒂耶继承了经典契约论应对"愚人"问题时采用的方式,即通过惩罚方式使契约主体遵守契约。高蒂耶引入了约束的最大化合理性和半透明性。不同于高蒂耶的应对方案,斯坎伦认为惩罚方式是无效的,他转而以道德评价的方式实现个体对道德理由的正确认识。

当下,学界对当代契约论的划分常常建立在理论外在表现、订约者的特征以及整体思路之上,这未能把握这些理论的本质区别,因而不能为契约论的完善提供深入的启示。当代契约理论之所以展现出不同的"向度",这根本上是由它们行动哲学基础的不同所决定的。换言之,行动哲学基础的不同决定了当代契约论理论不同阶段的"目的论向度"和"非目的论向度"。上述向度也揭示了高蒂耶和斯坎伦在建立理论时所选择的"特定视角",因此两种理论是有其"限度"的。如果行动哲学基础对个体活动的描述并不全面,那么所进行的契约式的道德论证也是有缺陷的,此为本书展开研究的问题意识。

目 录

第一章 导 论 ………………………………………………… 1
　第一节 研究主题 ………………………………………… 1
　第二节 研究现状 ………………………………………… 7
　第三节 研究思路 ………………………………………… 13
第二章 契约式道德论证的理由论基础 …………………… 17
　第一节 行动理由论 ……………………………………… 17
　第二节 高蒂耶的内在理由论 …………………………… 29
　第三节 斯坎伦的外在理由论 …………………………… 36
　第四节 对理由论的整体评价 …………………………… 42
　第五节 行动理由之上的价值 …………………………… 45
第三章 契约式道德论证的合理性基础 …………………… 53
　第一节 合理性理论 ……………………………………… 53
　第二节 工具合理性 ……………………………………… 58
　第三节 "有理由性" ……………………………………… 65
　第四节 合理性基础的比较 ……………………………… 68
第四章 道德论证中的订约过程 …………………………… 75
　第一节 高蒂耶的订约理论 ……………………………… 75
　第二节 "有理由地拒绝" ………………………………… 85
　第三节 一个整体评价 …………………………………… 102

第五章　非道德主义者的挑战 ……………………… 109
    第一节　高蒂耶的守约理论 ………………………… 109
    第二节　斯坎伦式的"道德评价" …………………… 115
    第三节　两种应对方式的比较 ……………………… 119

第六章　基于契约式道德论证的制度伦理观 ……… 124
    第一节　"潜在正义社会" …………………………… 124
    第二节　对"不平等"的分析 ………………………… 128
    第三节　趋同性的倾向 ……………………………… 130

第七章　契约式道德论证"向度" …………………… 135
    第一节　"目的论"与"非目的论"向度的引出 …… 135
    第二节　不同论证阶段的"向度"区分 …………… 138
    第三节　"保证活动"之上的"向度" ……………… 142

第八章　契约式道德论证"限度" …………………… 150
    第一节　"自我证成"和"他人证成" ……………… 150
    第二节　道德契约论的适用范围 …………………… 156
    第三节　关于生活的说明 …………………………… 160
    第四节　"循环论证"问题 …………………………… 166

第九章　契约式道德论证的完善方向 ……………… 175
    第一节　行动理由论的完善 ………………………… 175
    第二节　向康德哲学回溯 …………………………… 187
    第三节　向休谟习俗论的回溯 ……………………… 198

参考文献 ……………………………………………… 202

后　记 ………………………………………………… 211

第一章 导 论

高蒂耶和斯坎伦契约论的理论源头和分析思路有诸多不同,如何基于两种理论的比较研究以把握契约式的道德论证？如何展开两种理论的比较研究？当下研究状况如何？本章试图回答这些问题。本章内容如下：首先,扼要介绍当代契约论的"道德转向"以及高蒂耶和斯坎伦的契约理论；其次,介绍国内外的研究状况以及行动哲学的研究现状；最后,阐述本项研究的可行性、研究价值和研究思路。

第一节 研究主题

一、当代契约论的"道德转向"

契约论有悠久的历史,早在古希腊时期已出现契约论思想的萌芽,苏格拉底和格劳孔(Glaucon)关于正义的争论包含了契约论的最初源头。在格劳孔看来,人们遭受非正义的不利影响而使其追求正义,因此正义建立在某种"好处"之上。格劳孔式的正义是为了避免非正义的负面影响而就正义达成"一致同意",正义表现为对契约的遵守,非正义则是不遵守契约,即正义分析与契约紧密关联。[①] 除了古希腊哲学作为契约论思想源头之外,罗马法和基督教也促进了契约论的发展。迈克尔·莱斯诺夫(Michael Lessnoff)认为契约论经历了两个繁盛阶段：第一个阶段从 16 世纪延续到

---

① 柏拉图.理想国[M].张斌,郭竹斌,译.北京：商务印书馆,1996：44-51.

18世纪;第二个阶段则是当代的复兴。尽管这两个时期的理论之间存在着明显的连续性,但它们仍然有着显著的不同,需要分别加以对待。① 第一阶段以霍布斯契约论为代表,霍布斯通常被视为古典契约论集大成者,他的契约论作为完备的理论体系影响了后世一系列重要的契约论者,如洛克、卢梭等人。契约论的当代复兴则以罗尔斯正义论为标志,罗尔斯将社会契约论视作推出正义原则的工具,此论证方式深刻地影响了后来的伦理学家。

在莱斯诺夫论及的契约论发展的两个阶段之间出现了明显的"道德转向"。古典契约论关注的是政治维度,这是一种政治契约论,道德问题处于附属位置,此理论主要以契约说明政治制度的形成过程、政治权威的基础等。借用简·汉普顿(Jean Hampton)的术语,古典政治契约论是国家的契约主义(state contractarianism)。② 当代道德契约论并不集中于政治主题,它试图以契约论为基础进行道德论证。罗尔斯使沉寂许久的契约论"重新焕发活力",他引入契约论的特殊之处在于:原初状态仅是一种理论预设,它在现实中并不存在,它也不是古典契约论意义的"自然状态"。梅谦立在阐述卢梭契约论时所言:"自亚里士多德以降,西方政治思想普遍倾向于认为,由于先天的'自然社会性',人类天然地从属于社会,并自然而然地参与社会。17—18世纪的'契约思想家'(如洛克)尝试打破这个传统:尽管他们还坚持人的'自然社会性'这个观念,不过,他们不再将具体的社会视作自然造物,相反,是由人所构造的非自然存在。"③古典契约论者对自然状态和社会状态做出了明确区分,他们建立契约理论要论述的问题是:人为什么要从自然状态进入社会状态,如果社会是"人所构造的非自然存在",那么人们试图建立一种什么样的社会,他们如何达成一致?上述这些问题在罗尔斯的正义论并不重要。对罗尔斯而言,重要的是原初状态的个体为什么选择正义原则,后来的道德契约论者也不再纠缠于"自然状态"是否存在这一问题,这在某种程度上也受到了罗尔斯的影响。正义论将政治哲学和道德哲学融为

---

① 莱斯诺夫.社会契约论[M].刘训练,译.南京:江苏人民出版社,2005:15.
② Hampton J. Two Faces of Contractarian Thought[M]//Essays on David Gauthier's Morals by Agreement. Cambridge: Cambridge University Press, 1991:32.
③ 梅谦立.卢梭和政治参与[J].世界哲学,2012(5):15.

一体,它不再如古典契约论只关注政治主题,道德主题同样是重要的,这在《正义论》(*A Theory of Justice*)的内容设置中表现得尤为明显。其中,第一部分和第二部分阐述了正义原则的证成和应用,这是制度伦理层面的分析。第三部分则集中阐述正义感形成,这是个人伦理层面的论述。此种分析方式表明制度伦理和个人伦理相互支撑,道德不再是无关紧要的,它是政治制度证成的重要基础。[①] 罗尔斯对道德哲学的重视也影响了后来的哲学家。

  契约论之所以始终保持旺盛的生命力,主要得益于以下优势。首先,它作为个人主义理论要求每个人的基本权利都得到保障,这不仅符合历史发展轨迹和时代诉求,也体现了每一个现实个体的基本诉求。其次,契约的订立是平等个体以谈判的方式达成,这不存在强制和威胁的情况,因此对平等的考察符合当下的时代要求。最后,契约论不是抽象的形而上理论,它结合个体所处的实际境况考察个体的订约和守约过程,因而避免了无穷尽的形而上争论。除了上述优势之外,契约论还表现出了极大的灵活性,它可以基于预设的特定前提推出"想要的"结论,此过程类似数学的"方程推导",因此作为证成工具(无论是政治证成,还是道德证成)的契约论是有吸引力的。

  学界对道德契约的界定尚未达成共识。霍布斯曾将契约的订立建立在权利放弃和转让的区分之上,即权利的转让过程是契约的订立过程,因此古典契约论对契约界定以权利(确切地讲,这是一种自然权利)为基础。[②] 道德契约并不强调自然权利,它涉及的是作为人类权利的普遍道德权利。按照石若坤的理解,道德契约是"交往中基于彼此之间道德期望的内隐协议"[③],"内隐"是道德契约的特征之一,但它也会外显至个体的行动之中,进而对制度伦理的建构产生影响。石元康说:"用契约这个概念来导出道德或者公正原则。道德契约论者认为,契约乃是道德的理论依据。道德原则比政治原则或法律的抽象层次较高。"[④] 就此而言,契约不仅为道德论证提供

[①] Rawls J. A Theory of Justice[M]. Cambridge: Harvard University Press, 1971.
[②] 霍布斯.利维坦[M].黎思复,黎廷弼,译.北京:商务印书馆,1997:99.
[③] 石若坤,胡宜安.道德契约:道德关系重建的重要取径[J].东南学术,2015(1):188-195.
[④] 石元康.罗尔斯[M].桂林:广西师范大学出版社,2004:38.

了基础,道德契约也为法律和政治的分析提供了支撑。

二、高蒂耶契约论的介绍

在《正义论》开篇部分,罗尔斯指明了未来正义论的发展将集中于道德哲学方面。① 虽然罗尔斯后期主要关注政治议题进而提出政治建构主义理论,但并不意味道德维度没有任何进展。斯坎伦于 1982 年提出了初步道德契约论框架,16 年后则在此框架之上系统提出了契约主义理论。在这期间,高蒂耶沿着霍布斯主义传统提出了与上述理论完全不同的自利契约论。高蒂耶和斯坎伦都将契约论视作道德论证的基本工具,故两种理论可视作罗尔斯正义论之延续。②

高蒂耶有效地整合了霍布斯主义、休谟主义和当代理性选择理论,从而使古老的契约论在当代"焕发生机"。现代情境单纯依靠"利维坦"式的强权使个体接受某种约束显然不合时宜。在霍布斯契约论中,自然状态的个体对他人和自身都享有无限权利,行动无是非对错之分,也没有正义和非正义的区别,由此导致"一切人对一切人的战争状态"的结果,战争状态中欺诈和暴力被视作美德。③ 为了结束并防止此混乱无序状态,个体不得不与他人订立契约,个体从"自然状态"进入"社会状态"。不同于霍布斯的上述思路,高蒂耶并未区分自然状态和社会状态,他直接在社会背景下展开论证,即将道德论证置于理性选择理论之下以说明道德约束为理性选择之结果。

消解道德与利益的冲突始终是伦理学的难题之一,高蒂耶试图扭转此固有观念,他将道德转化为提升效用之工具。若道德推理与工具推理关联,高蒂耶的任务是将道德推理纳入理性选择的工具推理中。实际上,此种论证思路是道德论证中的常见思路,希斯认为基于理性的道德论证不外乎有两种思路:一种是道德行动增加了个体利益;另一种是个体对利益的关注中

---

① Rawls J. A Theory of Justice[M]. Cambridge: Harvard University Press, 1971:17.
② 高蒂耶的理论承袭了经典契约论,其契约论对应的英文单词是"contractarianism"。斯坎伦为了将理论与经典契约论区别开来,将其理论称为"contractualism"。为了区分两种理论,在论述高蒂耶理论时使用"契约论",论述斯坎伦的理论则使用"契约主义"。此外,在总体性地阐述两种理论以及未指明何种契约理论时,将两者统称为契约论,后文对此不再作出区分。
③ 霍布斯.利维坦[M]. 黎思复,黎廷弼,译.北京:商务印书馆,1997:96.

包含了道德关注。① 高蒂耶是在第一种思路上提供的道德论证,即道德行动为个体带来了"合作盈余"。如果高蒂耶的论证是成功的,这就解决了伦理学史上关于道德和利益冲突的难题。

需指明的是:将理性选择理论纳入伦理学研究不是高蒂耶独创的,在他之前已有众多哲学家开始此项工作。在高蒂耶看来,罗尔斯和哈萨伊已引入了理性选择理论,但他们只简单提及或在某个论证环节使用它,如正义原则被视作理性选择之结果。② 如果罗尔斯引入理性选择理论的目的是推出正义原则,高蒂耶则将之用于论证道德约束是必要的。个体在追求效用最大化时接受理性约束(rational constraint),此约束与道德无关。然而,随着论证的深入,高蒂耶发现了理性约束和道德约束之间的重叠,即道德约束也是理性约束,故将其理论命名为"一致同意的道德"(morals by agreement)。"一致同意的道德"是"最低限度的道德"(minimum morality),所谓最低限度是指:道德是追求利益的工具,仅此而已。高蒂耶的契约论自提出以来,其他学科的众多工具被引入伦理学研究之中,这在很大程度上是受到高蒂耶契约论思路的影响。虽然"一致同意的道德"受到了学者们的激烈批评,但这并不掩盖高蒂耶的开创性贡献。如汉普顿所言,"高蒂耶发展了霍布斯道德理论的某些特征,之所以高蒂耶的道德契约论如此吸引人,这不仅是因为他建立了比霍布斯更为复杂的道德理论,而且它更符合20世纪道德理论家的口味"③。

三、斯坎伦契约主义的介绍

斯坎伦最初的兴趣点及其第一篇论文都是关于数学逻辑的,但其学术生涯却主要集中于道德哲学和政治哲学主题。斯坎伦的贡献之一是提出了与经典契约论完全不同的契约主义理论。如果说高蒂耶基于利益的道德论证承袭了经典契约论的思路,那么斯坎伦的契约主义与利益没有本质关联,

---

① Heath J. The Transcendental Necessity of Morality[J]. Philosophy and Phenomenological Research,2003,67(2):378-395.
② Gauthier D. Morals by Agreement[M]. Oxford: Oxford University Press,1986:4.
③ Hampton J. Two Faces of Contractarian Thought[M]//Essays on David Gauthier's Morals by Agreement. Cambridge: Cambridge University Press,1991:39.

此理论不再围绕具体利益"讨价还价",它也不是康德式契约理论。斯坎伦将其理论命名为"contractualism"以区别于经典的契约主义(contractarianism),此理论在多大程度上保持了经典契约论的基本结构,以及斯坎伦是否仍是契约主义者,这在学界始终存有争议。

斯坎伦在阐述道德契约主义之前,首先批评了休谟的欲望概念。欲望或者偏好不是行动理由的源头,行动理由也不是内在的,而是源于对外在对象的考虑,因此行动理由无需按照威廉姆斯的方式与主观动机系统产生联系。斯坎伦将个体描述为共同生活之中的有理由性个体,他具有对理由回应、评价和判断的相关能力。如果行动理由是外在的,那么进行道德说明的道德理由也是外在的,它源于对他人生命价值的关注。他人的生命价值为个体"外在地"提供了道德理由,其提供的方式是:合理生物具有理由的相关能力,他需要对他人生命价值考虑和回应,此时个体就表现出了可证成倾向。显然,可证成倾向不是任意的,它只存在于合理生物之间,而不存在于合理生物与其他物种之间。一方面,个体的偏好、兴趣、性取向等无需向他人证成,即私人生活领域无需向他人证成;另一方面,非人物种(如宠物、动植物)及外部环境(如生态环境)虽然也是个体关注的对象,但个体无需基于这类对象的价值向他人证成。简言之,斯坎伦的契约主义关注的是合理生物"彼此"的道德义务。

生命价值这一基础始终贯穿于契约主义之中,斯坎伦后续引入的"相互承认之关系"和"可证成欲望"都体现了对生命价值的重视,它们共同构成了斯坎伦对道德动机的契约主义说明。在此基础上,斯坎伦继而引入了"有理由地拒绝"以检验道德原则。[①] 斯坎伦一改传统契约论"基于具体利益的讨价还价"的固定模式,转而通过"没有人有理由地拒绝"的方式实现了一致同意。罗杰·克里斯普(Roger Crisp)对斯坎伦契约主义的评价是:"斯坎伦的

---

① "有理由地拒绝"的英文是"reasonably rejection"。在《我们彼此负有何种义务》(What We Owe to Each Other)的中文译本中,陈代东等人将之译作"有理由地拒绝"。可以参照:斯坎伦.我们彼此负有什么义务[M].陈代东,等译.北京:人民出版社,2008.龚群则将之译为"合情理地拒绝",葛四友也有此种相同译法。可以参照:龚群.斯坎伦的契约伦理思想初探[J].华东师范大学学报,2009(5):45-52;帕菲特.论重要之事[M].阮航,葛四友,译.北京:时代华文书局,2015.reasonable虽有合情理的、合理的意思,但斯坎伦强调的重点是有理由性的个体持有外在行动理由的能力,为了突出理由论基础,本书认同陈代东等人的"有理由地拒绝"的译法,在后文将对关联词汇予以详尽的界定。

《我们彼此负有何种义务》(*What We owe to Each other*)将是21世纪伦理学的思想源头。"①

通过对高蒂耶和斯坎伦理论的介绍可知,他们的契约理论都属于规范伦理学范畴,二者试图以契约论的方式进行规范性论证。两种理论的切入点不同,对高蒂耶而言,当个体围绕期望效用进行谈判时,双方都接受道德规范将带来更多好处,此时道德变成偏好满足的工具。对斯坎伦而言,道德不是工具,接受道德约束与利益的提升没有本质关联。对生命价值的关注作为规范基础而确立了义务的内容,因此道德是共同的慎思系统(a system of co-deliberation)。如果说高蒂耶将道德理解为提升自我利益的工具,那么这是一种自我视角的论证;斯坎伦则采取他人视角进行道德论证,道德行动与自我利益无关。如斯坎伦所言,其道德分析涉及了"她指望着我、他需要我的帮助,这样会将他们置于危险之中"这类的考虑②,这里的"她""他"和"他们"实际上都是他人视角对我提出的义务要求。从根本上讲,两种理论自我视角和他人视角的区分是由二者不同的行动理由决定的。

第二节 研究现状

一、道德契约论的研究现状

自高蒂耶和斯坎伦的道德契约论提出以来,两者已在国内外引起极大关注。西方学界曾就两种理论出版了众多研究集刊,国外重要的伦理学期刊也曾开设专栏讨论两种理论,重要的研究集刊如菲利普·雷克(Philip Lake)编著关于斯坎伦契约理论的研究专著《论我们彼此间的责任》(*On What We Owe to Each Other*),关于高蒂耶契约论的研究专著有《实践合理性和偏好:关于大卫·高蒂耶的论文》(*Practical Rationality and Preference: Essays for David Gauthier*)。在国际期刊方面,《伦理学》

---

① Crisp R. Contractualism and the Good[J]. Philosophical Books,2006,41(4):235.
② Scanlon T. What We Owe to Each Other[M]. Cambridge: The Belknap Press of Harvard University Press,1998:155-156.

（*Ethics*）杂志曾两次开设专栏讨论高蒂耶不同时期的理论发展，此杂志亦于 2002 年开设关于斯坎伦理论的研究专栏。除此之外，《哲学和现象学研究》（*Philosophy and Phenomenological Research*）在 2003 年为高蒂耶和斯坎伦提供了"论战平台"。[①] 在此次论战中，高蒂耶和阿兰·吉巴德（Allan Gibbard）首先对斯坎伦的道德契约主义"发难"，斯坎伦对上述批评做出相关回应，故此次辩论为理解和区分两种理论的重要文本来源。

遗憾的是，虽然学界广泛关注两种契约论，但对两者系统的比较研究尚未出现。高蒂耶阐述其契约论的主要著作是《一致同意的道德》（*Morals by Agreement*），其早期著作有《实践推理：审慎、道德论证及其陈述例证之结构和基础》（*Practical Reasoning：The Structure and Foundations of Prudential and Moral Arguments and Their Exemplification in Discourse*）、《利维坦的逻辑：托马斯·霍布斯的道德和政治理论》（*The Logic of Leviathan：The Moral and Political Theory of Thomas Hobbes*），这些著作有助于了解高蒂耶的思想发展过程。除了著作外，高蒂耶所发表的一系列论文亦是理解其契约论的重要文本，如他对休谟伦理学的研究论文：《大卫·休谟，契约论者》（"David Hume，Contractarian"）和《人为之德和明智的无赖》（"Artificial Virtues and the Sensible Knave"），从中可以看到休谟哲学对高蒂耶的影响。

斯坎伦较为重要的早期论文是《契约主义和功利主义》（"Contractualism and Utilitarianism"），他在此文中提出了与经典契约论完全不同的契约理论，但它并不是成熟完备的理论体系。完整地阐述道德契约主义的著作是《我们相互负有何种义务》（*What We Owe to Each Other*），斯坎伦在此著作中详细介绍了契约主义的行动理由和实践推理基础、对道德动机的契约主义说明、"有理由地拒绝"以及契约主义的具体应用。然而斯坎伦的契约主义提出引来大量争议，特别是针对理由的批评尤为激烈。为了应对这些批评，斯坎伦于 2014 年出版了《作为现实主义的理由》（*Being*

[①] 《伦理学》杂志曾开了两期专栏讨论高蒂耶的契约论，分别是 1987 年的第 97 期和 2013 年的第 123 期，对斯坎伦的专刊研究是 2002 年的第 112 期。除此之外，《社会哲学和政策》（*Social Philosophy and Policy*）杂志在 1988 年的第 15 期也专栏研究过高蒂耶的理论。

Realistic about Reasons)系统地回应了对理由形而上学、认识论和实践论方面的批评。斯坎伦的研究主题非常广泛，道德契约主义仅是其关注的焦点之一，他发表了大量的政治哲学论文，如2018年发表的《为什么不平等是重要的？》("Why does Inequality Matter?")。[①]

对二者的著作和论文有了大致了解之后，现在介绍高蒂耶和斯坎伦契约论的相关研究文献。高蒂耶持有极端主观价值论，此主观价值建立在深思熟虑的偏好之上，学者们对此主观价值论持有不同观点。科特·拜尔(Kurt Baier)认同此主观价值论，并认为此价值论可为基于工具理性的道德论证提供基础。詹姆斯·费世金(James Fishkin)则持反对意见，他认为深思熟虑的偏好不能作为建立行动标准的基础。[②] 高蒂耶的主观价值论与其偏好基础紧密关联，偏好等同于休谟式的欲望概念。与高蒂耶对休谟哲学的承袭不同，斯坎伦反对休谟主义，这是否说明斯坎伦的理论与康德主义有所关联？在龚群看来，斯坎伦的动机论是一种康德义务论式的动机论。[③] 基于不同的行动理由和实践推理，高蒂耶和斯坎伦选择了不同的合理性基础，由此建立了不同的契约理论。高蒂耶契约论以工具合理性为基础，而约瑟夫·门多拉(Joseph Mendola)认为高蒂耶契约论的不同环节涉及的不是同一种合理性，它混合了"可理解性的合理性"(rationality as intelligibility)和"可证成性的合理性"(rationality as justification)，前者是信念—欲望模式的合理性，后者则涉及理性要求的行动。[④] 此后，高蒂耶为了实现订约双方的一致同意，引入了"最小最大的相对让步原则"，但此原则受到学者们的激烈批评。不仅效用能否以"相对让步"的方式来测量存在争议，而且"相对让步"是否谈判的唯一结果也有问题。苏格登认为让步原则并不是唯一解，个体谈判往往是多次进行的，高蒂耶描述的则是一次性的过程。[⑤]

[①] 对此可参照：Scanlon T. Being Realistic about Reasons[M]. Oxford: Oxford University Press, 2014; Scanlon T. Why does Inequality Matter[M]. Oxford: Oxford University Press, 2018.
[②] 对此分别参照：Baier K. Rationality, Value, and Preference[J]. Social Philosophy and Policy, 1988, 5(2): 17-45; Fishkin J. Bargaining, Justice, and Justification: Towards Reconstruction[J]. Social Philosophy & Policy, 1988, 5(2): 46-64.
[③] 龚群. 斯坎伦的契约伦理思想初探[J]. 华东师范大学学报, 2009(5): 45-52.
[④] Mendola J. Gauthier's Morals by Agreement and Two Kinds of Rationality[J]. Ethics, 1987, 97(4): 765-774.
[⑤] Sugden R. Contractarianism and Norms[J]. Ethics, 1990, 100(4): 768-786.

与高蒂耶的工具合理性不同,斯坎伦的契约主义以有理由性为基础,此时个体关注的不是自身偏好或欲望的实现,而是对外在理由的合理回应。在对道德动机的契约主义说明中,斯坎伦以他人的生命价值为基础阐述了道德理由的形成过程。皮特·提姆曼(Peter Timmerman)认为正是他人视角为个体提出了道德要求,因此道德义务具有实质内容。此种他人视角的道德要求相较于康德主义和功利主义而言,是斯坎伦契约主义具有的独特优势。[①] 由于斯坎伦的契约主义不同于经典契约论,因此自该理论提出之后,学者们对斯坎伦是契约主义者还是建构主义者展开了激烈讨论。奥诺拉·奥尼尔(Onora O'Neill)将斯坎伦视作建构主义者,并对其理论进行了建构主义式的解读。[②]

契约理论在建立之后往往面对非道德主义者的挑战,斯坎伦作为广义的康德主义者,并未提出守约理论,他以道德评价的方式应对非道德主义者的挑战。高蒂耶则以约束的最大化理性和半透明性为基础系统地提出了守约理论。对高蒂耶而言,守约阶段个体表现出的约束倾向是理性选择的结果。约瑟夫·希斯(Joseph Heath)反对此论点,他认为约束倾向是社会化的结果,休谟式的习俗惯例在订约中发挥作用。[③] 鉴于守约理论受到的严重挑战,高蒂耶在后期又引入了理性慎思的范式理论以完善之前的理论。[④] 如果将国外伦理学理论在国内的研究分为引入阶段和解释阶段,那么总体上讲,高蒂耶的理论大体上仍处于引入阶段。高蒂耶在1986年系统地提出了道德契约论,可以查阅到早期的国内中文文献出现在1999年。[⑤] 高蒂耶在国内被"冷落"的原因可能是其理论的跨学科特征,以及他对道德和利益之间调和并不符合当下伦理学家的"口味",以至于到现在其主要著作的中文译本仍未出现。与高蒂耶在国内的研究状况不同,斯坎伦的理论则受到

[①] Timmerman P. Contractualism and the Significance of Perspective-taking[J]. Ethical Theory and Moral Practice, 2015, 18(5):909-933.
[②] O'Neill O. Constructivism vs. Contractualism[J]. Ratio, 2003, 16(4):319-331.
[③] Heath J. The Transcendental Necessity of Morality[J]. Philosophy and Phenomenological Research, 2003, 67(2):378-395.
[④] 可参照:Gauthier D. Assure and Threaten[J]. Ethics, 1994, 104(4):690-721.
[⑤] 可参照:巴能强. 戈德尔的市场自由道德理论评介[J]. 北京大学学报(哲学社会科学版), 1999(5):45-49.

了学界的广泛关注,当下对其理论的研究大体处于解释阶段,汉语界的重要研究者如陈真、邓伟生和龚群等人就斯坎伦理论的具体问题展开了详细分析,而且斯坎伦的主要著作和论文也相继译成中文。① 究其原因可能与罗尔斯哲学在国内较早引入有关,而斯坎伦又是罗尔斯的重要弟子。

二、行动哲学的研究现状

鉴于本书涉及契约主体道德活动的分析,道德活动属于个体活动的类别之一,它需要行动哲学的支撑。本部分将回顾行动哲学关于实践推理、行动理由和合理性的相关文献。

首先,在实践推理方面。吉尔伯特·哈曼(Gilbert Harman)将推理(reasoning)划分为实践推理(practical reasoning)和逻辑推理(logical reasoning)。在哈曼看来,推理和逻辑不同,逻辑是关于"论断之关系"的研究,推理则不涉及此议题。巴特·斯特摩尔(Bart Streumer)认为虽然两者有诸多不同,但仍紧密关联,斯特摩尔认为推理是以"合理的方式"修正个体精神状态的过程,如通过添加某精神状态或放弃某个已存在的精神状态予以修正的过程。② "以合理的方式"是指个体基于自身经验和认知以适当调整精神状态。既然推理的内容是精神状态,那么欲望、信念以及意向等意向状态都参与其中,故作为对精神状态调整的推理过程涉及对信念、欲望等意向状态之调整,如以调整信念的方式实现不同信念的关联。从这个角度讲,推理过程的"合理方式"也包含合理评价。斯特摩尔认为推理过程是完全有意识的过程,但真实推理则往往是部分无意识或完全无意识的。依照此种理解,推理包含了有意识推理和无意识推理。鉴于本书是关于契约式的道德论证的分析,这属于对契约主体实践过程的讨论,故需要考察契约主体的实践推理以及道德推理过程。学者们对实践推理之结果持有不同的理解,这主要有如下三种论点:一是伊丽莎白·安斯鲍姆(Elizabeth Anscombe)

---

① 对此参照:陈真.斯坎伦的非自利契约论述评[J].世界哲学,2005(4):4-10;陈真."道德"和"平等"——哈佛大学斯坎伦教授在华访问演讲录[J].哲学动态,2005(9):42-46;邓伟生.斯坎伦论道德动机与道德的优先性[J].现代哲学,2012(6):72-80.

② Streumer B. Practical Reasoning[M]//A Companion to the Philosophy of Action. Cambridge: Cambridge University Press, 2008.

和乔纳坦·戴斯（Jonathan Dancy）等人认为实践推理的结果是行动。① 二是约瑟夫·拉兹（Joseph Raz）和约翰·布鲁姆（John Broome）等人认为实践推理的结果为意向。② 三是罗伯特·奥迪（Robert Audi）等人持有"实践推理的结果是规范信念"的论点。③

其次，在行动理由方面。鲍里斯·伊斯特哈兹（Paulus Esterhazy）将行动理由论划分为两个派别：一种是规范实在论，它将持有理由的过程视作主体关于外在对象或事态的回应过程，因此这关注的是规范理由。④ 规范实在论的代表者有拉兹、戴斯、斯坎伦和琼·麦克唐威尔（Jon McDowell）等人。其中，拉兹关注持有行动理由的主体对外在环境的回应过程，而个体在行动之前的考虑和评价都由相关事实指引。⑤ 戴斯认为规范理由和激发理由必须一致，且这是"强意义"的一致，即激发理由必须是"好的理由"。⑥ 伊斯特哈兹意义上的规范实在论是学界惯常论述的"外在主义"，学者们使用了不同术语描述此种理由论，如外在主义、外在理由论、理由客观主义等。⑦ 另一种是休谟主义，它将欲望视作理由来源，其代表者如伯纳德·威廉姆斯（Bernard Williams）等。⑧

最后，在合理性方面，斯图尔莫和布拉德·胡克（Brad Hooker）区分了程序主义合理性和实质主义合理性，布鲁姆区分了属性合理性和来源合理性，奥迪则考察了合理性的不同持有对象等。⑨

---

① 对此可参照：Anscombe E. Intention[M]. Oxford：Blackwell，1957；Dancy J. Ethics without Principles[M]. Oxford：Clarendon Press，2004.
② Raz J. Introduction[M]//Practical Reasoning. Oxford：Oxford University Press，1978：1-17；Broome J. The Unity of Reasoning？[M]//Spheres of Reason：New Essays in the Philosophy of Normativity. Oxford：Oxford University Press，2009：62-92.
③ Audi R. Practical Reasoning[M]. London：Routledge，1989.
④ Esterhazy P. Reasons for Action[M]. LMU München：Fakultät für Philosophie，2013：15.
⑤ Raz J. Practical Reason and Norms[M]. London：Hutchinson，1975：17.
⑥ Dancy J. Practical Reality[M]. London：Oxford University Press，2000：107-108.
⑦ Esterhazy P. Reasons for Action[M]. LMU München：Fakultät für Philosophie，2013：17.
⑧ Williams B. Internal and External Reasons[M]//Moral Luck. Cambridge：Cambridge University Press，1981.
⑨ 后文将在第三章详细阐述合理性理论以及对合理性的区分，对此可参照：Streumer B，Hooker B. Procedural and Substantive Practical Rationality[M]//The Oxford Handbook of Rationality. Oxford：Oxford University Press，2008；Broome J. Rationality[M]//A Companion to the Philosophy of Action. Cambridge：Cambridge University Press，2008；Audi R. Practical Reasoning[M]. London：Routledge，1989.

第三节　研究思路

一、研究可行性

若两种契约论有巨大的差别，首先要追问的是：对两者的比较研究是否可行？除了高蒂耶和斯坎伦的契约论之外，当代契约论还包含了如詹姆斯·布坎南（James Buchanan）的宪制契约论、罗尔斯正义理论引入的社会契约论，本书以高蒂耶和斯坎伦的契约理论为研究对象的主要原因如下。

第一，从当代契约论的研究主题来讲，本书聚焦于契约式的道德论证的研究，而布坎南和罗尔斯的理论多侧重政治哲学领域，此为选择高蒂耶和斯坎伦理论为研究对象的原因之一。

第二，虽然高蒂耶和斯坎伦的道德论证目标不同，但契约理论都是主要的道德证成工具。高蒂耶引入契约论以论证合理约束是道德约束，即以此寻找合理约束与道德约束之重叠。斯坎伦则以契约主义论证人际的道德义务。显然，这些理论涉及契约主体行动哲学、道德推理以及道德行动的分析，故本书以行动哲学为切入点，从而实现对两者的系统比较。换言之，行动哲学之行动理由、实践推理和合理性等线索始终"贯穿于"本书之中。

第三，两者都属于契约理论，故具有结构的相似性，如菲利普·派提特（Philip Pettit）所言，"它（指斯坎伦契约主义）与高蒂耶的互惠理论有着某种结构的近似"[①]。具体而言，此"结构近似"包括如下内容：首先，契约理论都需要行动哲学基础的支撑。其次，两种理论都需要讨论达成"一致同意"的过程，而在达成"一致同意"之后都需要分析如何应对非道德主义者的挑战，故两者的论证结构类似。综合上述原因，此项研究是可行的。

二、研究思路和研究价值

斯蒂芬·达沃尔（Stephen Darwall）曾将契约论划为自利和非自利的契

[①] Pettit P. Can Contract Theory Ground Morality[M]//Contemporary Debates in Moral Theory. Oxford: Blackwell, 2006:77-96.

约论。① 其中高蒂耶理论属于自利契约论，斯坎伦理论则属于后一类别。罗伯特·苏格登（Robert Sugden）将契约论分为"强契约论"和"弱契约论"②，前者不以任何道德预设为前提而建立理论，后者则引入了某种道德前提。鉴于高蒂耶理论是从道德中立的合理行动出发，并以"道德无涉区"论证道德约束之必要性，故属于"强意义"的契约论。斯坎伦的契约主义并不刻意排斥道德要素，"有理由地拒绝"之过程有道德要素的参与，故属于"弱意义"的契约论。格雷格·希尔（Greg Hill）认为高蒂耶契约论是"单向度的"，而斯坎伦理论则为"双向契约论"。③ 此"单向度"是指契约主体仅仅关注自身境况，如自身目标的实现，而不考虑他人维度，如契约对他人之影响。"双向"则是指此理论关注契约主体与他人的互动，个体不是完全封闭的。他不仅关注自身目标，也关注人际关系，斯坎伦契约主义展现出上述特征。

对于上述三种划分方式，达沃尔和希尔主要从个体行动的外显特征以做出区分，"自利"和"单向度"本质上是"自我指涉"，"非自利"和"双向度"则关注人际之互动以及他人维度。不同于基于行动外显的理论划分方式，苏格登主要从理论的整体论证思路予以区分。然而，导致两种契约论表现出不同特征以及诉诸不同的论证思路的深层原因为行动哲学基础以及不同的道德论证目标。更具体地讲，行动哲学基础上行动理由、合理性基础、实践推理结构以及道德推理之区别导致了两者以不同的方式进行契约式的道德论证，故本书试图在考察其行动哲学基础以及道德论证思路的基础上阐述两种理论的"向度""限度"，以此为当代道德契约论之完善提供相关资源。

第一，确定两种契约理论的行动哲学基础，包括考察行动理由论基础、合理性基础、价值论基础和实践推理结构。具体而言，在行动理由论方面，本书认为高蒂耶的理由论承袭了休谟主义的内在理由论，而斯坎伦持有的则是外在理由论。在价值论方面，高蒂耶持有主观且相对的价值论基础，斯

---

① Darwall S. Contractarianism and Contractualism[M]. Oxford: Blackwell, 2003: 3.
② Sugden R. Contractarianism and Norms[J]. Ethics, 1990, 100(4): 768-786.
③ Hill G. Reason and Will in Contemporary Social Contract Theory[J]. Political Research Quarterly, 1995, 48(1): 101-116.

坎伦的理论则建立在客观且绝对的价值论之上。在合理性方面，高蒂耶诉诸工具合理性，斯坎伦则以"有理由性"展开论证。

第二，考察两种理论契约式的道德论证之过程，这涉及如何实现"一致同意"的考察。高蒂耶继承了古典契约论的基本思路，他通过考察个体追求自我利益最大化过程以阐述"一致同意"。斯坎伦则未遵循古典契约论的论证方式，而是以"有理由地拒绝"的方式确立道德理由的重要性和优先性，最终实现"一致同意"。

第三，论述两种理论对非道德主义者的不同应对方式。此部分主要论述高蒂耶的守约理论和斯坎伦的道德评价方式。进一步，阐述从一般领域的理由论到道德领域的理由论的"割裂现象"，并对两种应对方式予以评价。

第四，基于不同的行动哲学基础将两种理论的不同向度分别总结为"目的论向度"和"非目的论向度"，并结合道德论证的具体环节以说明不同向度之表现。在高蒂耶理论中，无论契约订立还是契约遵守都表现为"目的论式"的事态完成。而在斯坎伦的契约主义中，个体的行动（包括道德行动）不是为了实现特定目标，个体在一般行动中关注对外在事实和外在对象的考虑和回应过程，在道德行动中则关注对他人生命价值的回应，此种对"过程的关注"被总结为"非目的论特征"。

第五，基于行动哲学基础之局限以及契约式的道德论证思路的问题以阐述契约理论的"限度"，并提出完善方向。行动哲学中合理性和实践推理的相关论点在不断完善之中，内在主义和外在主义关于理由的研究亦不断深入，此部分将结合当下行动哲学的最新发展以阐述契约论的完善可能性。

最后扼要介绍本书研究价值，"为什么应是道德的？"这一问题始终困扰着历代伦理学家们。从古希腊时期格劳孔和苏格拉底的争论，到近代休谟道德情感主义和康德道德理性主义的争论，此问题一直未得到合理回答。此议题看似"无解"的特征在一定程度上反映了个体道德生活之复杂。一旦上升到理论层面分析道德，伦理家将"不得不"选择特定的切入视角展开研究。然而，伦理学不同于数学、物理学和经济学等学科，这些学科可通过模型和量化方式简化个体的各项活动，伦理学不能如此，它需深入个体具体活动之中予以分析，故伦理学的研究思路和切入视角是独特的。本书论及的契约式的道德证成为分析个体道德活动提供了一种"契约论的方案",此项研究之价值为:若能确定两种理论的行动哲学基础将有助于把握两者深层区别,且有助于把握道德契约论未来的完善方向。本书涵盖了当代伦理学的主要议题,如行动理由、实践推理、道德契约论、非道德主义者等,故本书有助于把握当代伦理学的前沿主题以及契约论的发展轨迹。契约论是伦理学的重要分支,自罗尔斯复兴了社会契约论之后,高蒂耶和斯坎伦受此影响而建立了不同的契约理论,本书试图系统比较两种契约理论以弥补当下研究"空缺",此为本书之价值。

第二章 契约式道德论证的理由论基础

伦理学的任务是为个体行动提供标准并为个体活动提供伦理说明。契约式的道德论证亦有上述任务,它需要分析契约主体的道德活动,契约主体在活动时持有何种行动理由?首先,本章将介绍行动哲学对行动理由的界定和分类;其次,阐述高蒂耶对休谟主义内在理由论的承袭;再次,阐述斯坎伦对休谟主义理由论的反对及其外在理由论;最后,整体性地评价两种行动理由论,并阐述两种理论的价值论基础。

第一节 行动理由论

一、实践推理

行动理由不是任意产生的,它需要实践推理的支撑。伊斯特哈兹说:"对理由的讨论不能与对推理的分析分离,这实际上也不能与对理性官能的分析分离。因此对'持有何种行动理由'的回答也是对'我们如何推理行动'的回答以及对'实践理性的范围是什么'的回答。"[1]可以看到,理性、理由和实践推理紧密关联:实践推理建立在个体的理性能力之上,行动模式则受到实践推理结果的影响。进一步,实践推理包含了行动理由的形成过程,故本部分将回顾行动哲学中关于实践推理和行动理由的相关论点。

若实践推理与行动理由紧密关联,而只有人类持有复杂的推理能力,这

---

[1] Esterhazy P. Reasons for Action[M]. LMU München: Fakultät für Philosophie, 2013:64.

是否表明只有人类才持有行动理由？伊斯特哈兹说："在行动哲学中，他关注的不是一般意义上有生命生物的行为，而是聚焦于行动理由的分析。如果要理解理由概念，必须联系到实践推理。在我们看来，实践推理是从前提到结论的推论过程。一个言说者不能算作是具有从 q 推出 p 的能力，除非他在原则上能够理解'由于 p，因此 q'的公共语言。"① 如此理解，只有具备语言能力的主体才持有行动理由，且行动理由外显为具体行动，那么行动理由决定了具体的行动模式。易言之，只有能理解实践命题且能进行实践推理之主体方可持有行动理由，这表明尚不具备语言能力的非人对象不能持有行动理由，因为它们不理解实践命题及其背后的意义。

吉尔伯特·哈曼将实践推理定义为："通过增加或减少某些信念及意向而调整之前的信念和意向。"② 布鲁姆接受了上述推理的界定和区分，他认同实践推理的信念和意向两个基本要素。布鲁姆认为当个体开始实践推理时，他已持有意向和信念。③ 就此而言，实践思考是为了实现特定目标而将不同推理对象关联起来的过程，那么推理的各环节"处理"过程在为后续主体实施特定活动作出准备。斯特摩尔总结了理论推理（theoretical reasoning）与实践推理（practical reasoning）的三种区别：④

（一）理论推理的结果是信念，实践推理的结果是行动。

（二）理论推理的结果是信念，实践推理的结果是意向。

（三）实践推理和理论推理的结果都是信念，但实践推理涉及行动理由的信念。这是关于个体应当做什么的信念，即实践推理的结果是规范信念，它包含了规范性的内容。

从上面区分可知，实践推理可能导出行动、意向以及规范信念。阿尔弗雷德·梅勒（Alfred Mele）认为实践推理的结果可能是行动，也可能是行动

---

① Esterhazy P. Reasons for Action[M]. LMU München: Fakultät für Philosophie, 2013:200.
② Harman G. Practical Reasoning[J]. The Review of Metaphysics,1976,29(3):431.
③ Broome J. Rationality[M]//A Companion to the Philosophy of Action. Cambridge: Cambridge University Press, 2008:289.
④ Streumer B. Practical Reasoning[M]//A Companion to the Philosophy of Action. Cambridge: Cambridge University Press, 2008:247.

前的意向。[①] 梅勒认为这两者并不冲突,因为意向状态为后续行动提供了方向。对于推理之目标,乔纳森·阿德勒(Jonathan Adler)认为"理论推理的目标回答是否 p 是事实,而非是否我应当相信它;实践推理则关注确定我应当如何去做"[②]。上述论断把握了实践推理之实践特征,即试图为行动提供指导和说明。理论推理的目标则是:"减少疑虑或满足兴趣以及通过相应信念以减少疑惑。"[③]奥迪列举了与实践推理相似的概念,如实践三段论(practical syllogism)、实践推断(practical inference)、实践思考(practical thinking)和实践慎思(practical deliberation)等,并总结了实践推理的六个研究主题:[④]

(一)对理性个体如何回答实践问题提供说明,如表述为"我应当怎么做"的问题。

(二)解释什么是主体 S 的行动理由。

(三)依意向而行动,这包括可解释的意志薄弱的行动,以确定实践推理结构。

(四)确定何者在调整主体 S 的行动理由,如意向以及建立在理由上的行动。

(五)揭示行动理由结构以使行动可以在理由中被识别到。

(六)说明实践推理和理论推理的共性和区别。

鉴于本书是对契约式的道德证成研究,属于实践议题,故主要考察契约主体的实践推理和道德推理,这涉及主题(一)(二)和(四)。其中,主题(一)在道德契约论的语境中被转化为"为什么要接受道德约束"或"为什么应当实施道德行动"。主题(二)和(四)则涉及行动理由分析,后文在确定高蒂耶式偏好内在理由以及斯坎伦式外在理由的基础上,阐述理由之上契约式的道德论证过程。

[①] Mele A. Intention[M]//A Companion to the Philosophy of Action. Cambridge: Cambridge University Press, 2008:111.

[②] Adler J. Introduction: Philosophical Foundations[M]//Reasoning: Studies of Human Inference and Its Foundations. Cambridge: Cambridge University Press, 2008:3.

[③] Adler J. Introduction: Philosophical Foundations[M]//Reasoning: Studies of Human Inference and Its Foundations. Cambridge: Cambridge University Press, 2008:4.

[④] Audi R. A Theory of Practical Reasoning[J]. American Philosophical Quarterly, 1982,19(6):25.

二、行动理由

从字面意思上看,行动理由是个体"行动之特定缘由",它指导个体行动并确定了行动方向,故行动理由有意向性之特征。它反映了个体对外部世界的认知和了解,如个体"相信"通过实施特定的行动而达成某个具体目标,故如此行动以改变世界,那么行动理由包含了能动主体预先主导的世界观。① 布鲁姆基于"reason"的可数形式和不可数形式区分了理由和理性,他认为作为可数名词之"reason"指的是"理由",而不可数名词则是指"理性"。② 具体而言,理由可与多个前缀词搭配,如信念理由、行动理由、意向理由等,本书讨论的契约主体之道德活动是实践活动,它主要与行动理由(reason for action)有关,故这里主要讨论行动理由。

行动理由可划分为"解释理由"(explanatory reason)和"规范理由"(normative reason)。其中,解释理由也被称作"动机理由""激发理由",这是针对理由激发个体活动之过程而言的。在拜伦·威利斯顿(Byron Williston)看来,激发理由通常与个体的心理状态相关,规范理由则表现出某种证成的特征。③ 解释理由用于描述和解释激发行动的具体过程,而规范理由的证成性则表明了理由在个体之间的可通约特征。

解释理由是对已经发生或正在发生行动的解释说明,因此激发理由更多地涉及对过去或当下行动的说明。相较而言,规范理由不具有上述特征,它往往是对尚未发生的未来行动的分析,它对此未来行动提供了规范标准或合理要求。两种理由在时间维度上有不同的侧重,激发理由的可解释性是对已实施行动的解释,规范理由的规范内容则是对未来活动的规范。上述两种理由的形成机制不同,它既可能建立在个体的欲望或偏好之上,也可能源于对外在对象和外在事实的考虑,因此依其来源和形成机制可以将理由划分为内在和外在的行动理由。

---

① Esterhazy P. Reasons for Action[M]. LMU München: Fakultät für Philosophie, 2013:77.
② Broome J. Rationality[M]//A Companion to the Philosophy of Action. Cambridge: Cambridge University Press, 2008:289.
③ Williston B. Reasons for Action and the Motivational Gap[J]. The Journal of Value Inquiry, 2005,39(3):309.

问题是：如果理由的激发性和规范性是相互独立的，那么如何实现两者的关联？如休谟主义者将欲望之上的行动理由同时视作规范理由和激发理由，这需要同时说明欲望的规范效力和激发效力。同样，作为规范实在论者的外在主义者区分了理由的两个方面，如果它不能为两种理由的关联提供有效说明，这也会影响理论的论证效力。就此而言，如何为理由两方面的关联提供整体说明是内在理由论者和外在理由论者面临的难题。在德里克·帕菲特(Derek Parfit)看来，规范理由可以成为激发理由，但两种理由并不等同。①

为了实现规范理由和激发理由的关联，伊斯特哈兹提供的思路是："规范理由的确定不是基于能动主体的真实动机，而是基于其假设的动机。即 X 持有一个规范理由实施某种行动，当他在条件 C 之下可以被激发如此行动。"②这里的真实动机是个体在真实境况中持有的动机，而假设动机则是个体基于某种假设境况所持有的。伊斯特哈兹试图以假设动机的方式为规范理由和动机理由提供一种共享情境，进而实现两种理由的关联。

三、内在行动理由

伊斯特哈兹基于理由判断而将理由论划分为判断的内在主义和判断的外在主义。③ 其中，判断的内在主义者认为能动主体的理由判断与动机之间存在内在的关联，如规范信念的变化可以激发主体实施相关行动。判断的外在主义者认为虽然此种关联可能存在，但这不一定是内在的关联。个体虽持有行动理由做某事，却不一定被此种理由激发，因此激发理由与后续行动是断裂的。简言之，判断的外在主义者质疑理由判断的激发效力。约翰·布鲁奈罗(John Brunero)认为区分内在主义和外在主义的关键在于是否有理性慎思的参与，内在主义者坚持行动理由的形成需要理性慎思的参与，外在主义者则强调行动理由不是理性慎思的结果。④ 雷彻尔·柯亨

---

① Parfit D. Reasons and Motivation[J]. Aristotelian Society, 1997, 71(1):99.
② Esterhazy P. Reasons for Action[M]. LMU München: Fakultät für Philosophie, 2013:40.
③ Esterhazy P. Reasons for Action[M]. LMU München: Fakultät für Philosophie, 2013:50.
④ Brunero J. McDowell on External Reasons[J]. European Journal of Philosophy, 2007, 16(1):22.

(Rachel Cohon)也持有此种观点,他认为并非所有行动都借助于威廉姆斯式主观动机集合予以解释,个体出于崇拜、个人特质以及习俗也会实施某种行动。① 通过上述的文献回顾可以看到,两种理由论对行动理由的源头、形成过程有诸多分歧。

内在理由论的代表者是休谟,徐向东在论述休谟的欲望概念时认为欲望是一种目标寻求的精神状态,而个体实施行动是为了满足欲望。② 其后的学者在休谟哲学的基础上提出了各式各样的理论,如罗素的倾向论和威廉姆斯的内在理由论等。这里将扼要介绍这些理论以期对内在主义有一个大致的了解。

首先,对于休谟的理论。休谟有一个著名论断:理性是情感的奴隶,此论断表明了休谟对理性主义的反对。对理性主义者而言,理性是一种重要官能,它不仅可以确定目的,还可以实现以及评价目的。休谟认为理性主义者高估了理性能力,从而提出了基于理性之合理程序的错误论断,因此他严格地限制理性以及合理性的使用范围。对休谟而言,理性官能的作用有限,它需结合特定目标予以说明。相较于理性的附属位置,欲望和信念在休谟的分析中占据更关键的位置,因为欲望为个体确定了特定目标。史密斯则认为休谟哲学中欲望和信念是相互分离的,它们之间不存在一一对应的关系。史密斯说:"没有信念可以合理地产生欲望。"③ 如此理解的话,一个人可以持有信念而没有欲望,也可以有欲望而没有信念。在休谟哲学中,理性不能激发个体行动,它只为实现目的的行动提供指导,动机的源头需追溯至欲望。欲望使个体处于寻求目标的状态之中,那么信念为目标和手段提供了关联。信念表明了两个对象或事态之间的关系,如个体认为通过实施 A 活动或者在实现了 A 目标之后,他认为这有助于实现 B 目标,信念表明了事件、活动和目标之间的关系,理性则为信念提供了相关的支持。可以看到,在休谟哲学中,信念、欲望和理性虽然有所不同,但紧密关联。

---

① Cohon R. Are External Reasons Impossible[J]. Ethics,1986,96(3):549.
② 徐向东.道德哲学与实践理性[M].北京:商务印书馆,2006:180.
③ Smith M. Humean Rationality[M]//The Oxford Handbook of Rationality. Oxford:Oxford University Press,2008:77.

第二章 契约式道德论证的理由论基础

如果信念联系了目的和手段,那么信念有合理与不合理的区分以及真假的区分。休谟对信念和欲望进行了不同的描述,信念是被动形成的,它是外部世界向主体自身的展示过程,这使个体获得了关于世界的相关信念,休谟称之为"心灵的印象"。信念的形成以主体与世界互动的因果关系为基础,此因果关系呈现在个体心灵之中,因此信念是基于习惯的。当个体处于相似情境中,由于他经常实施某种行动而"总会"产生相似的结果,这样即形成了固有习惯。当他再次处于此类情境之中时,他便基于习惯或因果关系而认为如此行动会产生类似的预期结果。欲望不具备信念的被动特征,个体通过欲望"主动地"改造外部世界。

在徐向东看来,手段—目的信念是一种认知状态,但仅通过认知状态不会导致行动的实施。[①] 行动的实施需要认知状态和意动状态的共同作用,意动状态与欲望相关,认知状态与信念相关,故行动不能脱离欲望和信念的共同作用。简单地讲,欲望使个体处于达成目标的状态之中,信念联系了手段和目标,因此两者的侧重点有所不同。欲望可能是错误的,如个体持有不切实际的任意欲望。同样,信念也可能是错误的,比如对于一个可实现的欲望,信念却连接了不可行的手段。

其次,对于伯特兰·罗素(Bertrand Russell)的倾向论。罗素认为欲望会以不同的形式出现在整个行为模式之中,而不仅是在某一节点对行为产生影响。[②] 倾向论意义的欲望是一种"想要"(wanting),它是作为可靠倾向来分析欲望在目标追求中的作用。就此而言,倾向论对欲望进行了概念的替换。[③] 伊斯特哈兹不认同基于倾向阐述行动理由的思路,他说:"这(倾向论)要求以某种方式回溯某人预先的倾向能力,这建立在追问自身是否具有有效实现此倾向的能力。……当基于倾向实施行动,并将倾向视作行动理

[①] 徐向东.道德哲学与实践理性[M].北京:商务印书馆,2006:165.
[②] 在罗素的倾向论中,"倾向"对应的英文单词是"disposition",与之意思相近的是"inclination"。若将 inclination 译作倾向,且将 disposition 译作性情的话,从人类和非人物种的区分上讲,动物可持有倾向,但不持有性情;人类可持有倾向和性情。然而,在高蒂耶的守约理论中,他为了保证契约主体的守约而要求契约主体具备某种"disposition"。就此而言,高蒂耶意义上的"disposition"更接近于保持合作的"倾向",而非合作的"性情"。鉴于本书是对人类主体的分析,为了保持全文的连贯性,这里统一将"disposition"译作倾向以及将"theory of disposition"译作倾向论。
[③] Russell B. The Analysis of Mind[M]. George Allen & Unwin,1921:67.

由时,这需要主体持有规范概念参与形成命题的能力。"①从此陈述可以看到,伊斯特哈兹认为基于倾向确立行动理由需满足三方面的要求:预先的倾向、实现倾向的回溯判断能力以及使用规范概念形成命题的能力。就此而言,单纯持有倾向并不能确立行动理由。虽然正常个体可持有预先的倾向,但主体需具有对预先倾向回溯的能力,这是一种对倾向的评价判断的反思能力。伊斯特哈兹认为此种评价判断能力是休谟主义者确立行动理由时缺失的要素,因为休谟式的欲望是任意产生的,它并不包含评价判断的构成要素。休谟主义者只是关注行动理由的激发效力,却忽视了行动理由的规范内容。更进一步,对于使用规范概念形成命题的能力,这是一种对实践命题赋予规范内容的能力,这是使激发的行动理由具有规范性或使之成为规范理由的关键。上述三方面的要求都与理由的规范性有关,因此倾向作为确立理由的基础是不牢固的,它需要确定理由具有规范内容的具体机制。简言之,"倾向论"只是使用了倾向代替欲望,这仅仅是对理由的激发性和规范性断裂的"遮蔽",而没有说明理由如何同时包含激发性和规范性。

麦可尔·史密斯(Michael Smith)改进了倾向论,他认为欲望不仅是因果法则意义上的行为倾向,它也可以嵌入现象学内容。② 对于上述不同形式的倾向论,伊斯特哈兹认为罗素意义上的倾向以及史密斯意义上功能主义的欲望概念都不能合理解释为什么欲望是确立行动理由的基础概念。这些休谟主义的理论仅表明:对某对象的欲求表现了简单或复杂的倾向(倾向理论)或持有某种现象学的经验(欲望的现象学概念),它们不能解释行动的可理解性。③

最后,对于威廉姆斯的理由论。威廉姆斯提出了"主观动机系统"和"合理慎思路径",并基于休谟主义的内在理由论驳斥了外在理由的存在。威廉姆斯对外在理由和内在理由的区分是:"A 有一个理由做 φ"(A has a reason to φ)和"对 A 而言,存在一个理由做 φ"(There is a reason for A to φ),这是两种不同的表述。前者是内在主义的行动理由的描述,后者是外在主义的

---

① Esterhazy P. Reasons for Action[M]. LMU München: Fakultät für Philosophie, 2013:200.
② Smith M. The Moral Problem[M]. Oxford: Blackwell,1987:115.
③ Esterhazy P. Reasons for Action[M]. LMU München: Fakultät für Philosophie, 2013:96.

行动理由的描述。① 对于第一个表述,它提及"个体持有理由",它强调源于个体内部的理由,理由到行动都表现出主动的特征,即"我持有一个理由,之后我才要如此去行动"。对于第二种表述,则显示出被动的特征。一个理由已经提供给 A,但它不是由个体内部提供的,而是外在地给出。个体基于"已存在"理由实施行动,因此理由到行动不是内在主义意义上"内在"被激发,个体基于外在理由仅仅作出了某种"被动反应"。简言之,第一种表述展现了源于个体内部行动理由的激发效力,第二种描述中的行动不是内在激发,因此外在主义者的难题是:外在行动理由如何激发个体行动。

在威廉姆斯看来,行动理由是内在的,它需要与个体"主观动机集合"(subjective motivational set)建立联系(它也被称作"S 集合")。S 集合的内容有:"评价倾向、感情反应模式、个人忠诚以及各种计划,它们被抽象地称为:个体嵌入的承诺。"② 可以看到,S 集合的内容比欲望更为广泛,因此斯坎伦将 S 集合视作广义欲望。③ 如此 S 集合是一种广义欲望,这说明威廉姆斯总体上继承了休谟对"理性和欲望"的区分,因此威廉姆斯将其理论称作"类休谟式的模型"(sub-Humean model)。④ 然而,理由与 S 集合的关联并未结束,确定最终的行动理由需借助"慎思过程"(deliberation process)完成。作为反思过程的慎思过程将汲取 S 集合中的某些要素并识别错误的信念,以确定行动理由。此时,慎思起到了确定理由以及连接理由与动机的作用,在大卫·索贝尔(David Sobel)看来,此种理性思考弥补了理由与动机的"缺口"。⑤ 简言之,在威廉姆斯的理论中,行动理由的确立需要"S 集合"和"慎思过程"的共同作用。

---

① Williams B. Internal and External Reasons [M]//Moral Luck. Cambridge: Cambridge University Press,1981:101.
② Williams B. Internal and External Reasons [M]//Moral Luck. Cambridge: Cambridge University Press,1981:105.
③ Scanlon T. What We Owe to Each Other[M]. Cambridge: The Belknap Press of Harvard University Press,1998:364.
④ 休谟提供了两种推理方式:一种是观念之间的推理,如数学推理。另一种是事实要素的推理,如因果推断。在休谟看来,这两种推理都不会影响个体意志。也就是说,单纯依靠理性的作用(如上述两种基于理性的推理方式)不能激发个体行动,欲望才是动机源头。可参照:Hume D. A Treatise of Human Nature[M]. New York: NuVision Publications,2008. 在欲望是动机源头这一点上,威廉姆斯与休谟是一致的。
⑤ Sobel D. Subjective Accounts of Reason for Action[J]. Ethics,2001,111(3):471.

按照规范理由和解释理由的划分,威廉姆斯的内在理由同时具有规范效力和激发效力。实际上,多数内在主义者并未区分理由的两种效力,而潜在地认定理由同时持有上述两种效力,由此断定内在理由不仅说明了激发行动的过程,它作为规范理由也阐述了如此行动的规范性。[①] 为了实现激发理由和规范理由的联结,威廉姆斯分析了主体的考虑过程,他将之总结为"合理慎思的路径"。在此路径中,威廉姆斯认为激发理由到规范理由的过渡需满足如下条件:一是决策做某事的实践推理过程不能建立在错误的信念之上。二是能动主体必须持有相关的认知渠道,并使用关联的事实信息。三是上述过程不能被任何官能的推理阻碍。在满足上述条件的基础上,主体可以"正确且合理"地慎思。需要注意:"合理慎思路径"中的考虑是一种实践推理过程,此时正确的信念、相关事实信息为欲望的实践推理导出行动理由的过程提供了支撑。威廉姆斯将上述从欲望的激发理由到规范理由的确立过程称作"建构推理"。此"建构"是指从动机理由到规范理由的"从无到有"的建构过程,合理慎思对激发理由的处理使行动理由具有了规范内容。

可以看到,在休谟主义的内在主义理由论中,激发理由处于更先在的位置,即内在主义者通过对理由激发过程的分析确定理由的规范内容,如欲望首先激发了个体行动,此过程中的手段—目标的工具合理性为个体提出合理要求。就此而言,理由的规范性从属于理由的激发性。威廉姆斯的内在主义也表现出此种特征,在确定激发理由的基础上,威廉姆斯以合理慎思路径阐述理由的规范内容。

四、外在主义行动理由论

上文阐述了休谟主义的内在理由论,作为规范实在论的外在理由论,它将理由的规范分析置于核心位置,即首先分析规范理由,其后讨论规范理由

[①] 乌里·柯瑞格尔(Uri Kriegel)曾将威廉姆斯对理由的两种效力等同的论点总结为:由于规范理由具有解释效力,只有内在理由有此解释效力,因此规范理由是内在理由,对此可参照:Kriegel U. Normativity and Rationality: Bernard Williams on Reasons for Action[J]. The Jerusalem Philosophical Quarterly,1999,48(3):287.

激发个体行动的过程。不同于内在主义者不加区分地对待规范理由和激发理由的方式,外在主义者明确区分了两者,规范理由不一定会激发个体行动。在外在主义者看来,内在主义者狭隘地选择主观动机集合考察行动理由,这忽视了外部对象和外部事实对行动的影响。① 外在理由论者认为理由的形成无需借助主观动机集合,外在理由同样可激发行动,如戴斯认为激发理由必须是一个"好的理由",此"好的理由"包含了规范的内容。进一步,关于世界的事实包含了有利于做某事的内容,即世界事实是理由的来源,戴斯将理由视作一种事态(或事项之状态),而非心灵之状态,只有事态可以确定何为"好的理由"。② 换言之,事态联结的理由包含了规范内容,此种理由指向了将要实现的状态。

麦克唐威尔同样认为行动不是理性慎思的结果,个体有理由做某事是交谈经验的结果。即使内在理由对行动的描述是正确的,这并不表明外在理由是不存在的,也不能否定外在理由对行动的影响。对麦克唐威尔而言,威廉姆斯只是论证了内在理由的存在,他不认同威廉姆斯对外在理由的否定论证。威廉姆斯反对外在理由的主要思路是:行动理由需要为如此行动提供相关说明,如果不能提供的话,外在理由不可能存在。与内在主义者从个体之内阐述激发过程的进路不同,外在主义者诉诸"境况"阐述理由的激发效力,他们提供了从境况到理由的转换方式。如麦克唐威尔认为有两种转换方式:一种是正确地思考;另一种是被正确的思考影响。在此之上,麦克唐威尔认为第一种方式可以实现境况到理由的转换,即对当下状况的正确思考。③ 转换之前的境况尚且不能成为行动理由,只有经过对境况的正确思考之后,对境况的考虑为个体提供了行动理由。

史蒂芬·芬莱(Stephen Finlay)的外在主义更为激进,他在麦克唐威尔的论点之上认为理由与动机没有关联,芬莱认为威廉姆斯的内在理由虽指

---

① 可参照:Parfit D. Reasons and Motivation[J]. Aristotelian Society,1997,71(1):127;Scanlon T. What We Owe to Each Other[M]. Cambridge: The Belknap Press of Harvard University Press, 1998:363-373.

② Dancy J. Practical Reality[M]. London: Oxford University Press,2000:107-108.

③ McDowell J. Might There Be External Reasons[M]//World, Mind and Ethics: Essays on the Ethical Philosophy of Bernard Williams. Cambridge: Cambridge University Press, 1991:68-85.

向了某些目标,但威廉姆斯"高估了"欲望与目标的关联。芬莱说:"行动理由不是由目标决定的,而是由演说者的交谈语境确定的。"①威廉姆斯的内在主义过于强调主体自身的动机指向的目标,芬莱则认为还存在与主体欲求无关的目标,如道德目标可能并不属于个体欲求的目标,它同样可以提供行动理由。如果道德目标之上的外在理由是存在的话,那么威廉姆斯对外在理由的反对将不成立,斯坎伦的契约主义即是以对生命价值的可证成倾向阐述道德理由的形成,此为芬莱意义基于道德目标的道德理由,故斯坎伦的理由论和契约论可视作对威廉姆斯的回应。总体而言,芬莱并不认为理由激发效力如威廉姆斯所强调得如此重要,外部理由不一定是激发理由,它也无需由主体内部的动机目的提供。

迪恩·卢宾(Dean Lubin)通过"无知之幕"和"预先条件"反驳内在主义,其思路是:卢宾以"无知之幕"的方式遮蔽个体欲望,他作了两种区分。一种是"薄意义的无知之幕",此时个体知道自身持有欲望,但不知道欲望的具体内容。另一种是"厚意义的无知之幕",个体完全不知道自身会持有欲望。进一步,卢宾引入"主体预先条件",其特征是:第一,个体不被干涉(free from interference),这是不受他人以及外部要素的干涉以保证个体的自由选择和自由行动。第二,对知识的需求,这是关于特定时间内是否做某事的知识,引入"预先条件"是为了使个体知悉周边境况以及对外部世界持有正确的认识,这包括使个体持有关于手段和目标的正确信念。就此而言,"预设条件"的第二个条件是对第一个条件进一步的限制。在卢宾看来,个体实施一项活动是为了满足预先条件,而不是为了满足欲望。被"无知之幕"遮蔽的个体即使没有持有欲望,它也可以被激发而实现"预先条件"的目标。以上述方式,卢宾不仅"绕过了"基于欲望来提供行动理由,而且"绕过了"以欲望来激发行动的说明,故即使没有持有欲望之上的内在理由,外在理由也是存在的。②

然而,个体如果为了满足预先条件而实施行动,这是否是一种目的论式

---

① Finlay S. The Reasons That Matter[J]. Australasian Journal of Philosophy,2006,84(1):8.
② Lubin D. External Reasons[J]. Metaphilosophy,2009,40(2):284-286.

的行动？也就是说，外在理由是否也具有目的论的特征？如果这样的话，卢宾的论证仍未脱离威廉姆斯的框架，即预先条件是一种目标，在实现此目标的行动中，它需要与威廉姆斯式的主观动机集合产生某种关联。更进一步，在卢宾的论证中，拥有关联知识是预先条件之一，那么知识源于何处？如果此种知识涉及对外部世界的认知，它也包括了休谟意义上的信念。联系了手段和目标的信念在某种程度上决定了个体"在什么时间做什么事情"，那么此种分析仍未脱离休谟主义框架，卢宾只是将外在理由的论证隐藏于预先条件之中。

通过上面论述可知，休谟主义者主要将欲望视作理由的来源，他们否认理性的作用，因此休谟主义者既需要回应理性主义，也需要对激发理由的规范内容提供相关说明。外在主义者否认理由的主观要素，他们从外在事实入手阐述理由的形成过程，故外在主义者需要回应心理主义者的质疑。

第二节　高蒂耶的内在理由论

一、深思熟虑的偏好

高蒂耶对行动的分析建立在偏好的满足之上，此偏好不是直觉上的偏爱或喜好，也不是"想要"和"意愿"之类不稳定的心理学概念。高蒂耶从经济学的原始偏好（raw preference）出发界定深思熟虑的偏好（considered preference）。经济学意义的偏好通过选择显现出来，选择揭示的偏好也被称作"显现偏好"（revealed preference），因为此种偏好"外显为"具体的选择。此外，显现偏好也被称作"行为偏好"（behavioral preference），这是从选择是一种行为活动的角度上的称谓。高蒂耶说："在经济学家的观点中，偏好通过选择被说明，它没有独立的实践意义。"[1]可以看到，经济学强调选择在先，偏好在后，经济学家的焦点是如何做出选择，偏好仅仅是一个次要的辅助概念，它在行动的分析中不占据主要位置。高蒂耶批评经济学意义的

---

[1] Gauthier D. Morals by Agreement[M]. Oxford: Oxford University Press, 1986: 26-27.

偏好不是因为经济学家错误地使用偏好这一概念基础建立经济理论,他反对:经济学家仅将选择作为理解偏好的唯一渠道,这未能把握偏好"全貌"。

高蒂耶在理性选择理论(rational choice theory)这一框架中阐述深思熟虑的偏好。他没有引入理性决策理论(rational decision theory)的原因是:此理论只考察了单一行动者的活动,而忽视了行动者之间的互动过程。更进一步,理性决策理论讨论的是"给定的"欲望和偏好,却没有论述欲望或偏好的形成过程。同样,理性推理理论也存在类似的问题,它涉及对给定信念的分析,而未论述信念的具体形成过程。而对于高蒂耶所引入的理性选择理论具有如下特征。首先,偏好不是预先给定的,它也不是经济学意义上的基于选择显现的偏好,而是深思熟虑的偏好,高蒂耶论述了深思熟虑偏好的形成过程。其次,理性选择理论对效用的理解不同于理性决策理论和理性推理理论,后两种理论的效用概念涉及程度上的区分,而没有被细化为具体的数量指标,这不能为后续契约的订立提供概念基础。高蒂耶的契约论要实现个体自我效用价值的衡量,这要求效用价值能够简化为具体的数量指标。

在高蒂耶看来,一个完整的偏好不仅包括显现偏好,还包括态度偏好(attitudinal preference),态度偏好不是通过选择而显现的,而是通过言谈表达出来,故态度偏好也被称作表达偏好(expressed preference)。其中,偏好的态度维度可以理解为个体持有的意向或意向之上的意向行动,高蒂耶列举了"凯伦在看电视"的例子予以说明:凯伦虽然持有比看电视偏好更强烈的阅读哲学书籍的偏好,但其实际行动却是花费更多时间看电视。[1] 此例中,阅读书籍的偏好是表达出来的态度偏好,但未在行动中显现。也就是说,凯伦的意向是看书,但真实行动是看电视,因此偏好的态度维度是作为潜在的精神状态存在。相较而言,偏好的行为维度是外显的结果。实际上,对于深思熟虑的偏好的选择维度和态度维度基础,其后的学者也使用过类似思路。如梅勒在论述意向结构时采取了类似的思路,梅勒认为意向和其

---

[1] Gauthier D. Morals by Agreement[M]. Oxford: Oxford University Press, 1986: 28.

他心理状态一样,包含了表现维度和态度维度这两个基本维度。表现维度外显为特定计划,态度维度则是个体对计划持有的态度,如认为制订的计划是完备的、复杂的、可行的、不可行的等态度。梅勒认为意向的表现维度不包含动机效力,态度维度则包含了意向的执行维度,它有动机特征。他说:"意向为所需要的推理提供动机。"①此论断强调的是意向的推理动机,而不是行动动机。

对高蒂耶而言,完整的偏好包括了行为偏好和态度偏好,基于此种区分,高蒂耶认为深思熟虑的偏好需要满足三个基本的要求,"偏好是深思熟虑的,当且仅当其行为和态度维度没有冲突,并且它在经验和反思之下是稳定的"②。可以看到,深思熟虑的偏好不是任意的,经验和反思等过程将原初偏好转化为深思熟虑的偏好。深思熟虑偏好的形成不仅要结合个体的经验基础,要对所持有的偏好予以反思,以保持态度偏好和显现偏好的一致。虽然深思熟虑的偏好是稳定的,但此种偏好仍是动态变化的。随着时间推移以及个体所处境况的变化,个体的经验和反思能力也随之变化,深思熟虑的偏好也会有所改变。

二、偏好理由:休谟主义的影响

高蒂耶在建立道德契约论时未详尽阐述行动理由的形成过程以及特征,他主要关注如何在不同的自利契约主体之间达成订约,因此对契约活动考察的重点在于如何作出理性选择,即以理性行动实现特定目标。③ 为了确定高蒂耶理论的行动理由基础,需要对深思熟虑的偏好进行深入的分析。

如果个体实施一项活动,此活动的目标是满足深思熟虑的偏好,那么偏好与欲望发挥着相似的作用,两者都使个体处于目标寻求状态之中。那么高蒂耶的偏好概念是否与休谟的欲望概念等同?高蒂耶说:"休谟告诉我

---

① Mele A. Intention[M]//A Companion to the Philosophy of Action. Cambridge: Cambridge University Press, 2008:110.
② Gauthier D. Morals by Agreement[M]. Oxford: Oxford University Press, 1986:32-33.
③ 高蒂耶引入理性选择理论时没有关注偏好内容,阿尔斯特认为这是理性选择理论固有的缺陷,他说:"它(指理性选择理论)告诉我们应当如何行动以尽可能地实现目标,但在规范的理性选择理论中,却未告诉我们目标是什么。"对此可参照:Elster J. When Rationality Fails[M]//Reasoning: Studies of Human Inference and Its Foundations. Cambridge: Cambridge University Press, 2008:95.

们:'理性是并且应该是激情的奴隶',虽然休谟的论断有广泛的争议,但我们应该坚持此观点。"[1]这表明高蒂耶认同休谟关于欲望与理性的划分,也认同欲望在行动中的作用。不同的是,高蒂耶式的偏好不是任意产生,而对于休谟的论断,"宁可世界覆灭,也不能伤到我的手指,这并不违反理性"[2]。高蒂耶并不认同,他认为个体经过"完全考虑"(full consideration)之后不会选择"世界覆灭",他会基于反思和经验基础"最大限度保护手指",因此休谟所描述的合理行动对高蒂耶来讲并不合理。

更进一步,偏好和欲望之区别也体现在信念方面。在高蒂耶看来,深思熟虑的偏好最初源于信念,但信念内容过于广泛,如信仰、流行的价值观、习俗和惯例都会影响个体信念,因此信念是部分地影响深思熟虑的偏好。例如,一个人相信喝红酒会治愈感冒,基于此信念他选择喝红酒,他对红酒的偏好是显现偏好,这不是深思熟虑的偏好,因为喝红酒没有反思过程和经验基础的支撑,信念只是深思熟虑的偏好的一个构成要素,它仅仅参与到了深思熟虑偏好的形成过程。特别是,信念在一定时间段内是稳定的,但也会变化。信念的变化会影响到偏好,高蒂耶并未论述两者之间的影响机制。高蒂耶和休谟对信念持有不同的理解,高蒂耶在陈述基于偏好的选择时曾说,即使个体做出错误选择,也并不能说此种选择是不合理的,这是由其错误信念导致的。[3] 这里需强调:理性选择是为了实现特定的目标,个体持有的信念使其相信借助于理性选择手段可以实现偏好满足的目标。信念作为认知外部世界的方式,它可能是正确或错误的。不论正确或错误的信念,通过信念指导的行动可以满足偏好的话,那么信念即为合理的。高蒂耶认为信念的正误不影响对行动的合理性评价,界定行动是否合理的焦点在于偏好,而不是信念。即使个体持有错误信念,但它指导了满足偏好的行动,因此它是合理的。换言之,在高蒂耶理论中,无需以第三方视角评价信念正误以及是否合理,只有个体才是确定深思熟虑偏好内容和所持信念的唯一主宰者。

在休谟和高蒂耶的分析中,信念的作用发生了微妙变化:高蒂耶将信念

---

[1]　Gauthier D. Morals by Agreement[M]. Oxford: Oxford University Press, 1986: 21.
[2]　Hume D. A Treatise of Human Nature[M]. New York: NuVision Publications, 2008.
[3]　Gauthier D. Morals by Agreement[M]. Oxford: Oxford University Press, 1986: 29.

视作偏好的源头，休谟虽然认为欲望与信念有所重叠，但它们不是互为源头的关系，也不是相互构成的关系。就理性与欲望关系而言，高蒂耶和休谟的论点一致：偏好和欲望都将个体置于目标寻求的状态中，且理性起到了休谟意义上的指导作用，因此高蒂耶式的偏好属于广义休谟意义上的欲望。[①]如果理解的话，这意味着高蒂耶式契约主体持有的行动理由是内在的。这里，可将偏好理由置于威廉姆斯的内在主义框架分析以此说明偏好理由的内在特征。若成为威廉姆斯式的内在理由，则需满足如下要求：一是行动理由与 S 集合有所关联；二是由慎思程序得出；三是行动理由可以为行动提供合理说明。对于第一个要求，由于 S 集合包括了"评价倾向、感情反应的模式、个人忠诚以及各种计划，它们可以被抽象地称为：个体之嵌入的承诺"[②]。偏好与 S 集合的内容是关联的，它可以视作评价倾向，即通过偏好指向的对象将其价值显现出来。帕菲特将休谟的欲望模型视作一种主观模型，他说："理由强度取决于我们欲望或偏好的强度。"[③]如此而言，行动理由的确定也建立在偏好的"强度"之上，即权重大的偏好影响了行动理由的特征。对于慎思过程的要求，已知深思熟虑的偏好建立在反思和经验基础之上，那么此种"深思熟虑"的过程可以视作一种慎思程序。对于合理说明，个体实施活动对偏好满足的追求，这在一定程度上解释了个体为什么如此活动，为什么追求某种特定的事态，这些都可以通过偏好理由予以说明。

总体上，高蒂耶的偏好理论可视作休谟欲望模型的"改进版本"，此改进不同于其他休谟主义者的"改进版本"，如托马斯·内格尔（Thomas Nagel）认为不是所有的欲望都具有提供理由的效力，他将欲望划分为"激发欲望"和"被激发欲望"，那么欲望可经历考虑过程而形成，"被激发欲望"则是实践

---

① 萨缪尔·弗里曼（Samuel Freeman）也持有上述观点，他认为高蒂耶持有休谟式的动机论，对此可以参照：Freeman S. Contractualism, Moral Motivation and Practical Reason[J]. The Journal of Philosophy, 1991, 88(6): 290. 除了弗里曼之外，阿德勒在论述理性选择理论时，认为合理选择理论中的偏好本质上就是休谟式的欲望，他说："在理性选择理论中，欲望是'不动的推动者'（unmoved movers），它反映了休谟的'理性是并且应当是激情的奴隶'的论断。"对此参照：Elster J. When Rationality Fails [M]//Reasoning: Studies of Human Inference and Its Foundations. Cambridge: Cambridge University Press, 2008: 95.

② Williams B. Internal and External Reasons [M]//Moral Luck. Cambridge: Cambridge University Press, 1981: 105.

③ 帕菲特. 论重要之事[M]. 阮航, 葛四友, 译. 北京: 时代华文书局, 2015: 127.

推理的结果。内格尔提供了两种方式以说明欲望之发展。一种是单纯的因果描述,被激发欲望只是心理过程的"因果副产品"。欲望虽起到激发行动的作用,但它并不占据核心位置。在内格尔看来,此种说明过于中庸,因它并未反映出欲望在休谟行动哲学中的核心位置。另一种是欲望起到建构作用的说明,欲望为实质意义上行动理由之来源,即欲望的因果作用之外还包含了规范内容。对内格尔而言,从"提供动机的欲望"到"被激发的欲望"这种对欲望的考虑过程包含了多种欲望的参与,此欲望"联结与处理"过程需信念的指导。欲望之间的联结并非任意,它需要主体结合自身认知和信息基础展开联结。换言之,不同个体即使持有相同欲望,他们对外部世界认知的不同以及持有信息的不同将导致个体按照不同方式处理欲望,进而持有不同的最终欲望。

从上述角度讲,"原初偏好"经由"选择偏好"而最终确立"深思熟虑的偏好",此过程类似于内格尔意义上实践推理所得出的"被激发欲望"过程,对原初偏好的深思熟虑涉及对偏好的排序、筛选等,此时个体将结合信念、所处环境、认知经验基础等要素将原初偏好转换为深思熟虑的偏好。然而,高蒂耶并未局限于休谟主义框架理解欲望概念,他在分析了经济学的偏好概念以及引入理性选择理论的基础上阐述"深思熟虑的偏好",此为其独特之处。休谟主义者采取各种方式改造欲望概念在一定程度上表明了此概念的缺陷及其解释个体活动的"粗糙性"。哈里·法兰克福(Harry Frankfurt)在论述同一性时曾区分"一阶"和"二阶"的欲望,其思路类似于内格尔的方式,如"成瘾"欲望是一阶欲望,虽然个体可能持有此欲望,但并不愿意按此欲望行动。二阶欲望可能回溯到基本层面的"想要"之上。[1] 在伊斯特哈兹看来,休谟意义上的欲望概念无层次上的区别,它类似于"任意到来"的冲动,故后来的学者(如高蒂耶、内格尔和法兰克福等人)采取了不同的方式以进一步理清欲望概念。高蒂耶通过"深思熟虑的思考过程"以规避欲望之"任意",深思熟虑的偏好建立在有意识的反思之上,那么此种偏好可视作法兰

---

[1] Frankfurt G. Freedom of the Will and the Concept of a Person[J]. Journal of Philosophy, 1971,68(1):5-20.

克福意义的二阶欲望,即它通过对一阶偏好(如原初偏好、选择偏好和态度偏好)的筛选和处理而确立,且此偏好可回溯至一阶偏好。伊斯特哈兹说:"由于休谟式欲望缺乏一阶和二阶区分进而缺少同一性要素,故此初始的一阶欲望不能提供行动理由。"从这个角度上讲,高蒂耶引出连贯和一致的"深思熟虑的偏好",此概念具有如下三个优势:一是规避休谟式欲望概念的任意特征。二是弥补了欲望概念在同一性上的缺陷。三是通过补充同一性要素,而可以提供行动理由,从而为契约主体后续的订约和守约活动提供概念的准备。

可以看到,高蒂耶在偏好以及理由论方面表现出明显的休谟主义特征,偏好理由承袭了休谟的内在理由论。[①] 吊诡的是,后期高蒂耶在评价斯坎伦外在理由论时曾简短地提及"外在理由对行动的说明是正确的",这是否表明他在内在理由和外在理由上的"犹豫不定"?他说:"斯坎伦反转了休谟所坚持的欲望第一、理性第二的范式,此做法在最近哲学发展中非常常见,此趋势亦影响了我。我同意一个人会被对行动的理由判断规范地激发的相关论点。"[②] 就此而言,高蒂耶在后期思想发展中认识到了内在理由的问题,并承认外在理由是可能存在的,对外在对象的考虑会影响个体思考和行动。需提及的是:高蒂耶的上述评价存在的误解是,他认为斯坎伦调整了休谟主义中欲望与理性的次序。虽然斯坎伦否认了休谟的欲望概念,但他并未以理性主义方式将理性置于理论核心位置,后文将阐述斯坎伦契约主义与康德哲学中实践理性概念的不同。结合高蒂耶的整个学术生涯而言,他在契约论时期持有内在理由论,且在后期承认外在理由是存在的,故他属于"温和"的内在理由论者。

---

① 不同于本书的论点,布兰德从康德主义视角考察了高蒂耶的理论,他将偏好动机论视作"最低限度的康德主义动机论"。所谓"最低限度的康德主义"(minimal Kantianism)是指:它仅继承了康德动机论中最为基本的构成要素,即义务或承诺提供了行动理由。已知在高蒂耶理论中,深思熟虑的偏好提供了行动理由,此偏好要求偏好之行为维度和态度维度的一致。而在布兰德的理解中,态度偏好应通过言语表达,这属于个体之"承诺"(commitment),正是在此意义上布兰德认为高蒂耶的动机论并不是休谟主义的,而是"最低限度康德主义"的。对此可参照:Brandom R. What do Expressions of Preference Express[M]//Practical Rationality and Preference: Essays for David Gauthier. Cambridge: Cambridge University Press, 2001.

② Gauthier D. Are We Moral Debtors?[J]. Philosophy and Phenomenological Research, 2003, 66(1): 163.

第三节　斯坎伦的外在理由论

一、斯坎伦对休谟主义的批评

斯坎伦批评了休谟的欲望概念，他认为理由并不源于欲望或偏好，而是源于对外在对象的考虑。斯坎伦说："欲望通常被理解为两个构成部分：目标和权重。"[①]目标由多种欲望的相互竞争而被确定，此种竞争建立在欲望的不同权重之上，更大权重的欲望处于占优位置并影响相关的实践推理和具体行动。斯坎伦认为欲望是一个未被清晰界定的概念，人们之所以认为欲望提供了行动理由，只是由于欲望"看起来"可以确立目标，如它"看起来"激发了个体实施满足欲望之行动。某人口渴时喝水的动作被视作满足口渴的欲望。为了指明欲望概念的问题，首要工作是弄清其基本结构。斯坎伦从欲望中区分出了"定向注意的欲望"（desires in directed-attention sense），这是受到了内格尔所区分的"被激发欲望"和"未被激发欲望"的影响。其中，"被激发欲望"是激发的结果而非激发的起点，这不是真正的欲望，"未被激发的欲望"才是真正的欲望。在斯坎伦看来，休谟式的广义欲望均属于"被激发欲望"这一类别，这表明了此种欲望仅是激发过程的中间环节，而不是激发行动的真正起始点，故斯坎伦将此广义欲望视作"定向注意的欲望"，它未经反思且不受限制，现实中多数欲望都属于"定向注意的欲望"，如性欲、食欲等。欲望"看似"是激发的起始位置，这也体现在欲望与意向的关系之中，"欲望做某事"（desire to do something）不同于"意向做某事"（intend to do something），前者在个体实践思考和行动中居于更靠前的位置。如某人持有未经反思的"中大奖"的欲望，此欲望可能不切合实际，但它对个体而言却可能是合理的欲望，此欲望只是为个体确定了行动的最初目标，至于后续"中大奖"的具体步骤则需要相关的计划、计算和决策等过程的支撑。后

[①]　Scanlon T. What We Owe to Each Other[M]. Cambridge: The Belknap Press of Harvard University Press, 1998: 50.

续的实践推理指向了欲望之目标,如个体可能认为"中大奖"欲望之上作出计划是"不符合现实",故他做出不购买彩票的选择。上述分析表明,欲望"看似"在推理中处于起始位置由此造成了欲望可以提供行动理由之"误解"。

斯坎伦认为欲望只是"描述了将某物视作理由而自我呈现的一种方式"①。相较于欲望对行动的激发而言,理由处于更为根本的位置。换言之,即使欲望真实存在,基于欲望对行动激发过程的说明并不完善且是一种错误解读。现在的问题是:如何理解"某物呈现为理由"?理由激发行动的机制是什么?下面将回答这些问题。②

二、外在理由的确立

个体在行动前持有多种意向,但它们不一定真正地激发行动。以"吃冰激凌"为例,吃冰激凌之意向不一定产生吃冰激凌的行动,斯坎伦认为这只是对"吃冰激凌"的可欲求性的考虑,基于此种考虑以决定是否真正实施相应的行动。③ 易言之,真正激发吃冰激凌行动的不是欲望,而是对目标和可欲求性的考虑,即"考虑"(consideration)为理由的最初源头。当个体重视这些考虑时表明理由已处于形成过程中,但考虑尚不是一个理由,考虑仅仅具有"给出理由的效力"(the reason-giving force)。

斯坎伦关注的是"标准规范意义"(standard normative sense)上的理由,即规范理由。由于外在主义意义上规范理由不同于激发理由,规范理由不一定具有激发效力。斯坎伦亦对两种理由做出明确区分,他将理由视作"不可还原"的初始概念,因此当追问"理由是什么"这一问题时,这种认识论

---

① Scanlon T. What We Owe to Each Other[M]. Cambridge: The Belknap Press of Harvard University Press, 1998:18.
② 斯坎伦将"推理"(reasoning)和"思考"(thinking)等同使用,亦将"实践推理"(practical reasoning)与"实践思考"(practical thinking)以及"道德推理"(moral reasoning)与"道德思考"(moral thinking)等同使用,这揭示了个体在实施活动之前的推理和持有理由的过程,故后文在使用上述概念时不再做出区分,这一点在《我们彼此负有何种义务》的"实践推理"小节中有详尽说明。对此可参照:Scanlon T. What We Owe to Each Other[M]. Cambridge: The Belknap Press of Harvard University Press, 1998:49-53.
③ Scanlon T. What We Owe to Each Other[M]. Cambridge: The Belknap Press of Harvard University Press, 1998:46.

的提问方式是一种"错误的提问"。对斯坎伦而言,理由源于"有利于它"（counts in favor of it）的考虑,此种"有利于它"的考虑过程是一种实践思考过程,个体将逐步识别标准规范意义上的理由。斯坎伦通过判断敏感态度（judgement-sensitive attitude）阐述了"有利于某事"的考虑过程,这也是理由的确立过程。[①] 具体而言,这涉及如下四个阶段:[②]

（一）对态度 A 来讲,X 看来像是理由。

（二）对第一阶段进行批判,即对"看起来像是"理由的对象批判。

（三）对上一阶段的批判,以决定是否有足够理由调整态度 A。

（四）形成一种态度。

这里,前三个阶段是外在理由的形成过程,第四个阶段及其后续则描述了理由激发行动的过程。可以看到,理由的规范效力和激发效力都被置于 JSA 框架之中予以分析。

对斯坎伦而言,不是所有 JSA 的持有都需经历上述阶段。在第一个阶段中,"看起来是一个理由"（seems to be a reason）,这是对"看起来是理由"的理由的评价过程,此时它不一定成为"好的理由"（good reason）。成为"好的理由"（即成为标准规范意义上的理由）的最初要求是通过态度 A 引起个体的注意。问题是:为什么理由会引起个体的关注,对此理由的判断有何种独特之处？这与斯坎伦对个体特殊的界定方式有关,斯坎伦将作为"合理生物"（rational creature）的个体定义为:"首先能够推理的生物,他具有认识、评价以及被理由激发的能力,因而也具有判断敏感态度。"[③] 从此定义可以看到:合理生物的推理能力包括了实践推理和理论推理,斯坎伦将两者看作

[①] 为简单起见,后文将之简称为"JSA"。

[②] Scanlon T. What We Owe to Each Other[M]. Cambridge: The Belknap Press of Harvard University Press, 1998: 65-66.

[③] Scanlon T. What We Owe to Each Other[M]. Cambridge: The Belknap Press of Harvard University Press, 1998: 23. 陈代东等人将 rational creature 译作"理性造物",可参照:斯坎伦. 我们彼此负有什么义务[M]. 陈代东,等译. 北京:人民出版社,2008. 对理由判断的敏感性（与理由相关的认识、评价等能力）是此类个体特有的能力,这是其他物种所不具有的。为了体现人类物种在理由方面的特殊之处,以及凸显"合理的"（rational）和"有理由的"（reasonable）之区分,本书将之译作"合理生物",后文将阐述"合理的"和"有理由的"具体区别。

第二章　契约式道德论证的理由论基础

是等同的。①进一步,合理生物持有关于理由的相关能力,如识别、评价理由等能力,这是作为反思能力(reflective capability)出现的。②合理生物的理由判断不同于直觉判断,其他动物能够做出直觉判断(如捕食、逃跑的直觉判断),但却不能进行理由判断。态度在斯坎伦和高蒂耶的实践推理结构中处于不同的位置:在高蒂耶的理论中,态度出现在偏好的形成阶段,偏好的态度维度是指个体对某种偏好持有的态度,这可视作个体对偏好筛选、考虑和排序的过程。斯坎伦则关注判断敏感态度,它虽然也涉及考虑过程,但这不是对偏好的考虑,而是对理由的处理以及持有的态度。

斯坎伦区分了感觉与态度。直观上讲,感觉(如冷热的感觉)涉及生理刺激,而冷热的态度不同于生理刺激意义上的感觉,个体可以在不持有冷热感觉的基础上而持有关于冷热的态度,如一个人在冬季看到非洲夏季炎热的纪录片之后将对炎热环境产生厌烦态度,此态度是作为精神状态而外显出来的。相较而言,感觉涉及对真实对象的直接感受,如个体需要真正地处于非洲炎热的环境中。斯坎伦基于理由区分感觉和态度,他说:"感觉可能会影响到我们所持有理由的判断(如一个人很劳累时,认为一切都不值得)。"③这说明劳累作为一种体验和感觉会影响个体的理由判断,当"他认为一切不值得"时,这说明感觉影响了个体持有的理由。

在合理生物的理由判断之中,此种理由是规范性的,而不是激发性的,斯坎伦以火山爆发为例阐述理由两种属性的区别。例如,问及他人"为什么你认为火山将要爆发",这背后涉及不同的理由。④首先,你为什么持有火山爆发的信念,此信念需要向他人证成,以表明它合乎情理,那么信念理由是一种可证成的规范理由。其次,需要对火山爆发的信念形成过程予以说明。上述两方面被斯坎伦总结为:"在询问存在何种理由使个体相信事实 P

---

①② Scanlon T. What We Owe to Each Other[M]. Cambridge: The Belknap Press of Harvard University Press,1998:23.

③ Scanlon T. What We Owe to Each Other[M]. Cambridge: The Belknap Press of Harvard University Press,1998:20.

④ Scanlon T. What We Owe to Each Other[M]. Cambridge: The Belknap Press of Harvard University Press,1998:18-19.

与相信 P 这一事实的理由是有所区别的。"①一方面，在此论述中，"这有"（there is）表明理由已经存在，它为个体相信 P 的事实（如火山爆发的事实）提供了支持，这涉及规范理由的讨论。另一方面，此论述中提到"给定个体的理由"（a given person's reason）是对依附个体的理由的强调，这是一种操作理由（operative reason），它是对信念形成过程的"操作"，这是对激发理由的描述。

如果规范理由不同于激发理由，规范理由的特征是什么？对此，斯坎伦说："事件之中的理由是否存在，这依赖于外部事实。"②那么在事实的判断过程中所确立的规范理由，表明理由不是源于个体之内，而是源于对外在事实的考虑，即规范理由是外在的。斯坎伦对规范理由的判断提供了两种理解方式：一种是信念；另一种是判断敏感态度。③斯坎伦对信念的理解方式持保留态度，他认为信念的解读没有把握理由判断中的规范性，"持有理由 X 做 A"不仅描述了行动的激发过程，它也包含了某种规范性要素。JSA 之上的行动是合理生物所特有的，它展现了合理生物的证成倾向，由此把握了理由判断中的规范要素。简言之，斯坎伦借助合理生物和判断敏感态度共同阐述规范理由的形成。对规范理由持有的敏感态度不是心理学意义上的评价过程，也不是对内生欲望的"封闭评价"，它是基于外在情境对外在事实的考察而产生的。

更进一步，如果规范理由只具有规范效力的话，那么此种外在理由如何激发个体的行动？规范理由的激发过程同样是在 JSA 框架中分析的。斯坎伦将 JSA 视作类似于意向的倾向④，意向与 JSA 一样都外显为行动。JSA 的过程确立了规范理由，也激发了行动。对其他物种而言，以欲望说明此类物种的行动或许更为合理，如欲望激发了动物实施生理性的活动（如捕

---

① 原文是：There is a difference between asking what reason there is for believing that P and asking what a given person's reason for believing it was. 可以参照：Scanlon T. What We Owe to Each Other[M]. Cambridge：The Belknap Press of Harvard University Press，1998：19.

② Scanlon T. What We Owe to Each Other[M]. Cambridge：The Belknap Press of Harvard University Press，1998：22.

③ Scanlon T. What We Owe to Each Other[M]. Cambridge：The Belknap Press of Harvard University Press，1998：56-60.

④ Scanlon T. What We Owe to Each Other[M]. Cambridge：The Belknap Press of Harvard University Press，1998：21.

猎活动），那么基于欲望的描述是否优于基于外在理由的行动描述？在杰伊·沃伦思（Jay Wallace）看来，如果理由判断具有普遍性，它应该对所有合理生物都适用。沃伦思认为个体确立规范理由的过程包含了规范的思考（normative thought），这没有涵盖不具有规范思考能力的物种，因此规范理由所描述的行动过于狭隘。[①] 斯坎伦则认为合理生物的活动模式更为复杂，基于欲望的描述未能把握合理生物行动中的规范特征，如帕菲特在批评内在主义者时所言，"其他动物可以被其欲望或信念所激发，只有我们可以理解或回应理由"[②]，因此内在主义者未区分激发理由和规范理由时，这忽视了理由的可证成性。总体上讲，在外在主义中，规范理由不一定激发行动。斯坎伦借助合理生物和JSA框架实现了规范理由具备激发效力的说明。

三、对威廉姆斯的回应

外在理由不同于威廉姆斯意义上与S集合关联的内在理由，威廉姆斯以"欧文参军"的例子阐述外在理由的问题：由于欧文家族有参军历史，出于家族荣誉感和家族使命等原因，欧文的父亲要求他参军，但欧文没有参军的任何动机[③]，那么欧文参军行动是内在还是外在被激发，欧文参军时持有何种行动理由？已知欧文参军不是为了满足自身欲望，他参军的活动是他父亲的要求。威廉姆斯认为如果按照外在主义的方式解释欧文的行动，那么参军行动受到了信念和考虑的影响，此时考虑提供了行动理由。威廉姆斯对信念和考虑的激发效力提出异议，他认为从考虑到行动的过程未能得以有效说明。更进一步，信念在激发行动时需要获取新的动机，威廉姆斯的疑虑是："主体在当下并不相信外在陈述，因此相信此论断本质上需要获取新的动机，这如何可能？"[④]在考虑和信念激发行动的论述中，为了获取新的动

---

① Wallace J. Scanlon's Contractualism[J]. Ethics, 2002, 112(3): 437.
② Parfit D. Reasons and Motivation[J]. Aristotelian Society, 1997, 71(1): 127.
③ Williams B. Internal and External Reasons [M]//Moral Luck. Cambridge: Cambridge University Press, 1981: 106-107.
④ Williams B. Internal and External Reasons [M]//Moral Luck. Cambridge: Cambridge University Press, 1981: 108.

机将陷入"无限后退"的困境。鉴于此,威廉姆斯认为即使欧文参军受到外部因素的影响,此种影响必须反映到 S 集合上来,即行动理由虽然受外在要素的影响,但它不是外在的,而是与 S 集合产生关联的内在理由,故威廉姆斯认为外在理由不存在。

斯坎伦对此的回应是:一个人之前可能没有认识到某种外在价值(如欧文案例中参军价值和荣誉感),他随着时间推移而会重新认识这些价值,因此对这些外在对象和外在价值考虑的过程中将产生行动理由。在斯坎伦看来,S 集合之上的理由虽然可以解释一些个体活动,但是 S 集合的内容过于繁杂,它也没有被清晰地说明,因此威廉姆斯的内在主义有前后不一致的问题,它只是在解释部分活动时是有效的。斯坎伦与威廉姆斯的分歧主要在于理由的规范方面,斯坎伦说:"我们的许多理由很明显有其'主观条件',但是存在于其他理由之中的规范效力并不依赖于动机。"[1]因此斯坎伦认为个体的行动是复杂的,内在理由却对行动进行了过于简单的描述,特别是它没有把握判断和行动中的规范内容。虽然斯坎伦关于外在理由激发效力的说明存有争议,但他在休谟主义路径之外寻找了新的路径,正如吉巴德所言:"更为长远思考如何生活,我们尽最大可能将我们的思考聚焦,如何去做是为了参与到规范的讨论之中。斯坎伦将我们置于当共同生活时,出于何种理由会接受或需要某种约束的复杂研究中。无论这种研究正确还是错误,斯坎伦的工作都是杰出且非常重要的。"[2]

第四节 对理由论的整体评价

持有行动理由是人类特有的能力,人类不仅持有一般理由,而且持有"好的理由",因为人类具备高阶的认知能力,如使用概念、评价和反思等能力。相较而言,动物虽然可以持有宽泛的行动理由,也可能对理由进行外在

---

[1] Scanlon T. What We Owe to Each Other[M]. Cambridge: The Belknap Press of Harvard University Press, 1998:367.
[2] Gibbard A. Reasons to Reject Allowing[J]. Philosophy and Phenomenological Research, 2003, 66(1):171.

第二章　契约式道德论证的理由论基础

主义式的回应,但它不能确定何者是"好的理由"。动物持有倾向以及冲动意义上的理由,而不是在把握外在事实、基于实践推理以及作出实践承诺基础上的理由。休谟欲望模型、罗素倾向论、高蒂耶式深思熟虑的偏好、伊斯特哈兹意义上实践承诺以及斯坎伦意义上"算作是有利于"的考虑,这些关于行动理由的不同论点表明人类确立行动理由时的复杂性。

围绕行动理由的本质以及行动理由的确立机制,内在主义者和外在主义者展开了激烈的争论。在斯坎伦对福利概念的否定性分析中,他反对将偏好或欲望作为理由的来源。在斯坎伦看来,福利和偏好不能为生活变好提供说明,它们只能为个体的理性选择提供说明。[①] 伊斯特哈兹曾以"球员扔球拍"的例子说明内在主义者的困境,某运动员由于不能控制愤怒情绪而扔掉对手的球拍,他认识到如此做并不合理,这违背了关于规范判断的内在主义论点。[②] 如果运动员在规范判断之上持有规范理由,他要受到此规范理由的约束,这是对理由规范内容的认同。扔球拍的行为表明他未被规范理由激发,即规范理由的激发效力是成问题的,因此伊斯特哈兹认为规范判断的内在主义有强弱之分,上述案例是对"强意义"上规范判断的内在主义的质疑。"强意义"的内在主义之所以不可行,是能动者的规范判断未能激发出相应行动,因此"弱意义"的判断内在主义更为可行。对此,伊斯特哈兹说:如果 X 判断他持有决定性的理由做某事,那么在其他情况不变的条件下,他将被激发做此事。[③] 弱内在主义在一定程度上缓解了理由判断与行动之间的"强关联",此种"其他条件不变"允许了特殊情况下的理由判断与行动的"断裂",即理由判断不激发行动的情形可能存在,如某人在极端愤怒或沮丧的情形下,他虽可作出规范判断,却未按此判断实施活动。"扔球拍"例子展现了愤怒情绪与行动理由规范内容的冲突,由此导致判断和行为的不一致。

在斯坎伦语境中,情绪不同于判断敏感态度。情绪忽视了特定的事实,

---

① Scanlon T. What We Owe to Each Other[M]. Cambridge: The Belknap Press of Harvard University Press, 1998:114-120.
② Esterhazy P. Reasons for Action[M]. LMU München: Fakultät für Philosophie, 2013:54.
③ Esterhazy P. Reasons for Action[M]. LMU München: Fakultät für Philosophie, 2013:57.

而判断敏感态度之敏感性则有对事实判断的支撑,斯坎伦以外在理由论以及"有理由性对狭义合理性超越的方式"消除了上述"扔球拍"的不一致现象。在外在理由论方面,斯坎伦论证了欲望、倾向和生理冲动等不能是理由的来源,这些来源只是"看似把握了"理由的激发性。在合理性方面,斯坎伦引入了有理由性这一更为包容的概念分析个体活动。即使现实个体会持有愤怒等极端情绪,这会违背内在主义意义上的合理要求,但这并不违背"有理由性"的广义合理要求,后文会详尽讨论"有理由性"的优势。对斯坎伦而言,欲望和偏好是任意产生的,它们会偶然地影响个体活动,斯坎伦以口渴的例子将欲望划分为如下要素:感觉(口渴)、信念(喝水的行动会导致满足的结果)和行动理由(未来的舒适状态是喝水的理由)[1],那么欲望使个体处于寻求目标的状态之中时,欲望的满足表现为事态的完成。然而,斯坎伦式的外在理由不以欲望为基础,也不涉及欲望强度的比较,他认为偏好或欲望强度的比较不能把握个体活动"全貌",行动理由不是以强度比较的方式被确定。斯坎伦以信念理由说明行动理由不具有此种强度比较的特征,比如某人接受了特定的信念并不意味着其他信念被排除在推理之外。信念的确定不以权重为基础,信念理由之间不是"非此即彼"的关系。其他理由(包括行动理由)也具有上述信念理由的特征,即不以权重排序的方式被确定。[2]

然而,斯坎伦在一定程度上"拔高了"外在对象和外在事实对个体的影响,个体的考虑内容并不完全由外在事实和外在对象构成,个体也受到偏好和欲望的影响,且欲望和事实也是有所关联的。个体的考虑内容包含了外在事实和外部对象,也包含了欲求和偏好等内容,因此两种理由论在各自的理论之中是"自洽"的。

---

[1] Scanlon T. What We Owe to Each Other[M]. Cambridge: The Belknap Press of Harvard University Press,1998:38.
[2] Scanlon T. What We Owe to Each Other[M]. Cambridge: The Belknap Press of Harvard University Press,1998:52.

第五节　行动理由之上的价值

一、偏好价值

本节以行动理由为切入点阐述两种理论的价值基础,原因是价值的实现需要行动理由的支撑,斯坎伦说:"如果拒绝了理由的纯粹目的论概念,是否存在'某物是有价值的因而需要被促进'的其他源头?"[1]这是以目的论的行动理由确定价值,即价值建立在行动理由之上。实际上,价值的内容极为丰富,此词语在现代语境中已被泛化使用。抛开日常言谈之滥用不谈,伦理学家也关注价值的不同侧面,它可能是目标本身的价值,也可能是实现过程之价值。

高蒂耶将价值建立在深思熟虑的偏好之上,他说:"某物之所以是好的,是因为它是被偏爱的。"(What is good ultimately because it is preferred.)[2]那么价值是通过深思熟虑的偏好界定的。在引出深思熟虑的偏好之前,高蒂耶已经论述了显现偏好、态度偏好、初始偏好以及未经反思的偏好,显然价值不建立在这些偏好之上。正是因为偏好指向了某个对象或事态,它被赋予了相应价值。若个体的偏好不同,那么同一对象显现的价值也不尽相同,因此高蒂耶持有的是主观价值论,这与其内在行动理由是一致的。个体实施行动满足偏好的过程,此为事态的实现以及价值显现的过程,那么价值不是内在于对象的,而是由偏好确定的。简言之,事态是承载价值的平台,价值是目的论的。

虽然偏好及其之上的价值是主观的,但此种主观价值仍是有所限制的。结合深思熟虑之偏好的要求可知,此偏好需要经验要素和完全反思的支撑,因此个体熟知自身境况以及自身能力限制时,他不会任意产生偏好,也不会对某一对象任意地赋予价值。对高蒂耶而言,偏好以及偏好价值在不同个

---

[1] Scanlon T. What We Owe to Each Other[M]. Cambridge: The Belknap Press of Harvard University Press,1998:86.
[2] Gauthier D. Morals by Agreement[M]. Oxford: Oxford University Press,1986:59.

体之间不具有可比性,高蒂耶认为以价值进行人际比较是不可能的,他将主观价值推进到极致,此时价值不具有任何内容,它是一个纯粹的数量指标。此无内容的价值与经济学意义的效用等同,故价值有时也被高蒂耶称作"效用价值"(utility values)。

虽然价值的内容被抽空而成为数值,此数值依然不能用于人际比较,基于不同偏好的数值序列只对自身有效,对他人无效。高蒂耶否认客观价值是存在的,客观价值不依赖于主体而存在,它无需借助主体的欲望或偏好显现。除了主观价值和客观价值的区分之外,还存在相对价值和绝对价值的区分,那么高蒂耶理论的价值基础属于何种类别?对于相对主义者而言,不同个体对价值的理解不同;且在不同情境下,个体也会对同一对象的价值持有不同的理解,他们不承认绝对价值的存在。相反,绝对主义者认为某些绝对价值不受特定情境的影响,如康德意义上的尊严价值即绝对价值,其他价值都以此价值为基础。同样,高蒂耶否认绝对价值的存在,即其理论涉及主观且相对的价值基础。

二、外在理由之上的价值

对于价值,斯坎伦曾说:"在涉及专业哲学的讨论中,与'善'的概念相比,价值和'众多价值'使用得更少,虽然二者常被互换使用。"[①]这说明价值和善在专业的哲学讨论中常常被混淆误用,斯坎伦试图为价值提供一个清晰的定义。伦理学家常常将价值理解为福利,高蒂耶式的偏好满足以及功利主义意义上的幸福都可以视作福利价值。然而,斯坎伦认为伦理学家高估了福利在道德分析中的作用。个体的行动和判断中并不总是考虑福利。斯坎伦将福利称作"包容性的善"(inclusive good),它由各种善物和价值构成。"包容性的善"仅在行动分析中起连接作用,它不是分析时的核心概念。对福利概念存在如下误解:第一,斯坎伦认为"福利是一种状态,它需要被产

---

① Scanlon T. What We Owe to Each Other[M]. Cambridge: The Belknap Press of Harvard University Press, 1998:78.

生"①。福利不是实现事态以及实施行动的原因,它是事态的结果或行动的目标,将福利作为分析的起始概念是一种错误的理解。第二,福利错误地被视作"加总性的概念",以个人福利为基础的加总可以计算出总体福利。然而,福利不仅不能被加总,它甚至不能在个体之间直接比较。上述两种错误本质上源于对价值的目的论理解,但价值也具有非目的论的结构。

斯坎伦以"推诿责任"(buck-passing)界定价值,其思路如下:在乔治·摩尔(George Moore)的分析中,某物的自然属性会进一步产生价值属性,从而使人们认为此物是有价值的。斯坎伦不认同这种理解,只有处于不同情境下事物的"其他属性"才能够提供价值,低阶的自然属性不同于价值和善的高阶形式属性(formal and higher-order properties),合理生物的理由能力是在"对象提供的理由属性"的回应中展现对象的价值。斯坎伦将基于"其他属性"确定价值的方式称为"推诿责任的解释",即某物的价值"推诿至"其他属性。

显然,"推诿解释"中的价值不表现为事态完成的结果,也不以促进或提升的方式表现出来,价值的非目的论特征是在对外物的理由属性的回应过程中显明的,因此区分目的论价值和非目的论价值的关键在于:它是体现在过程中,还是体现为最终的结果。当某对象的价值可通过提升、促进和推动实现时,这表明它具有目的论结构,此时价值表现为特定结果,并以事态(state of affairs)承载,如金钱价值具有目的论结构,它需要"个体持有多少货币"的事态予以描述。相较而言,非目的论价值则不能通过提升、促进、推动来实现,它体现在"过程中",如个体彼此的尊重,此关系的尊重价值不表现为特定结果,而是体现在维持双方关系的过程中,"增加对待他人的尊重价值"是一种怪异的陈述。以斯坎伦对生命价值的考察为例,个体或许可以增加福利价值或偏好价值,却不能提升生命价值,因为生命价值具有非目的论结构,它不表现为数量上的增加。相反,生命价值作为已存在的价值,它是通过过程显现的,如通过合理生物的回应过程或尊重过程表现的,那么这

---

① Scanlon T. What We Owe to Each Other[M]. Cambridge: The Belknap Press of Harvard University Press, 1998: 133.

不是康德意义上抽象的尊严价值,斯坎伦不希望抽象地讨论生命价值。[①]对斯坎伦而言,生命价值具有实质内容,它体现为在共同生活中对生命价值的重视、尊重和保护,而个体的行动中必须体现出对生命价值的重视,这些表现如对生活更好的愿望以及不伤害他人生命等。

三、价值基础的比较

结合上述论述可知,高蒂耶由于持有工具性的行动理由决定了个体行动指向了目标实现,此种行动理由对目标实现的关注决定了高蒂耶意义上的价值基础具有目的论结构,即它展现为特定结果。相较而言,斯坎伦的外在理由论聚焦于个体对外在对象以及外在事实回应过程的讨论,此种理由论关注的是行动过程,而不是行动结果,因此斯坎伦理论中的价值具有非目的论特征。

伦理学家在建立理论时会诉诸不同的价值论基础,契约理论的建立也不例外。在罗尔斯契约式正义原则的证成中,他关注基本善物的价值。罗尔斯将基本善物总结为:权利、自由、机会、收入和财富等。从价值论角度理解这些善物时,它们具有如下特征:一是工具特征。基本善物是从社会基本结构的角度引入的,它是实现个体后续目标和生活计划的基础,因此基本善物是手段。从这个角度讲,基本善物包含了工具价值。二是基本善物指向未来,即它不仅有当下价值,也有未来价值,如善物中的自由和权利与未来有关,罗尔斯式的"连续人"对这些善物的追求将在后续世代持续地发挥影响。再如,在布坎南的宪制契约论中,布坎南承认人性是脆弱的,个体会如休谟式"明智的无赖"(sensible knave)那样只追求自身利益。无论在经济领域还是在政治领域中,个体不可能是"完全利他的",客观的政治利益并不存在。从价值论的角度讲,布坎南意义上"经济人"对自我利益的追求具有如下特征:第一,个体是自我利益的确定者,自我利益是一种主观价值。在分析经济领域和政治领域的个体选择时,布坎南确定了一个基本点,个体是作

[①] Scanlon T. What We Owe to Each Other[M]. Cambridge: The Belknap Press of Harvard University Press, 1998: 104.

出有意义决策的唯一主体,集体决策也需回溯到个体之上,他反对独立于个体而存在的集体。换言之,唯有个体以及个体活动才是真实的,因此个体是作出决策的单一单位以及有意识的单位等,布坎南说,"作出决策的单位是个人,他既做出选择,又构成了为其作出选择的实体"①,他在其评价能力之上对某对象赋值。第二,自我利益建立在选择偏好之上,它具有目的论的结构。在公共选择理论(public choice theory)中,"经济人"的选择活动揭示了其偏好,选择偏好的价值同样是可以推动、促进的目的论价值。第三,自我利益是可比较以及可交换的。虽然自我利益具有主观内容,但是这并非不可比较。布坎南认为自我利益在市场中以经济价值的形态存在,它通过市场交易显现其价值,这不是完全私人意义的价值。总体上讲,布坎南意义上主观界定的个人利益(subjectively defined individual interests)与其方法论的个人主义方法(methodological individualist approach)紧密关联,"经济人"是自我利益唯一决定者,也是追求自我利益的真正实施者。

回到最初关注的议题,由于已经确定了高蒂耶理论涉及主观且相对的价值基础,斯坎伦式的非目的论价值具有何种特征?按照价值的主观和客观以及绝对和相对的区分,价值可分为四种类别:

(一)主观和绝对的价值(如功利主义者密尔理论中的价值,基于宗教信仰的价值)。

(二)主观和相对的价值(高蒂耶意义上基于深思熟虑偏好的价值)。

(三)客观和绝对的价值(斯坎伦理论中的生命价值)。

(四)客观和相对的价值(生态环境价值、艺术品的价值)。

直观上看,主观价值与相对价值有天然的联系,因为主观价值建立在个体的主观视角之上,不同个体会对此主观价值持有"相对化"的理解,因此主观价值有可能是一种相对价值。同样,客观价值与绝对价值也有天然联系,由于客观价值不依赖于主观视角而客观地存在,它也有可能成为一种绝对价值。实际上,上述天然联系仅仅是偶然存在的,主观价值既可能是相对价

---

① Buchanan J, Tullock G. The Calculus of Consent: Logical Foundations of Constitutional Democracy[M]. Ann Arbor: University of Michigan Press, 1962:31.

值,也可能是绝对价值。如类别(一)中的宗教信仰价值,此价值可能反映了个体主观视角的自我信仰,这是主观价值。而宗教教义也可能涉及某种绝对价值,因此这是主观且绝对的价值。再如密尔功利主义中"每个人的快乐"是主观价值,高蒂耶则将"最大多数人的最大幸福"意义上的快乐视作每个人都追求的绝对价值。①

区分上述四种价值的要点在于:价值是否独立于主体存在?若价值需要诉诸个体主观要素展现出来,这是一种主观价值。反之,若价值独立于主体而存在,那么它客观地为某对象拥有,这是一种客观价值。区分相对价值和绝对价值的关键是:价值在不同个体中是否被"区别地对待或衡量"。如果个体受到文化、习俗和传统等社会化要素的影响,而对同一种对象持有不同的对待和理解,这是一种相对价值。反之,即使个体处于不同情境之下,他仍能同等对待某对象,即对象的价值不依赖情境而发生改变,那么它是一种绝对价值。

虽然在斯坎伦理论中讨论了众多的价值概念,但本部分试图讨论斯坎伦契约主义的价值基础——合理生物之生命价值,这是客观且绝对的价值。原因在于:生命价值不依托于个体主观要素被界定,生命价值的重要性体现在合理生物的回应过程之中,而不是通过欲求或偏好显现出来,因此生命价值是客观存在的。另外,无论在何种情境之下,生命价值都是最为重要的价值,它没有因环境的变化而有不同的理解,生命价值不能被相对化理解,因此它是一种绝对价值。反观高蒂耶的价值,人们所处的文化背景、传统和习俗会影响其信念,进而影响他所持有的偏好,因此基于偏好的价值也随之变化。高蒂耶的偏好价值是主观的、相对的和目的论的。斯坎伦意义上的生命价值则是客观的、绝对的、非目的论的。

高蒂耶和斯坎伦对价值的不同理解受到了不同行动理由的影响。高蒂耶说:"对于个体 X 的动机提供某种说明时,这只能是涉到 X 本人事态的特征,而与他人无关。"②由此可见,在高蒂耶的理解中,激发个体实施行动的

---

① Gauthier D. Morals by Agreement[M]. Oxford: Oxford University Press,1986:52.
② Gauthier D. Morals by Agreement[M]. Oxford: Oxford University Press,1986:311.

根本目的是完成事态，而动机只与个体自身有关，它仅源于个体之内的偏好，而与外部对象或者他人都没有关联。这种对价值的目的论理解是内在理由论所特有的，阿兰·古德曼（Alan Goldman）将内在主义的价值理解为"存在于客体（事态）与主体之间的关系"①，这种关系随着主体的变化而变化，因此基于关系的价值也随之变化。此时个体作为评价主体（valuing agents），他被激发实施某种行动以使事态发生或者避免某事态发生。

值得一提的是，高蒂耶和布坎南都受到休谟哲学的深刻影响，他们均选择以偏好界定价值，具体而言，两者价值论基础有如下不同。一是价值内容上的区别。布坎南关注选择偏好，偏好的引入是为了说明选择活动，因此偏好以及偏好价值在对"经济人"活动的分析不占据关键位置。高蒂耶关注的是深思熟虑的偏好，他反对基于选择理解偏好的方式。在他看来，选择活动只揭示了"显现偏好"（revealed preference），这没有把握偏好的全部内容。二是人际比较上的区别。布坎南将偏好价值与自我利益等同使用，它可以直接用于市场交互且可以在人际之间比较。相较而言，高蒂耶式深思熟虑偏好的价值则是完全主观的，它既不能在市场中被直接衡量，也不能用于个体间比较，高蒂耶后续诉诸"自我让步"的方式以实现偏好价值的"内在衡量"。简言之，布坎南持有温和的主观价值论，高蒂耶持有极端的主观价值论。

内在主义者对价值的主观化解读意味着客观价值需要借助个体得以显现，对此古德曼说："许多哲学家坚信某种客观价值，无论他们有没有此种动机，都应当评价此种客观价值（或对其存有潜在动机），但客体价值依赖于主体的评估，这是内在主义者的隐含前提。"②即使内在主义者承认客体自身具有价值，它也必须与主观要素产生关联，从而将价值显现出来。斯坎伦并不认同上述论点，如作为客观价值的生命价值，即使偏好没有指向它，生命价值也是存在的，它不随主体的评价能力发生改变。即使非合理生物不能

---

① 原文是：Values are relations between objects or states of affairs and subjects who value them. 对此可参照：Goldman A. Reason Internalism[J]. Philosophy and Phenomenological Research, 2005, 71(3):505.

② Goldman A. Reason Internalism[J]. Philosophy and Phenomenological Research, 2005, 71(3):506.

评价或回应它,生命价值仍存在。

在确定了两种理论的价值基础之后,最后要处理的问题是:哪种价值基础更符合现实境况?就价值的目的论和非目的论划分而言,高蒂耶对价值的理解更为狭隘,偏好价值只能被最大化地实现,斯坎伦则赋予价值更为多样的实现方式。现实生活中存在的多样价值不仅是目的论的,它还包括非目的论的价值,如功利主义的福利价值和高蒂耶的偏好价值都是对价值过于单一的理解。斯坎伦则坚持价值的多元特征,他并未否认目的论价值的存在,只是其理论强调非目的论价值的基础,因此斯坎伦对价值的论述更符合现实境况。

本章回顾了行动哲学关于实践推理和行动理由的相关论点。高蒂耶对深思熟虑偏好的分析表明了他是休谟式的内在主义者;斯坎伦则在明确地反对休谟主义的基础上提出了外在理由论。两种理论的价值基础有不同的行动哲学来源。高蒂耶式的工具价值基础具有目的论结构,价值是衡量深思熟虑偏好的指标;斯坎伦基于个体对外在对象的考虑和回应阐述了价值的非目的论特征。本章论述的实践推理、行动理由以及价值论基础,这些是为后续契约式的道德论证做准备的。

第三章　契约式道德论证的合理性基础

一方面,行动理由包含了对行动的解释说明以及对行动的规范要求。另一方面,合理性也对个体行动提出合理要求,那么行动理由与合理性有何种关系?特别是,在高蒂耶和斯坎伦的契约式的道德论证中,契约主体持有何种合理性?本章试图回答上述问题,主要内容有:首先介绍理由和合理性之关系;其次论述高蒂耶和斯坎伦理论的合理性基础;最后比较两种合理性。

第一节　合理性理论

一、行动理由与合理性的关系

合理性作为一个评价概念,其评价对象是多样的,它可以是对行动、信念、目标、手段以及理由等对象的评价,因而存在合理和不合理行动、合理和不合理信念以及合理和不合理理由等。鉴于本书是对契约主体活动的分析,如对合作活动、订约活动和守约活动等的分析,这些活动属于实践领域,这里主要考察实践合理性。

对于行动理由和合理性的关系,伊斯特哈兹说,"合理性涉及除了持有行动理由能力之外相关能力的总和"[1],因此对合理性的单一分析不可行。虽然合理的判断、行动和意向等都描述了主体的合理能力,但合理性是能动者整体能力的表现,它外显到从实践思考到外显活动的不同环节。进一步,

---

[1] Esterhazy P. Reasons for Action[M]. LMU München: Fakultät für Philosophie, 2013:200.

伊斯特哈兹说,"合理性涉及信念理由和行动理由的敏感性",这是针对理论合理性和实践合理性而言的,前者涉及对信念理由的敏感性,后者涉及对行动理由的敏感性,此论断揭示了实践合理性和行动理由的紧密关联。斯图莫和胡克在论述程序主义合理性和实质主义合理性时也阐述了行动理由和合理性的关系,他们说:"布兰登特、威廉姆斯、哈曼和帕菲特都认为实践合理性和对行动理由的回应有着紧密关联。对布兰登特、威廉姆斯和哈曼而言,实践合理性处于基础的位置,而持有理由做某事依赖于实践合理地做某事。鉴于布兰登特、威廉姆斯和哈曼是实践合理性的程序主义者,因此他们也是行动理由的程序主义者。相较而言,胡克和帕菲特等人则将行动理由视作基础概念,他们认为实践上合理地做某事是建立在特定的行动理由之上,因为他们既是行动理由的实质主义者,也是实践合理性的实质主义者。"①

可以看到,程序主义者将行动理由建立在实践合理性之上,实质主义者将实践合理性建立在行动理由之上。这样,即引出了关于行动理由和实践合理性的两种完全不同的理解:一种是实践合理性建立在行动理由之上;另一种是行动理由以实践合理性之上的合理要求为基础。程序主义者关注有效逻辑推理和完全信息等形式特征,休谟主义者即属于斯图莫和胡克意义上的程序主义者,因为他们关注欲望的形成机制,如布兰登特的心理诊断、威廉姆斯的合理慎思路径等。特别是,威廉姆斯基于合理要求分析行动理由时,他将实质主义者称为外在理由论者。如此理解的话,外在理由与实质的实践合理性有关,内在理由与程序的实践合理性有关。进一步,按照程序主义和实质主义的区分,以及前文对内在主义和外在主义者的论述,麦克唐威尔、黛西和斯坎伦等外在理由论者也是实质主义者,他们的理论也以实质主义合理性为基础。

二、合理性的划分

当下学界较多关注行动的合理性评价,却忽视了对主体实施活动之前

---

① Streumer B, Hooker B. Procedural and Substantive Practical Rationality[M]//The Oxford Handbook of Rationality. Oxford: Oxford University Press, 2008:72.

实践思考过程的合理性评价。个体所实施的行动有实践推理过程的支撑，它受到主体能动性、意向状态以及价值基础的影响。除了行动的合理性之外，还包括实践推理的合理性、信念的合理性、欲望的合理性以及选择合理性等。在布鲁姆看来，当个体合理性"扩展到"其他对象时，此"扩展"的连接中介是精神态度，如信念和意向等意向状态支撑了个体行动。① 例如，在现实情境中，个体对谈话的态度会影响后续行动，个体对交通规则的态度会影响其驾驶行为和行走方式等。

上文曾提到斯图莫和胡克对行动理由和合理性关系的论述，他们区分了两种实践合理性：程序主义合理性和实质主义合理性。② 其中，休谟主义者往往持有程序主义合理性，休谟主义中的程序是指欲望变化的"程序"。如果说程序主义合理性关注自我欲望的实现，那么实质主义合理性则指向他人，即实质主义之"实质"结合了个体的真实境况，如他持有的信息和信念等，以此确定合理性的实质内容。布鲁姆则区分了源头合理性和属性合理性，前者是指合理性对个体提出的要求，属性合理性则是指成为"合理个体"需要具备的属性。③ 在布鲁姆看来，源头合理性是一种抽象的实体，此实体包含了要求的效力，布鲁姆将源头意义上的合理性等同于理性，即此源头合理性的要求是一种理性要求。进一步，布鲁姆总结了四种"作为抽象实体的要求"，它们分别是：合理要求、惯例要求、法律要求和道德要求。④ 这些抽象实体的不同要求影响了个体具体的活动方式，如在工具合理性的要求中，个体的实践思考及行动要围绕特定目标展开，实践思考要确定实现目标的有效手段；惯例要求表现为基于特定习俗惯例实施活动，如某个节日要以特定方式展开庆祝；法律要求则是指个体依据法律要求可以做的事情和不能做的事情，如不能诈骗；道德要求涉及个体对道德原则的遵守，如个体遵守之前许下的承诺。总体而言，四种要求在现实世界中互有重叠。

---

① Broome J. Rationality[M]//A Companion to the Philosophy of Action. Cambridge: Cambridge University Press，2008:287.

② Streumer B, Hooker B. Procedural and Substantive Practical Rationality[M]//The Oxford Handbook of Rationality. Oxford: Oxford University Press，2008:69.

③④ Broome J. Rationality[M]//A Companion to the Philosophy of Action. Cambridge: Cambridge University Press，2008:286.

进一步，布鲁姆试图通过合理性和规范性的讨论以引出主观合理性和客观合理性。首先，对于合理性是否等同于规范性这一问题，布鲁姆说："很多哲学家认为合理性包含了对理由的正确回应。"[①]他认为这是一种错误理解，由此得出合理性不同于规范性的结论，其思路如下：

（一）个体持有关于理由的错误信念。

（二）此种理由要求我不去意向做某事，"不去意向做某事"是对理由的正确回应。

（三）但"不去意向做此事"是不合理的。

（四）"不去意向做某事"表明了个体对理由的正确回应，但此论断却表明了行动是不合理的。也就是说，对理由的正确回应并不意味着个体能够实施合理的行动，因此理由的规范要求不能与合理性的要求等同。对理由的正确回应仅仅表明了这满足了规范性的要求，但这未能满足合理性的要求，故规范性不同于合理性。

通过上述四种"作为抽象实体的要求"可知，这些要求包含了合理性之上的要求，且合理要求不同于规范要求。布鲁姆进一步从休谟主义视角出发认为主观合理性是存在的，而拒斥客观合理性的存在。他说，"当你持有错误信念时，主观合理性要求你意向做某事，即按照你相信的理由之要求做此事"[②]，那么主观合理性之"主观"是相对于主观信念而言的。例如，在威廉姆斯"喝毒药"的案例中，一个人非常口渴，在看到一瓶毒药之后，他持有的信念告诉他这是水而不是毒药，因此个体虽持有错误信念仍喝这瓶水，因此喝水活动反映了错误信念，但这对主体而言是主观合理的。在对客观合理性的拒斥中，布鲁姆认为"当合理性的属性归因到个体时，它是一种精神属性"[③]。结合上面属性合理性和来源合理性的区分，布鲁姆对客观合理性的拒斥建立在"合理性属性是一种精神属性"的论点之上。合理性的属性仅存在于个体主观层面，布鲁姆说："客观合理性违背了上述合理性的主观精

[①][②][③] Broome J. Rationality[M]//A Companion to the Philosophy of Action. Cambridge: Cambridge University Press, 2008: 288.

神属性原则,除非你所有的真实理由都是你心灵的属性,对此我并不认同。"①简言之,客观合理性是不存在的,合理性的要求只会对个体心灵产生影响。当合理性扩展到其他对象时,这要求个体思考与后续活动符合合理性的基本要求,布鲁姆区分了连贯性(coherence)和一致性(consistency),他认为连贯性比一致性的要求更为宽松。② 合理性的要求从持有主体扩展到其他对象或其他阶段时,这要求个体的实践思考与行为保持总体的"连贯性",故布鲁姆意义上的合理性之要求是宽松的。

如果客观合理性是不存在的,那么此种合理要求及其客观理由也不存在,因此布鲁姆对客观合理性的拒斥是对外在理由论的拒斥。总体而言,布鲁姆仍是以休谟主义框架理解理由和合理性之关系,进而得出客观合理性不存在的结论。在休谟主义框架中,无论在个体持有的欲望,还是个体对欲望满足的追求,都有主观要素的参与,因此主观合理性和客观合理性的区分本质上是站在休谟主义内在主义视角上的区分,这对个体活动进行了过于狭隘的解读。

在阐述了行动理由和合理性的关系以及合理性的相关类别之后,下面将阐述契约论的合理性基础,这包括了如下论点:

(一)高蒂耶作为休谟主义者、内在主义者以及程序主义者,他将行动理由建立在休谟式的工具实践合理性之上,他承袭了休谟主义实践理性的工具概念,这是从实践合理性确定行动理由的思路。

(二)斯坎伦式作为反休谟主义者、外在主义者以及实质主义者,其理论持有作为广义合理性的"有理由性"基础,这是一种实质主义的实践合理性,这是从行动理由到实践合理性的思路。

---

① Broome J. Rationality[M]//A Companion to the Philosophy of Action. Cambridge:Cambridge University Press,2008:288.
② Broome J. Rationality[M]//A Companion to the Philosophy of Action. Cambridge:Cambridge University Press,2008:289.

第二节　工具合理性

一、工具合理性与偏好的满足

对高蒂耶而言，个体实施活动是为了满足深思熟虑的偏好。如果行动未指向此目标或实践思考未能把握此内容，这是不合理。高蒂耶在建立契约理论之前曾引入"最大化的合理性"和"普遍化的合理性"，以说明其理论建立在最大化的合理性之上。简单地讲，上述两种合理性指向了不同的最大化目标，最大化合理性涉及个体自我利益，普遍化的合理性则与一般利益有关。例如，高蒂耶将功利主义理论中"最大多数人的最大幸福"视作一种普遍利益，这不符合高蒂耶契约论的个人主义特征，即契约主体关注的不是普遍利益，而是私人利益，因此高蒂耶不以普遍利益的合理性为基础。现在的问题是：何为自我利益？高蒂耶认为有四种自我利益的基础：已知利益、快乐和满足、审慎基础以及深思熟虑的偏好，前三种自我利益都是成问题的，唯有深思熟虑的偏好才可以作为自我利益。具体而言，三种自我利益的问题如下。

首先，对于已知利益。每个人对此利益的理解不同，如抽烟作为一种已知利益，它会使嗜烟者获得感官上的愉悦，因而抽烟活动对嗜烟者是合理的，但此活动对于有健康常识的人或医生而言，却不合理。若存在客观价值基础来衡量已知利益，那么行动的合理评价可以建立在已知利益之上。然而，在高蒂耶看来，客观价值并不存在，因为已知利益是从个体主观视角被确定的，因此已知利益不是最大化合理性的目标。高蒂耶认为已知利益仅是态度偏好，它不是偏好的全部，它不能作为理性选择的基础。[1] 此外，已知利益也可能是未经反思而形成的（如抽烟）。相较而言，深思熟虑的偏好则有反思过程的支撑，此为深思熟虑的偏好作为合理性基础的优势。

其次，对于快乐和满足。高蒂耶说："满足和快乐被定义为享受的衡量方式。"[2]那么如何确定快乐的程度？显然，它不能以功利主义方式区分高

---

[1] Gauthier D. Morals by Agreement[M]. Oxford: Oxford University Press, 1986: 33-34.
[2] Gauthier D. Morals by Agreement[M]. Oxford: Oxford University Press, 1986: 35.

级和低级快乐,也不能量化快乐程度。衡量快乐和满足需要稳固的心理学基础,但此基础在现实中并不存在,因此将快乐和满足作为理性选择的基础或者作为最大化合理性的目标亦不可行。此基础面临着与已知利益相似的困境,人们对已知利益、快乐和满足等都持有主观理解,它们在个体之间不可以被直接比较,因而不能作为行动是否合理的评价基础。

最后,对于审慎基础。它强调关于行动是否合理的评价,这不仅要考察当下偏好,也需考虑未来偏好。虽然现实活动是否合理不应忽视未来维度的考虑,但审慎基础却要求考察未来所有可能的偏好,并要求对未来和当下的偏好予以同等重视,这是不现实的。未来偏好是否应纳入理性选择之中,这是深思熟虑偏好与审慎基础争论的焦点,高蒂耶认为虽然深思熟虑的偏好容纳了对未来情况的考虑,但它们并不是"必须地"被纳入进来。高蒂耶不否定未来维度的重要性,但未来的影响体现在当下偏好中,故行动的合理评价考虑当下,而非未来。深思熟虑的偏好聚焦于当下,而可以成为合理性的基础。例如,某人在青年时期喜欢听摇滚乐,随着年龄渐长和心境的变化,其音乐喜好发生变化转而喜好其他音乐形式,此种偏好的变化并不是对先前偏好的否定,早期的偏好同样是合理的。重点是:无论过去和当下的偏好如何变化,它们都是经过深思熟虑而持有的,即这些偏好有反思过程和经验基础的支撑。简言之,审慎基础过于苛刻而不能成为合理性的基础。实际上,现实个体对当下、过去和未来的关注并不等同。在高蒂耶看来,审慎基础和已知利益预设了"时间中立性"(temporal neutrality),即未来、过去和当下同等重要。此预设不符合现实境况,因为真实个体更为关注当下情形。相较而言,深思熟虑的偏好没有"时间中立性"的预设。可以看到,上述三种基础都是成问题的,深思熟虑的偏好要求行为维度和态度维度的一致,当这两个维度出现冲突时表明行动是不合理的。

为了深入理解合理性的最大化概念之特征,这里将它与其他契约论的合理性概念加以比较。在罗尔斯的契约论中,他考察的是"连续人"(continuing person)在"无知之幕"下追求基本善物的方式,此过程涉及对正义概念和正义原则的思考。"连续人"作为理论上的个体,他不仅在当下发挥影响,也在未来持续地发挥影响。也就是说,"连续人"之"连续"是时间维度上的连续。罗尔斯引入了"家族首领和遗传序列"等例子以此说明"连续人"对未来的关注,即他虽然在"无知之幕"的原初状态中不知道所处的世代,但仍考虑未来世代的发展情况。[①] "连续人"对基本善物的追求与当下关联,也与未来生活计划有关,因为基本善物关涉未来生活计划能否成功展开。"连续人"的未来指向以及基本善物所包含的未来要素,决定了他持有的合理性具有指向未来的"慎思"(deliberative)特征,即这是一种慎思合理性(deliberative rationality)。可以看到,"连续人"追求的对象是基本善物,而不是休谟主义的欲望满足或者高蒂耶式的偏好满足。基本善物不同于欲望或偏好,它是个体实现欲望目标的保障。特别是,罗尔斯强调"连续人"的"缜密考虑和精确计算"被"无知之幕"遮蔽。"连续人"不仅持有部分信息,他也认识到了自身能力的限制以及未来的不确定性,因此他持有"有限的算计能力"决定了他是慎思主体。派悌特从决策的角度阐述了慎思的特征,他说:"只要存在决策就存在慎思。"[②] 慎思的过程是基于考虑作出决策的过程,这是对决策选项集合的考虑,即慎思是为了确定与未来行动有关的选项。慎思的过程也表现出最大化的特征,即这是一种最大化的合理性。

前面曾论及高蒂耶并不认同最大化合理性的审慎基础。[③] 虽然审慎推理也以工具推理的方式实现特定目标,但这不同于高蒂耶意义上的工具合理性。广义的工具合理性关注手段和目标两个要素,但目标和手段可以有多种理解方式,如目标可以是当下的或未来的。具体而言,高蒂耶的工具合

---

① Rawls J. A Theory of Justice[M]. Cambridge: Harvard University Press, 1971:111.
② Pettit P. Deliberation and Decision [M]//A Companion to the Philosophy of Action. Cambridge: Cambridge University Press, 2008:254.
③ 实际上,合理性贯穿于每种契约理论的建立过程之中,如在罗尔斯正义论中,审慎合理性不仅贯穿于契约论的论证过程中,它在建立正义理论的后续过程中也发挥影响。如果说在罗尔斯建立正义理论的过程中,其前期是通过考察"连续人"追求社会基本善物的过程确立正义原则,那么后续过程则涉及对真实个体追求"厚意义善物"以及对正义原则"反思的平衡"的考察。此时,正义原则已经确立,基本善物也得以保障,个体不再被"无知之幕"遮蔽,他开始在真实情境下制定生活计划并追求各类生活目标。虽然个体境况发生变化,但他仍持有审慎合理性,这一点明确地体现在《正义论》的设置中,在第三部分"善的厚概念"这一小节中,罗尔斯单独设置了"慎思合理性"的小节讨论慎思合理性的个体追求"厚意义善物"的过程,他说:"这些假设符合我在 25 小节(即社会契约论对正义原则证成的部分)一直使用的熟悉的合理性概念。"对此可参见:Rawls J. A Theory of Justice[M]. Cambridge: Harvard University Press, 1971:367-368. 高蒂耶和斯坎伦的契约论是如此,在高蒂耶理论中,无论订约阶段最大化的合理性概念,还是守约阶段约束的最大化合理性概念,都表现出休谟主义合理性的工具特征。在斯坎伦理论中,斯坎伦不仅在一般行动理由的分析中讨论了"有理由性",而且在契约主义的道德论证部分,即讨论道德理由部分也单独设立篇幅讨论"有理由性"的概念。

第三章　契约式道德论证的合理性基础

理性聚焦于当下目标最大化地实现,而未来目标则需要个体的审慎思考。罗尔斯意义上的审慎合理性指向了未来目标,从目标的区分上讲,高蒂耶意义上的最大化合理性不同于罗尔斯式的审慎合理性,高蒂耶说:"合理性的工具概念与由效用确定的价值相互关联。"①"合理性的工具概念"(an instrumental conception of rationality)表明了高蒂耶式的实践合理性基础是一种聚焦于追求效用价值的工具合理性。

相较于罗尔斯审慎的合理性,最大化的合理性与布坎南宪制契约论的合理性更为接近。布坎南主要关注"经济人"在经济领域和政治领域的活动,此"经济人"持有的工具合理性。在行动哲学方面,"经济人"的活动模式遵循了休谟式的欲望模型,布坎南将休谟对欲望、信念和合理性的分析用于描述"经济人"的活动;在政治哲学方面,布坎南遵循了休谟基于个体追求自我利益的思路以此阐述政治责任。虽然经济领域和政治领域是两种不同情境,但"经济人"的推理方式和活动模式都表现出工具特征:市场个体以"工具推理"方式交换利益,而在政治领域的公共选择中,如对于选择政治规则、确立政治协议等活动,"经济人"同样按照工具推理的方式"交换"和"计算",以实现自我利益最大化。布坎南和戈登·图洛克(Gordon Tullock)说:"在政治程序中,个体的选择也指向自我利益,即使有必要以损害他人为代价。"②简言之,"经济人"预设了自利人性基础以追求自我利益,但布坎南意义上合理性的最大化内容与高蒂耶式最大化的内容有所不同。在布坎南的理论中,"经济人"持有选择偏好,此偏好没有实质内容,而是"空洞的"数量指标。正如高蒂耶对经济学意义上的选择偏好的批评,此选择偏好仅仅是说明选择行为的辅助概念。

虽然高蒂耶将深思熟虑的偏好也简化为纯粹数量形式的效用价值,但此效用价值不能用于个体之间的直接比较,而是以个体之内排序的方式予以"量化",故高蒂耶的处理方式不同于布坎南意义上"经济人"的自我利益在市场中直接交换和比较的方式。更进一步,深思熟虑的偏好建立在经验

---

① Gauthier D. Morals by Agreement[M]. Oxford: Oxford University Press, 1986: 25.
② Buchanan J, Tullock G. The Calculus of Consent: Logical Foundations of Constitutional Democracy[M]. Ann Arbor: University of Michigan Press, 1962: 305.

和反思之上,它对态度维度和选择维度的一致要求表明此偏好不是空洞的,因此高蒂耶和布坎南理论的合理性基础都表现出最大化的特征,但内容并不相同。具体而言,布坎南理论中涉及"合理性的自我利益最大化概念"(conception of maximizing self-interest of rationality),高蒂耶则涉及"合理性的深思熟虑偏好满足的最大化概念"(conception of maximizing considered preference satisfaction of rationality)。

二、合理性:对休谟主义的继承

高蒂耶不仅在行动理由上对休谟内在理由论有所继承,他也提到了休谟式合理性对其理论的影响,那么其理论的合理性基础与休谟式合理性概念的具体关联是什么?本部分将按照如下思路展开说明:

(一)休谟主义者持有手段—目标的工具合理性。

(二)休谟主义者认为合理要求确定了行动理由。

(三)高蒂耶继承了休谟主义的内在理由论,他将偏好视作理由来源。

(四)深思熟虑的偏好包含了合理要求,此要求确定了偏好理由。

(五)合理性的最大化概念属于休谟意义上的工具合理性。

在理由论部分已经论证了论断(三)和(四)。深思熟虑的偏好要求偏好的行为维度和态度维度的一致,此偏好在经验和反思之下是稳定的,因此这种偏好包含了一致性的合理要求。若可以证成论断(一)和论断(二),那么即可得出(五)之结论,这构成了下文的主要任务。

对于论断(一),已知在休谟欲望模型中,欲望使个体处于目标寻求状态之中,它为个体确定了思考和活动的目标,个体的实践推理也是围绕此目标进行的。高蒂耶说:"合理选择理论也将实践理性视作严格工具性的。在此之上,合理性将不仅是工具性的,它也会关注行动目的。"[①]此为高蒂耶式合理性的工具特征。问题是:虽然工具合理性聚焦于目的实现,但目的如何确定?在休谟理论中,目的如何被确定?上述问题的回答与休谟主义和康德主义的争论关联,他们对理性持有不同理解。对康德而言,理性是个体实践

---

① Gauthier D. Morals by Agreement[M]. Oxford: Oxford University Press, 1986:25.

的核心概念,它为个体活动"立法"。康德赋予理性众多"功能",它不仅为个体确定目的,还可以评价和实现目的,正如江璐所言:"实践理性通过道德律给予了作为欲求能力的意志一个目的,这个目的也必须同等地适用于所有理性本体。而仅仅只是包含了以目的为其结果的行动之可能性的基础的,则为手段。"①

相较来讲,理性在休谟哲学中不占据核心位置,他限定了理性的使用范围,理性只是实现目的的"辅助角色"。换言之,目的是欲望确立的,这不同于康德的描述。理性只能对个体追求目的之过程提供指导,而不可以评价以及确定目的。高蒂耶继承了上述关于理性、欲望和目的的理解方式——偏好确定了目标。高蒂耶说:"在确定对偏好衡量的最大化合理性中,理性选择理论放弃了对行动目的的所有关注,目的从个体偏好中推断出来。"②高蒂耶引入合理选择理论的任务是实现目的,合理选择理论不涉及目的内容以及目的确立过程的分析,上述任务由深思熟虑的偏好予以确定。"理性与目的实现有关"的论点可追溯至霍布斯理论,霍布斯说:"最有助于达成其目的的行为则是最合理性的行为。"③罗尔斯在论述正义社会中个体道德能力时也曾提及理性的作用,石元康认为罗尔斯的理性概念借鉴了西季维克(Henry Sidgwick)伦理学,他说:"西季维克认为,就一个人来说,对他有价值的东西就是能够满足他的欲望的东西,而在追求满足这些欲望的东西的过程中,他对于自己所采取的选择所可能产生的后果都经过缜密考虑以及精确地计算。"④可以看到,霍布斯、西季维克、罗尔斯以及高蒂耶等人的合理性概念都把握了理性的"算计"能力,即理性关注目标的实现,而不是目标的确定。

如果理性是休谟哲学的附属概念,那么理性与合理性有何种关联?史密斯认为休谟理论中的合理性和理性是同一个意思,他将两者比喻为"表兄妹的关系",并认为休谟对理性和合理性的论述比当代学者所理解

---

① 江璐.康德的意志概念的两个方面:实践理性和自由抉择[J].社会科学辑刊,2015(3):8.
② Gauthier D. Morals by Agreement[M]. Oxford: Oxford University Press,1986:25.
③ 霍布斯.利维坦[M].黎思复,黎廷弼,译.北京:商务印书馆,1997:110.
④ 石元康.罗尔斯[M].桂林:广西师范大学出版社,2004:135.

的更为复杂。① 如果说康德关注实践理性的非工具概念,休谟则关注理性的工具方面,即关注理性实现目标的方式。理性作为对个体活动的指导,它聚焦于目的—手段结构中的"手段",这是一种目的—手段的工具合理性,因此论断(一)成立。

对于论断(二),主要讨论合理要求与行动理由的关系,合理要求源于欲望以及对欲望的"程序处理过程"。休谟主义者将欲望视作理由源头,这里又阐述了"合理要求"确定行动理由的思路,那么欲望的理由源头和合理要求之上的理由是否存在冲突?答案是否定的。在斯图莫和胡克对休谟主义的程序主义分析中,"合理要求"表现为"特定程序",如威廉姆斯式"合理慎思的程序"、布兰登特式"心理诊断的程序",这些"处理程序"是为了确定合理欲望,即合理欲望包含了合理要求。例如,在威廉姆斯的内在主义中,他持有一种程序的合理性。徐向东认为:"威廉斯并不把实践慎思限制到严格意义上的工具推理。为了把这个思想与狭窄意义上的工具合理性概念区分开来,我们可以把满足威廉斯制定的那些条件的合理性称为'程序的合理性'(procedural rationality),程序合理性却是实践合理性的核心要素。"② 此程序合理性之程序可以视作斯图莫和胡克意义上程序主义之"程序",通过对欲望的"程序处理",威廉姆斯确定了内在行动理由,因此程序合理性是实践合理性的类别之一。可以看到,基于"程序"的欲望包含了合理要求,它确立了内在理由,因此论断(二)也是成立的。

高蒂耶明确地写道:"休谟提醒我们'理性是并且应当是激情的奴隶',虽然休谟的论断广受争议,但我们应当坚持它。"③ 高蒂耶不仅接受了休谟对欲望和理性的二分,也继承了休谟对欲望和理性不同作用的理解。高蒂耶说,"目的可能从个体偏好中推断出来",这是一种典型休谟式的论点。高蒂耶对休谟"对理性能力限制"的论点以及实践理性的工具概念的承袭,表明了实践理性是一种工具理性,理性在个体追求偏好满足的活动中提供指

---

① Smith M. Humean Rationality[M]//The Oxford Handbook of Rationality. Oxford: Oxford University Press, 2008:75.
② 徐向东. 道德哲学与实践理性[M]. 北京:商务印书馆,2006:200-203.
③ Gauthier D. Morals by Agreement[M]. Oxford: Oxford University Press,1986:21.

导,它不在确立行动理由中发挥作用。

实际上,在高蒂耶的整个契约式论证中,订约阶段合理性的最大化概念以及守约过程约束最大化的合理性都是通过如何实现偏好满足最大化这一目标的过程分析予以界定。高蒂耶选择休谟式工具合理性的主要原因是规避"循环论证"问题,即实现理性选择到道德约束的论证。如果高蒂耶按照康德的方式,将实践理性视作非工具的概念,它可能会包含道德要素,由此出现"循环论证"的风险,因为康德意义上基于实践理性的"自我立法"包含了道德原则的"立法",这将导致高蒂耶的契约式道德论证"归于失败"。更进一步,康德意义上实践理性的"立法"是普遍的,这说明此种实践合理性具有普遍主义的特征,这是高蒂耶所反对的"合理性的普遍主义概念"。高蒂耶在道德论证之前明确地引入"道德无涉区",此区域不包含任何道德要素的参与,这要求此种情境下个体所持有的实践合理性同样不能包含道德要素,工具合理的个体只追求效用价值的最大化。就此而言,高蒂耶对休谟主义实践合理性的承袭是为后续契约理论服务的。

第三节 "有理由性"

一、"reasonableness"的译法

这一部分主要讨论斯坎伦理论中的合理性基础,这是一种作为合理性的"有理由性"(reasonableness)。斯坎伦将有理由性与合理性对比以阐述有理由性的特征。[①] "有理由性"是合理生物特有的,它不同于无理由性(unreasonableness)、合理性(rationality)和不合理性(irrationality)。斯坎伦认为合理性的理论是一种系统的理论,它涉及考虑、判断、态度以及行动

---

① 斯坎伦在《我们彼此负有何种义务》(What We Owe to Each Other)中曾以"有理由性"为标题单独设立两个小节以阐述"有理由性"。一次是在第一章论述理由的形成过程部分(第32—33页);一次是在第四章论述契约主义的道德论证部分(第191—197页)。就此而言,"有理由性"在斯坎伦契约论处于重要的位置,即它不仅在一般理由论中占据关键位置,而且在"彼此义务"的道德论证中也发挥着重要作用,对此可参照:Scanlon T. What We Owe to Each Other[M]. Cambridge: The Belknap Press of Harvard University Press, 1998.

的一致性分析。① 在讨论有理由性之前,首先要论述如何翻译"reasonableness"?

"reasonablenesss"建立在"reason"一词的名词化之上。哲学理论有对"reason"的大量讨论,它有理性、理由、推理等意思,如理论理性和实践理性、内在理由和外在理由等。"reason"之上的"reasonable"也有多种翻译方式,如合乎理性的、合理的、合乎情理的、可推理的等含义。若将"reasonable"译作"合乎情理的",这需要对"情理"进行说明。若将之译作"合理的",这需追问它合乎的是"理性"还是什么?若将之译作"可推理的",其推理过程是什么?在斯坎伦的理由论中涉及"reasonable""reasonably"和"reasonablenesss"等概念,"reasonable"不仅包括了对理由的推理过程,还包括了后续的实践过程,因此单纯译作"可推理的"并不合适。

中文语境对"reasonableness"等概念没有统一译法,学界较多将之译作"合理性",如陈真将"reasonableness"和"unreasonableness"分别译作"合理性"和"不合理性",而将"reasonableness of rejection"译作"拒斥的合理性"。② 邓伟生将"reasonably reject"译作"合理地反对"。③ 然而,斯坎伦区分了"rationality"和"reasonableness"这两个不同的概念,因此将"reasonableness"译作"合理性"并未反映出"reasonableness"的理由特征。更进一步,陈代东等人将"reasonableness""reasonable"和"reasonable rejection"分别译作"有理由""有理由的"和"有理由地拒绝",此种翻译把握了这些概念的理由论基础。问题是:"有理由"这一译法不仅是对个体持有理由的描述,更为重要的是涉及对主体实践推理和行动模式的描述。有鉴于此,本书将在承袭上述译法的基础上,从行动哲学的角度来系统考察"有理由性"的相关内容。为了后面论述的便利,这里将"reasonableness"译作"有理由性",而将"rationality"译为合理性。

"有理由性"包含了三个要素:一是"有理由性"之"有"是"合理生物"对

---

① Scanlon T. What We Owe to Each Other[M]. Cambridge: The Belknap Press of Harvard University Press,1998:32-33.
② 陈真.斯坎伦的非自利契约论述评[J].世界哲学,2005(4):4-10.
③ 邓伟生.斯坎伦的契约主义与总计问题[J].世界哲学,2016(4):127-135.

外在理由的"持有",这体现了合理生物的理由能力。二是"有理由性"之"理由"是一种外在理由,这不同于休谟主义的内在理由,而是建立在关于外在对象考虑之上的理由。三是"有理由性"之"性"是主体实践推理和活动模式的属性,它突出了合理生物推理、回应和行动的过程特征,这体现了上述活动的非目的论特征。

二、"有理由性"

合理性和非合理性关注活动的目标和手段,它们具有形式上的前后一致性。合理性和非合理性是两个极端,合理性预设了个体持有完全的信息,非合理性则预设个体持有过少的信息,而有理由性和无理由性则处于上述两个极端之间。① 斯坎伦对合理性有如下的批评:一是其预设前提过于理想,理想合理性(ideal rationality)在现实中并不存在。虽然合理性与非合理性集中于目标与手段的一致,但行动评价需结合个体所处的实际境况,因此合理性和非合理性过于狭隘的预设决定了它们不能全面地评价一项活动。二是它过于关注自我目标,而忽视了他人维度对活动的影响,这也决定了它们对活动的评价并不完整。

更进一步,斯坎伦将非合理性分为狭义和广义的非合理性。其中狭义的非合理性主要涉及理由判断与判断敏感态度的不一致;广义的非合理性则包括了其他判断与态度的不一致。斯坎伦聚焦于"理由领域",即这是对理由判断、理由之上的判断态度以及基于理由的行动的分析,因此这属于狭窄范围的分析。相较而言,广义的合理性和广义的非合理性并不局限于理由判断,也不局限于理由判断的敏感态度。就此而言,斯坎伦理论中的合理性基础是狭义的。实际上,斯坎伦对合理性这一概念的批评并不表明基于合理性的行动评价"一无是处",其主要目的是引出有理由性以及阐述有理由性的优势。在真实境况中,个体既不会持有完全信息,也不会"一无所

---

① 斯坎伦说:"在通过非理性观念显示的最低标准和何者是(最)理性地去相信和去做的理想之间,存在着有理由的和无理由的概念。"其原文是:In between the minimum standards marked out by the idea of irrationality and the ideal of what it would be (most) rational to believe or do, there are the notions of what is reasonable and unreasonable. 对此可参照:Scanlon T. What We Owe to Each Other [M]. Cambridge: The Belknap Press of Harvard University Press, 1998: 32.

知",个体持有部分信息。如果工具合理性聚焦于实现目标的有效方式,有理由则强调理由的回应过程。斯坎伦说:"对某人而言,什么是有理由去做的,此论述预设了关联的某种信息主体和理由的相关范围。"[①]也就是说,"有理由性"把握了个体持有的部分信息的特征,此为有理由性的优势。

如果持有"有理由性"的个体需要理由判断和判断敏感态度的一致,那么有理由性与合理性有何种区别?由于讨论合理性涉及的态度不仅是判断敏感态度,因此可以划分三种情况讨论:一是如果合理生物仅持有判断敏感态度,当此态度与后续行动一致时,这满足了合理性的要求。二是斯坎伦讨论的情形,他认为"判断敏感态度与对理由的评价也存在不一致,此为非理性之表现"[②],这说明此情况没有满足合理性的要求。三是合理生物面对其他态度时,此态度不一定是判断敏感的,因而不一定激发行动,这也是非理性的。结合上述情况可知,虽然有理由性不同于合理性,但二者互有重叠。简言之,上述分析区分了理想合理性和非合理性以及有理由性和无理由性这两组概念。可以看到,持有"有理由性"的合理生物不同于持有工具合理性的个体。

第四节 合理性基础的比较

一、主观合理性和客观合理性

高蒂耶对休谟主义实践合理性的工具概念的承袭,决定了契约主体实施各项活动的工具特征。契约主体的工具推理将围绕如何实现偏好满足最大化这一目标展开。相较而言,斯坎伦理论中契约主体持有"有理由性"。一边是高蒂耶式的内在理由以及工具合理性,一边是斯坎伦式的外在的理由和有理由性,这些基础决定了他们将建立完全不同的理论。

[①] Scanlon T. What We Owe to Each Other[M]. Cambridge: The Belknap Press of Harvard University Press, 1998: 192.

[②] Scanlon T. What We Owe to Each Other[M]. Cambridge: The Belknap Press of Harvard University Press, 1998: 508.

上面曾引入主观合理性和客观合理性的区分,布鲁姆基于内在主义视角论证了主观合理性的存在并拒斥了客观合理性。高蒂耶作为内在主义者,此工具合理性基础满足了布鲁姆意义上主观合理性的基本特征。对高蒂耶而言,工具合理性在对个体提出的要求虽然包含了相关规范,但这是作为"工具要求实体"的规范,而不是道德规范。结合本章对合理要求和行动理由总结的两种关系可知,如果从外在主义视角理解布鲁姆的"合理性和规范性之关系"时,此问题远比布鲁姆所描述的更为复杂。"有理由性"表明了客观合理性是可能存在的,因此斯坎伦不会认同布鲁姆对合理性的区分,也不会认同他对客观合理性的拒斥。在布鲁姆的语境中,合理要求与主体主观要素关联,以此影响个体的理由和行动,如合理要求进入威廉姆斯式主观动机系统以此对个体行动施加影响。然而,现实世界的合理要求不可能完全由主观视角作出,它虽然与主观要素关联,但也受到客观要素(如客观对象和客观事实等)的影响,如斯坎伦将个体描述为处于共同生活之中的个体,他需要关注他人的生命价值以及人际关系等。

布鲁姆说:"很多哲学家认为合理性包含了对理由的正确回应,这是一个概念真理。"[①]问题是:如果合理性包含了"对理由的正确回应",这是对何者而言的正确回应?显然,内在主义者认为此"正确性"是针对主体自身的。进一步,合理性即使包含了规范内容,这也是对主体自身的规范。例如,高蒂耶式的偏好理由仅与个体有关,工具合理性之上的合理要求也与自身有关,这不涉及对他人的规范。"对理由的正确回应"是"私人层面对激发理由的正确回应",而不是对"人际层面规范理由的正确回应"。

可以看到,高蒂耶的工具合理性聚焦于自身之内,而有理由性则结合了个体所处的真实境况,它不仅关注个体自身目标,还关注对他人的影响。就此而言,一个行动可能不符合工具合理,但符合有理由性的要求。高蒂耶式的工具合理性是布鲁姆意义上的主观合理性,有理由性则表明即使理想的客观合理性不存在,部分的客观合理性仍可能存在,此合理性包含了客观要

---

① Broome J. Rationality[M]//A Companion to the Philosophy of Action. Cambridge: Cambridge University Press, 2008:288.

素,如客观的目标、客观的真理或事实以及他人客观的生命价值等。从这个角度讲,有理由性是布鲁姆意义上的温和且部分的客观合理性,它不仅介于理想合理性和非合理性之间,也介于主观合理性和客观合理性之间。

二、程序主义合理性和实质主义合理性

合理性涉及对个体活动的评价,那么对于工具合理性和有理由性,何者更好地描述了现实境况?斯图莫和胡克对程序主义和实质主义合理性的区分为此提供了启示,他们将休谟主义者视作程序主义者,而高蒂耶属于休谟主义者,那么他的工具合理性亦是程序主义的。与此同时,斯图莫和胡克将外在主义者视作实质主义者,那么外在主义合理性属于实质主义合理性,这说明有理由性是一种实质主义合理性吗?斯图莫和胡克并不如此认为,虽然斯坎伦是理由外在主义者,但斯图莫和胡克却将斯坎伦的理论视作对程序主义和实质主义的调和,即"有理由性"是对程序主义合理性和实质主义合理性的调和。下面将通过程序主义和实质主义之区别说明工具合理性和有理由性的区别,以把握两者的"全貌"。

首先,休谟主义中"合理要求"与欲望产生"程序"有关,程序主义者对欲望的发展阶段做了不同描述,如工具欲望和非工具欲望的区分、一阶欲望和二阶欲望的区分、威廉姆斯意义上作为程序的"合理慎思路径"等。斯图莫和胡克以布兰登特对休谟理论的改造说明程序主义的特征。布兰登特引入了认知的心理诊断,此诊断是个体在自身之内的欲望调整和筛选,其步骤有:[①]

(一)"搁置"能动者基于非经验信念(如规范信念)的欲望。

(二)将能动者的原有欲望置于充足的经验信息中,这可能会消除能动者的原有欲望,并引发新欲望。

(三)保证能动者的推理是逻辑正确的。

可以看到,新欲望的产生需满足两个条件:一是没有逻辑无效的推理,

[①] Streumer B, Hooker B. Procedural and Substantive Practical Rationality[M]//The Oxford Handbook of Rationality. Oxford: Oxford University Press, 2008:61.

二是完全经验信息的支撑。易言之,若欲望建立在错误的逻辑推理或不完全的经验信息之上,这是不合理的欲望,那么"程序"的合理要求是对欲望是否合理的要求。上述是以非规范信念之上的欲望建立规范理论,即以合理性推出规范信念,而不是先在地预设规范信念。斯图莫和胡克以"吃苹果违背神意"说明经验信念确定新欲望的过程。某人最初可能会由于某种神意而不吃苹果,此神意是非经验信念或者是规范信念,神意不以经验信息为基础,它是脱离经验的信仰。当然,此人不吃苹果也可能有其他原因,如基于过往经历发现吃苹果会引发消化不良。可以看到,相同活动的背后有不同的信念基础,这可以是经验信念,也可以是规范信念。进一步,如果此人之前不吃苹果是因为对健康有害,现在却发现吃苹果是有益的,他选择了吃苹果,从不吃苹果到吃苹果的欲望变化受到了经验信息以及经验信念变化的影响,因此经验信念使个体持有了合理欲望。上述案例印证了程序主义中之"程序"是对欲望的处理,如威廉姆斯意义上作为"程序"的合理慎思路径,此路径对主观动机系统的"处理"是为了确立合理欲望,因此威廉姆斯将理由形成的合理慎思视作"程序性"的合理慎思。同样,布兰登特的心理诊断程序是基于经验信念对欲望筛选的程序,基于经验信息的"筛选"以及正确的逻辑推理都表明了确立新欲望的"程序"特征。

其次,对于实质主义及其合理性。斯图莫和胡克说:"如果实在主义者认为不关注自身未来的福利是不合理的,那么不关注他人福利同样是不合理的,因此实质主义者关于个体持有合理性的分析,也适用于对他人的分析。对实在主义者而言,合理性不仅排除了特定欲望及其欲望模式,它也强调某些欲望是对自身未来利益以及他人未来利益的关注。"[1]可以看到,实质主义合理性的显著特征是:不再聚焦于自身之内的分析,合理性还涉及对他人维度的评价。从这个角度讲,斯坎伦是实质主义者,原因是:其一,斯坎伦的外在理由论是建立在对他人等外在对象的考虑和回应之上。有理由性是一种广义合理性,它并不要求"合理生物"持有完备的信息和信念基础,有

---

[1] Streumer B, Hooker B. Procedural and Substantive Practical Rationality[M]//The Oxford Handbook of Rationality. Oxford: Oxford University Press, 2008:69.

理由性结合了个体现实境况来评价活动,此评价既包含了个体自身福利,也包括了对他人境况的关注。特别是,有理由性不涉及休谟主义基于程序性的合理要求,也无需以此确定合理的欲望。斯坎伦的外在理由论拒斥了欲望在确定行动理由中的作用,因而无需引入休谟关于欲望转换的程序。其二,此种理由论并不涉及程序主义意义上"从个体自我关注到他人关注转移过程"的讨论,无论在外在理由论部分还是契约式的道德论证阶段,斯坎伦都关注现实的开放个体,他处于共同生活之中,因此个体在实施活动时将"自然地"关注和考虑他人。相较而言,在休谟主义意义上的个体目标由欲望提供,它是个体私人层面的目标,如在高蒂耶理论中的契约主体之所以选择与他人合作,其目标仍是为了自身偏好满足的最大化,因此这属于斯图莫和胡克意义上基于私人视角的"有意识关注"。

再次,对于程序主义和实质主义的争论。斯图莫和胡克偏向实质主义合理性,他们认为此合理性更符合现实境况。[①] 以实质主义者的批评为例:某人之前持有同理心而自然关注他人,但他的同理心较为微弱。随着时间推移,他对穷人处境有了更多了解,其同理心也随之增加。然而,当他选择在救援机构工作而看到过多苦难和不幸后,他的心态发生变化。他的内心更加僵硬而没有持有之前对他人的自然关注,其同理心逐渐减弱。上述案例中同理心强弱的变化会外显到具体的帮助活动中,即他对人实施帮助活动的欲求发生了变化,如涉及愿意帮助到不愿意帮助的倾向变化。结合上述例子可知,个体持有信息的增加以及对外部世界认知的加深,欲求以及目标实现的强度并未出现相应的增加,因此实质主义者认为信息增多不一定导致个体持有更强烈的欲望或实施相关的活动,程序主义者对欲望转换的程序化的描述是成问题的。

最后,对于斯坎伦对程序主义和实质主义的调和。斯图莫和胡克说:"在斯坎伦的批评中,实践合理性的失败只是发生于'当一个人将某物视作

---

① Streumer B, Hooker B. Procedural and Substantive Practical Rationality[M]//The Oxford Handbook of Rationality. Oxford: Oxford University Press, 2008:70.

第三章　契约式道德论证的合理性基础

理由,但是却没有以相关的方式被它所影响'。"①这里,"没有被理由影响"是个体未被理由激发而实施的相关活动。从斯坎伦对休谟主义的反对可知,程序主义者对合理要求和行动理由关联的说明中,他们仅将行动理由视作一个中间概念,即行动理由被用于行动的解释和说明,这忽视了对理由激发效力的分析。相较而言,斯坎伦的外在理由论同时论述了理由的激发效力和规范效力,这弥补了程序主义的不足。在斯图莫和胡克看来,实质主义和程序主义都过于简单地描述了理由内容以及理由效力。通过本章对实践合理性与行动理由之关系的考察可知,此种关系远比实质主义和程序主义所理解的"决定和被决定"的关系更为复杂。

在将斯坎伦视作程序主义和实质主义的调和者的基础上,斯图莫和胡克断定:"如果沿着斯坎伦的分析思路,那么我们可以是实践合理性的程序主义者以及持有好的实践理由的实质主义者。"②也就是说,如果持有程序主义意义上的理想合理性,这要求个体持有完备信息和正确推理。然而,对有理由性的论述则表明了即使现实个体未持有完备信息,他仍可持有"好的理由"。斯坎伦对一般合理性理论的批评以及引出有理由性的过程,这不仅是休谟主义理由论的批评,也是对程序主义的理想合理性的批评。上述两方面的批评隶属于同一主题,因为休谟主义者往往既持有内在理由论,也持有程序主义合理性。在好的实践理由方面,斯坎伦不再关注欲望理由的激发效力,而是关注对外在对象及其事实的考虑之上规范理由的激发效力。以此种方式,斯坎伦实现了外在主义对内在主义的替代,也实现了实质主义合理性(即有理由性)对程序主义合理性的替代,此为"斯坎伦是调和者"的含义所在。

回到本节最初的问题:对于高蒂耶和斯坎伦理论中的合理性,何者更好地描述了个体活动?我认同斯图莫和胡克对实质主义的辩护以及对斯坎伦"调和者"的定位,斯坎伦不仅提供了调和程序主义合理性和实质主义合理性的方案,"有理由性"也展现了更好的包容性。现实个体不是完全封闭的,

---

①② Streumer B, Hooker B. Procedural and Substantive Practical Rationality[M]//The Oxford Handbook of Rationality. Oxford: Oxford University Press, 2008:73.

也不仅仅聚焦于自身目标的追求,他是社会的一员,其实践思考和行动过程有他人维度以及客观要素的摄入。高蒂耶的工具合理性过于聚焦追求自身利益的分析,这虽然是为其契约式的道德论证服务,但这种道德约束的论证未能把握道德规范的"公共特征"。

总体上讲,高蒂耶和斯坎伦为了使契约论更符合真实境况,他们都选择了现实个体为考察对象,但他们对个体的描述仍旧有众多区别。本章基于理由论确定了行动理由和合理性的不同关系。在此之上,阐述了高蒂耶式合理性对休谟主义的继承,并确定了斯坎伦式有理由性的含义。第二章和第三章是对契约主体的行动哲学基础的把握,后文将阐述契约主体的契约活动。

第四章 道德论证中的订约过程

契约式的道德论证试图回答"为什么应是道德的?"问题,高蒂耶和斯坎伦持有完全不同的分析思路。高蒂耶试图分析:如果道德与利益存在冲突,如何在个体对期望效用的最大化追求过程中推出道德约束的存在? 高蒂耶试图以契约论的方式论证道德约束是合理选择的结果,斯坎伦则关注人际之间"彼此义务",他以契约主义确立了道德理由重要且优先的位置,以此阐述个体展现的普遍可证成倾向。虽然论证目标有所不同,但他们都需要分析契约主体的活动以实现"一致同意"之结果。本章将首先介绍高蒂耶的订约理论,其次介绍斯坎伦理论实现"有理由地拒绝"的过程,最后对两者进行整体评价。

第一节 高蒂耶的订约理论

一、契约订立的背景

为了避免"循环论证"的问题,契约主体在合作之前不能有道德要素的摄入,因此高蒂耶将市场域作为道德无涉区以此讨论契约主体的各项活动。此种市场域的引入受到古典自由主义经济学家亚当·斯密(Adam Smith)的影响,斯密坚持完全竞争市场的自我调节可实现最优的资源配置,政府或其他外部因素无需干涉市场的自由运行,个体合作将改善每个参与者的境况。然而,高蒂耶反对斯密的市场放任主义,他说:"放任主义拥护者要求选择的目的是效用最大化,并要求此选择在道德上同样是正当的。但我们考察关于此论断更深刻的描述是：在完全竞争条件下，道德与市场交往没有关系。"[1]也就是说，基于工具理性的逐利活动不同于道德活动，"看不见的手"与道德无关，那么如何从工具合理的活动推出道德约束的存在，这是高蒂耶要解决的问题。

已知高蒂耶是主观价值论者，同一对象即使对同一个体而言可能会展现出不同价值，那么使用效用价值进行个体的直接比较并以此论证道德约束是不可行的。如何选择合适的"场域"使人们可以就深思熟虑的偏好"谈判"？高蒂耶认为市场可以满足上述要求，市场可以将深思熟虑的偏好转换为具体的期望效用。现代个体不同程度地参与市场交往之中，因此市场交往具有普遍特征，它不会"有所偏倚"地对待不同个体。对市场域的引入表明高蒂耶无需以罗尔斯"无知之幕"的方式进行契约式的证成，市场把握了个体的真实境况，它也可以实现谈判过程的简化。更重要的是，市场交往不涉及道德内容，这满足了道德无涉的要求。成问题的是：现实个体所处境况是复杂的，这不仅涉及市场域，且不是所有个体都参与市场交往活动之中。市场交往不同于其他交往，仅选择市场情境论证道德约束的存在是否可行？后面将在"契约式道德证成"部分分析此问题。

二、契约订立的前提

（一）洛克条款和理性行动者

高蒂耶认为完全竞争市场需要由下列前提予以约束，"个体有要素资格和私有物品、自由的市场行为、互不关心以及不存在外部性"[2]。其中，第一个前提确定了个体的财产权以及所拥有的基本要素，这是通过洛克条款确定的。对于第二个前提，自由市场行为是为了保证市场交往不存在强迫的情况。第三个前提是为了确保行动的目标是个体自身的偏好，而不是对他人偏好的考虑，因此这将道德情感、友谊及亲情等排除在市场交往之外，此

---

[1] Gauthier D. Morals by Agreement[M]. Oxford: Oxford University Press, 1986: 93.
[2] Gauthier D. Morals by Agreement[M]. Oxford: Oxford University Press, 1986: 89.

时的市场主体是孤立的"原子个体"。对于第四个前提,外部性是区别现实市场与完全竞争市场的关键,因为市场交往需要考虑外部性的影响。下面将详细考察四个前提,以期把握契约主体市场活动的全貌。

对于洛克条款(Lockean Proviso)。首先要强调的是:洛克条款不仅是订约前提,它是高蒂耶整个契约理论的前提。也就是说,它在各个论证环节都发挥作用,它不是理性选择的结果,而是理性选择的前提,这里主要论述它作为订约前提对界定个体禀赋和资格时所起的作用。[①] 约瑟夫·美杜莎(Joseph Mendola)认为:"洛克条款不仅确定了订约前个体持有的基本要素,也使所达成的协议'无偏倚地'对待每个订约者。"[②] 个体持有的初始禀赋会影响契约的订立,因为它会影响谈判过程中契约主体的地位。如果个体之间初始禀赋的差距过大,初始禀赋多的个体可能不会选择与他人合作,即使双方确立了合作关系,所订立的契约也会面临是否公平的质疑。高蒂耶通过初始要素资格确定个体能力和偏好的方式,这不同于罗尔斯和功利主义者的方式。罗尔斯认为社会为个体自然禀赋的发展提供了"平台",如社会提供的教育资源使人们自然禀赋得以进一步的发展,因此个体使用禀赋需承担相应的要素租金,即罗尔斯将自然禀赋视作一种公共财产。如果将上述观点用于高蒂耶的理论中,这导致的结果是:个体偏好将不是真正的偏好,而是社会要求的偏好。显然,高蒂耶不能认同此种结论,因为深思熟虑的偏好是个体自身持有的,这不是社会的要求。

同样,高蒂耶也不赞同功利主义将要素资格建立在社会总福利考虑之上的思路,他以技术进步说明功利主义的问题。一方面,企业为了生产出更多的产品而引入了先进设备,这导致雇用更少工人的结果。另一方面,工人的工作权利应予以保护,技术的进步侵犯了工作权,因此企业福利与个人福

[①] 在《一致同意的道德》(Morals by Agreement)的设置中可以看到,洛克条款在高蒂耶理论中占据着重要位置。在介绍了深思熟虑的偏好、订约和守约过程之后,高蒂耶单独设立一章论述"洛克条款",其后是对"阿基米德点"和"潜在正义社会"等主题的分析。显然,"洛克条款"起到了承前启后的作用,即起到了联结道德契约论和制度伦理的作用。就此而言,洛克条款不仅是契约论的前提,也是契约论在制度伦理层面应用的起点。对此可参照:Gauthier D. Morals by Agreement[M]. Oxford: Oxford University Press, 1986.

[②] Mendola J. Gauthier's Morals by Agreement and Two Kinds of Rationality[J]. Ethics, 1987, 97(4): 773.

利之间存在冲突。功利主义以总福利界定要素资格的方式既不能保证个体的自由行动,也不能保证个体的基本权利。简言之,高蒂耶反对功利主义者和罗尔斯都将禀赋归为社会所有。更进一步,如果禀赋不归社会或某群体所有,个体自由使用禀赋是否有所限制?

根据洛克的财产权原则,个体应该为他人留下"足够且同样好的"(enough, and as good)。高蒂耶提出了两个反对意见:一是若两人的能力相差很大,强者不可能为弱者留下"足够的且同样好的"。二是面对资源不充足供应时,为他人留下"足够的且同样好的"也不现实,这是过高的要求,因此洛克财产权需要相应调整。一种改进方案是由罗伯特·诺齐克(Robert Nozick)提出的,他认为既然"足够的且同样好的"这一要求不合理,那么仅保留"不使他人境况变坏"的要求则更容易使人们接受它。[①] 然而,在高蒂耶看来,诺齐克上述的改进方案仍旧过于严苛,"不使他人境况变坏"要求个体主动承担对他人的责任,此时洛克条款已经包含了道德要素。为了使洛克条款不包含道德内容,高蒂耶将之总结为:"除了有必要避免危害个体自身位置之外,不能使他人所处境况'变坏'。"[②]此条款不要求为他人留下什么,它强调不能主动实施某项活动以"变坏"他人境况。

在高蒂耶看来,使他人境况没有"变坏"(worsening)与使其处境"变好"(bettering)是不同的,如某人遭遇了车祸,当他人看到事故发生之后将面临两种选择:一种是"置之不理";另一种是"落井下石"。虽然两种选择导致了相同的结果,即人在车祸中受伤,但两种选择有着根本的区别。第一种情况不是由个体自身的选择所导致的,第二种情况与他人的选择有直接的关联。就此而言,洛克条款要阻止第二种情况的发生。如果个体未遵循洛克条款的约束而使他人境况变差,这对他人产生了额外负担,行为者自身却未承担任何代价,这对双方都是不公平的,因此洛克条款本质上是为了保证双方订约前处于公平的状态,这带来如下启示:一方面,不同个体拥有的禀赋不同,他完全掌控自身的身体能力和智力知识,他人不能干涉"我"对这些禀赋的

---

① 诺齐克.无政府、国家和乌托邦[M].姚大志,译.北京:中国社会科学出版社,2008:208-209.
② Gauthier D. Morals by Agreement[M]. Oxford: Oxford University Press,1986:03.

使用，洛克条款确定了关于自我的所有权（self-ownership）。另一方面，虽然能力禀赋归个体所有，但个体在使用时却需要考虑对他人的影响，即使用禀赋要素不能主动影响他人而使其境况变差，那么对禀赋的"自由使用"不等同于"任意使用"。

进一步，高蒂耶认为在他之前的众多契约理论并不重视对"初始谈判位置"的分析，且它们对初始谈判位置的描述也不符合现实境况，如原初状态中"无知之幕"对个体持有信息的屏蔽，这"取消了"个体偏好的区别，从而导致个体追求的是社会基本善物，这已与实际境况"相去甚远"。个体不能忽视偏好和自然禀赋，他对自身境况有所了解。也就是说，个体在谈判时不可能忽略这些基本要素，这是对初始谈判位置的真实情况的把握。显然，洛克条款的初始位置没有"无知之幕"的遮蔽，个体知悉自身偏好。问题是：如果洛克条款确定了个人初始禀赋和使用限度，那么禀赋不同的个体为何会参与到订约过程之中？此问题的分析与"理想行动者"的有限特征有关，在初始谈判位置的个体可以自由活动，高蒂耶将此类个体称为"理想行动者"。

高蒂耶考察了伦理学中常见的三种个体（理想观察者、理想同情者和理想所有者），在此基础上阐述了"理想行动者"之优势。首先，理想观察者需要"完全从他所评价的社会结构及其作出的选择中脱离出来"[①]。此个体的分析视角是整体的，而非具体的，其代表理论为功利主义，此时理性观察者的考量点为社会总福利。其次，理想同情者"将他人利益视作自我利益，这是同情者的核心观念，并将之作为选择的基础"[②]。此路径的代表理论为休谟同情伦理学。休谟不仅将同情感视作道德源头，也将之作为制度分析和建立社会之基础。然而，高蒂耶建立契约论时并不诉诸情感基础，市场交往的个体是情感中立的，他们对偏好满足的追求与情感没有根本关联，高蒂耶说："在拒绝将理想同情者作为道德选择之切入点方面，我们与休谟保持距离。"[③]最后，对于理想所有者，高蒂耶说："在某种意义上我们使用'理想所有者'术语是因为某人在社会结构中具有先在权利，如"神"可为被造物的交

---

①② Gauthier D. Morals by Agreement[M]. Oxford：Oxford University Press,1986:237.
③ Gauthier D. Morals by Agreement[M]. Oxford：Oxford University Press,1986:238.

往提供条件。但它如理想观察者面临同样的问题,理想所有者所诉诸的概念不能提供选择标准。"[1]理想所有者是抽象的,如"创世者"基于"神意"为人们提供道德原则,它不能为现实个体的真实活动提供具体的指导。

简单地讲,上述所引入的三类个体未真正把握个体多样的能动能力,个体能动性具体表现为多样偏好以及满足偏好时所实施的多样活动,即个体是行动者,而不是观察者、同情者或所有者,故"理想行动者"把握了真实个体的本质特征。进一步,高蒂耶认为现实社会是资源限制和能力稀缺的社会,这不是乌托邦的世界,因为乌托邦世界中的资源充足供应,如时空资源以及其他资源"用之不尽"。高蒂耶认为这是"乏味且无聊"的世界,此世界中的人们实施的各种活动类似于"游戏",因为目标能否达成没有意义。相较而言,现实世界由于资源的稀缺和个体能力的限制,这不仅为个体确定了各种目标,个体也需要与他人合作以克服资源的限制并实现自身的目标,因此"理想行动者"和乌托邦世界的"无聊性"共同解释了不同禀赋的个体为何会合作。当将"理想行动者"与洛克条款结合起来,洛克条款中所保证的基本权利为"理想行动者"的各项活动设立了起点,即此条款保证了"理想行动者"自由地使用其能力禀赋,从而为契约主体的后续市场活动提供了"概念准备"。

(二)"互不关心"前提以及对外部性的拒斥

"互不关心"(mutual unconcerned)这一前提描述了市场主体在交往过程中的基本特征,这将责任、同情感以及亲情关系等排除在市场交往之外,因此这个前提保证了市场交往的道德中立。"互不关心"类似于罗尔斯对个体"相互冷淡"(mutual disinterested)的描述,它们排除了现实中特定关系和经验要素对个体活动的影响。其中,"相互冷淡"是通过排除经验要素以论证正义原则,"互不关心"没有此种目的,它是为了排除道德要素的摄入,从而为双方订立契约服务的。

虽然市场交往中的个体可能是"互不关心"的,但其他的交往形式中个

---

[1] Gauthier D. Morals by Agreement[M]. Oxford: Oxford University Press,1986:238.

体之间不是"互不关心"的。在皮特·瓦伦泰纳(Peter Vallentyne)看来,互不关心是一个"多余的"前提,因为高蒂耶已经阐述了个体的各项活动是为了偏好的满足,这说明他们必定是"互不关心"的,因此应该取消此多余的前提。① 实际上,互不关心是一个必要的前提,它在高蒂耶契约式的道德论证中发挥着重要作用。互不关心不仅"排除了"个体对他人偏好关注的可能性,它作为"强前提"也防止了道德要素在订约前摄入的可能性,因此它是保证市场"道德无涉"的关键。换言之,如果没有互不关心这一前提的约束,个体在市场交往中可能会掺杂某种情感,这可能有道德内容的摄入。

对于外部性(externality)这一前提,高蒂耶引入的目的是减少个体交往的不确定性。高蒂耶区分了消极外部性(negative externality)和积极外部性(positive externality),他列举了如下例子以说明两种外部性的特征。一个是海上灯塔的使用,如果某个船只没有为建设灯塔付出成本,但在航行中却享受了灯塔带来的好处,这是积极外部性的表现,其特征是没有付出成本而享受了好处。消极外部性的例子是企业的污染行为,由于空气可以无限使用,企业在使用洁净空气时损害了他人健康,但没有为此付出相应成本,因此消极外部性表现为对他人造成损害,却没有付出相关成本。市场交往中存在的上述两种外部性都属于不确定性,这增加了市场交往的成本。若可以排除外部性的影响,这会增加双方合作的可能性。

可以看到,高蒂耶引入的上述前提在一定程度上是为了保证双方的顺利合作。之所以合作如此重要,这是因为合作是双方实现"一致同意"的一个起始点。如果双方不能合作,后续订约、守约以及道德约束的论证都将"无从谈起"。在高蒂耶看来,霍布斯并不重视合作,霍布斯更愿意将个体之间的关系描述为竞争关系而非合作关系。例如,在霍布斯契约论中,个体欲望以及对他物享有的权利没有限制,因此个体面对有限资源时不可避免地产生冲突,从而导致"一切人对一切人的战争"②。高蒂耶从休谟主义和罗

---

① Vallentyne P. Gauthier's Three Projects [M]//Essays on David Gauthier's Morals by Agreement. Cambridge: Cambridge University Press, 1991:73.
② 霍布斯认为个体之间的冲突主要由以下三种原因导致:竞争、猜疑和荣誉。对此可参照:霍布斯.利维坦[M].黎思复,黎廷弼,译.北京:商务印书馆,1997:94.

尔斯契约论中摄取关于合作的理论资源，罗尔斯将合作看作社会运行的基础，高蒂耶认为这是对休谟正义观的继承。休谟将正义视作调和个体冲突的手段，正义保证了个体之间的有序交往，因此正义是合作的前提保证。虽然罗尔斯强调了合作的重要性，但合作表现出被动的特征。不同于罗尔斯对合作的被动描述，高蒂耶看到了合作的积极意义，这是个体基于自身能力限制而主动寻求的合作。合作不仅有助于实现自身目标（即满足深思熟虑的偏好），它在更广泛的意义上也促进了社会进步，高蒂耶在分析了休谟和罗尔斯的合作观之上提出了"合作盈余"（co-operative surplus），这是其理论的独特之处。在高蒂耶看来，之前的伦理学理论都强调关于有限资源的合作所产生的总体收益是固定的；高蒂耶则认为合作会导致收益的增加，即产生"合作盈余"，他说："合作盈余的分配是特定效用集合的选择构成的盈余，它在谈判过程中产生利益。"[①]可以看到，合作盈余是谈判结果，而不是初始谈判位置拥有的禀赋。如果合作盈余建立在协议之上，现在的问题是：如何订立契约？这构成了下一节的主题。

三、"最小最大的相对让步原则"

工具理性的个体会为"一己私利"而隐藏自身的真实境况，从而出现"搭公车"等欺骗行为，这对合作产生了消极影响。就此而言，工具理性的最大化本质决定了它将增加交往的成本。然而，工具理性个体间的合作也会产生合作盈余，即它会带来比不合作更高的收益，此为合作的积极影响。高蒂耶如何限制合作的消极影响，而提升合作的积极影响，即保证个体之间合作的顺畅，这是契约论亟须解决的问题。达成"一致同意"的关键在于确定各方都接受的合作盈余分配方式，那么如何实现盈余的公平分配？在高蒂耶看来，此种分配应反映每个人的应得（entitlement），即所获得的盈余与个体对合作的贡献有关。为了实现公平分配，高蒂耶引入了"最小最大的相对让步原则"（principle of minimax relative concession）。

已知高蒂耶持有极端的主观价值论，偏好价值不能在个体之间被直接

[①] Gauthier D. Morals by Agreement[M]. Oxford: Oxford University Press, 1986: 141.

比较；且高蒂耶认为不存在客观价值，故人际比较的客观基础并不存在，那么高蒂耶的契约论如何实现人际之比较？一种常见的方式是功利主义基于效用的比较方式，但这忽略了个体的本质区别，高蒂耶对此并不认同，因为契约主体对自身偏好以及所处境况是知情的。另一种是罗尔斯的正义论所引入的基于"基本的社会善物"（primary social good）的比较，但"基本善物"仅仅是对个体追求目标的一种归类，个体的分目标被"总结为"社会基本善的"系列"（list），但此系列并非"完整无缺的"。上述比较与功利主义面临相似的问题：它们未能把握个体之差异，如罗尔斯将自然禀赋视作共有财产，个体即使持有特殊禀赋而获得高额回报，这也需要首先考虑"最不利群体"之境况，因此将导致如下结果：持有特殊禀赋之个体的回报未反映个体的应得，这违背了高蒂耶所说的"合作盈余的分配应反映每个人应得"的基本论断。

更进一步，上述方式对个体同质化的理解可能导致侵犯个体权利的结果，如苏格登注意到"社会基本善"的问题，他说："罗尔斯关于从任何一个人的立场考察原初状态下选择的论证，令人不安地趋近功利主义的'中立观察者'概念。"[1]超越功利主义为罗尔斯正义理论的目标之一，虽然此理论避免了功利主义的权利侵犯问题，却以另一种方式，即"无知之幕"的遮蔽方式"同质化"地对待个体，此理论关注了"最不利群体"而忽视了个体的真实诉求。"同质化"的假设和"不知情"的描述取消了个体差异，这使个体不能主动追求自身的深思熟虑偏好，而"理想行动者"是现实中"活生生的人"，高蒂耶说："个体对其同一性不知情，那么个体就没有此种偏好！"[2]

若上述方式不可行，高蒂耶如何实现个体比较？主观价值论由于不能对价值冲突提供有效说明而受到激烈的批评，高蒂耶未按照传统主观价值论的方式在不同价值之间寻求"某种共识"，他将价值的作用"弱化"，而成为衡量偏好满足的数量指标。虽然人们持有不同的主观价值序列，个体面对不同对象会对此序列排序。市场域的引入将价值量化为"具体数值"，此时

---

[1] Sugden R. Contractarianism and Norms[J]. Ethics, 1990, 100(4): 768-786.
[2] Gauthier D. Morals by Agreement[M]. Oxford: Oxford University Press, 1986: 243.

主观价值被转为"效用语言",这"绕过了"对不同个体主观价值的直接比较。具体而言,个体之内的自我比较是通过"相对让步"来实现的。高蒂耶区分了关于价值"相对让步"的三种类别:让步的"绝对范围"(absolute magnitude)、让步的"相对范围"(relative magnitude)和"完全让步"(complete concession)。此处引入 U1、U2、U3 以说明让步的具体过程,此三个指标分别代表初始谈判位置的效用、让步效用以及个体要求的效用,那么让步的绝对范围是 U3－U2,完全让步则是 U3－U1,通过上述二者可确定让步的相对范围是让步绝对范围/完全让步,即(U3－U2)/(U3－U1)。

让步原则要求在"让步的相对范围"中选取最小值,此即合作盈余的公平分配方案。以如下例子说明"让步原则"的具体计算过程,假如初始谈判位置上有 A、B 二人,他们有不同的初始效用,分别记作 U1(A)＝1,U1(B)＝1。他们希望获取的最大效用分别为:当 A 作出选择时,如 U3(A)＝10,U3(B)＝5。当 B 作出选择,此时记作 U3(B)＝10,U3(A)'＝4,他们接受的让步效用分别是 U2(A)＝7,U2(B)＝7。让步的相对范围是:(10－7)/(10－1)、(10－4)/(10－1)、(10－5)/(10－1),从中(0.3,0.6,0.5)选取最小值为 0.3,即最后一种选择[U2(A)＝7,U2(B)＝7]是两人可接受的"让步"。

除了高蒂耶的分配方式之外,另一种为人熟知的分配方式是约翰·纳什(John Nash)提出的,此方式关注每个参与者效用的纯粹增加量,即将所有参与者的效用提升都考虑进来。如果将上述例子按照纳什分配来选择,这三种选择的效用增加量分别为:(10－1)＊(5－1)、(4－1)＊(10－1)、(7－1)＊(7－1),那么这两个人既可以选择第一种,也可以选择第三种。显然,纳什分配未考虑结果是否对每个人公平,它仅考虑了整体的提升量。

相较于纳什分配,高蒂耶认为让步方案满足了公平要求,他说:"我们认为信守诺言、说真话、公平交易通过允许个体以其期望的公平方式合作而被论证。"[①]对效用的"相对让步"与日常不可量化的交往(如信守诺言、说真话)相似,它符合人们对盈余分配的公平诉求。独占者知悉不可能全部占有盈余,但他又不能放弃与他人的合作,因此只能对效用作出让步以防"过度

---

① Gauthier D. Morals by Agreement[M]. Oxford: Oxford University Press,1986:156.

占有"引发的合作失败。让步原则使具有不同主观价值的个体实现一致同意,此过程并未诉诸效用的直接比较或外在的强制措施。

然而,让步原则在提出之后受到学者们的激烈批评,如陈真所言:"最小最大相对让步原则是哥梯尔理论中受到其他哲学家、经济学家和博弈理论家最猛烈攻击的理论。批评之一是针对他测度相对让步的方式。"[①]让步原则在理论上似乎是可行的,但现实中偏好并不能被具体化为数量指标,人们在很多情况下不能就主观价值进行有效的排序。更成问题的是:深思熟虑偏好要求态度维度和行为维度的一致,此要求过于严苛。现实中个体持有的偏好不一定满足此种要求,让步原则之上的"一致同意"不一定会实现。苏格登则认为让步原则不是谈判过程的唯一解,个体可能会依其经验而确定让步的程度,他也可能受习俗惯例的影响而选择其他的让步方式,而这不同于高蒂耶意义上"同等的相对让步"。此外,高蒂耶的让步原则讨论的是"一次性的谈判",但现实谈判也可能多次发生,故苏格登认为让步原则的适用性有限。[②]

第二节 "有理由地拒绝"

一、道德动机

在斯坎伦的理论中,个体接受道德约束能否获得最大化效用并不重要,重要的是人们为什么要实施道德上正当的行动以及实施此行动所持有的道德理由,即这涉及道德理由确立过程的分析。斯坎伦认为以外在理由分析道德正当与非正当的方式更为连贯。[③] 这里将通过考察可证成倾向、"相互承认的价值"和"有理由地拒绝"的关联,以此阐述斯坎伦契约主义对道德动机的说明过程。

---

① 陈真. 当代西方规范伦理学[M]. 南京:南京师范大学出版社,2006:178.
② Sugden R. Contractarianism and Norms[J]. Ethics,1990,100(4):768-786.
③ Scanlon T. What We Owe to Each Other[M]. Cambridge:The Belknap Press of Harvard University Press,1998:49-50.

个体处于共同生活之中，个体与他人共处时需珍视、尊重、保护他人生命价值。共同生活与生命价值是斯坎伦契约主义理论的两个重要且紧密关联的"支点"，它们是个体实施道德行动并达成道德原则的"一致同意"的基础。当个体处于共同生活中时，其行动的"基本要求"是不能损害他人生命价值，这与个体对自我利益的追求并不冲突。个体不能出于自身偏好的满足或自我福利的提升即可忽视他人生命价值，利益之上的活动还有深层"彼此义务"的支撑，此"彼此义务"更深刻地规范了个体活动。撇开追求利益的具体目标，个体在共同生活中也试图取得"他人之承认"的目标，此目标被总结为个体对"相互承认"（mutual recognition）关系的追求。[①]

实际上，斯坎伦并未详述"相互承认之关系"的具体含义，他在《我们彼此负有何种义务》中仅有两次提及。[②] 而理查德·米勒（Richard Miller）却认为"相互承认"是斯坎伦契约主义的关键节点。[③] 本书认同米勒的观点，并以"相互承认"为切入点阐述契约主义的整体建立思路。"相互承认"体现了"与他人共同生活的积极价值"（positive values of a way of living with others）[④]，此种积极价值侧重"共同生活的过程本身"，而不是最终的结果，即"相互承认"的价值是非目的论的。"与他人共同生活"的积极方面体现为"相互承认"，那么其消极价值则表现为"道德愧疚"（moral guilt）。斯坎伦说："义务以其反面形式为人们熟知，它表现为不受人欢迎的约束感觉和道德愧疚的体验，这种人们熟知的反面是对其正面的进一步'加强'，即他人不能有理由地拒绝之上与他人共同生活的积极价值，我认为此为动机的有力源头。"[⑤] 道德愧疚作为"相互承认"在"反方向上的加强"，二者共同作为动机源头。需注意的是："相互承认"和"道德愧疚"都属于道德义务领域，故此动机源头是指道德动机之源头。

---

① "相互承认"对应的英文词汇是"mutual recognition"，而不是"reciprocal recognition"。后一个词汇强调承认的"互惠性"，而斯坎伦意义上的"相互承认"不是对利益的"相互承认"，而是对生命价值的"相互承认"。

② 这两次分别出现在第 167 页和第 194 页，可参照：Scanlon T. What We Owe to Each Other[M]. Cambridge: The Belknap Press of Harvard University Press, 1998.

③ Miller R. Moral Contractualism and Moral Sensitivity: Critique and Reconstrual[J]. Social Theory and Practice, 2002, 28(2): 259-276.

④⑤ Scanlon T. What We Owe to Each Other[M]. Cambridge: The Belknap Press of Harvard University Press, 1998: 162-163.

"相互承认"受到康德式"相互尊重"的深刻影响,但两者有着根本区别。① 康德意义上尊重是绝对命令之要求,即这是纯粹实践理性的要求,这体现了理性存在者的意志与自由。斯坎伦式的个体不是康德意义上的"理性存在者"(rational being),而是"合理生物"。易言之,合理生物不是形而上的抽象个体,而是现实中真实存在的。斯坎伦说:"这些要求(即相互承认的要求)对这些人(指合理生物)而言不仅仅是形式命令。"② 若从康德伦理视角理解的话,上述引文体现了"相互承认"的要求与康德伦理学的不同。绝对命令表现出明显的形式特征,"相互承认"则是包含具体内容的实质命令,"相互承认"不是通过"人之为人"的实践理性而形式上"普遍立法","相互承认"指向的是他人生命价值之目的,这包含了对此价值予以考虑的实质内容。进一步可以将"相互承认"视作对康德式"理性存在者之相互尊重"的内容补充,即赋予了其实质内涵。加里·沃特森(Gary Watson)曾认为新康德主义者与康德在尊重方面的理解有所不同,前者将尊重视作偶然的,他们必须解释"对他人之尊重在实际生活中成为强烈动机的原因"③。而康德意义的尊重并非偶然发生,而是理性存在者对待他人的基本方式。概言之,"相互承认"强调了"实质尊重",康德伦理学则更倾向于尊重的"形式特征"。

斯坎伦曾如此描述合理生物之间的尊重,"认识到人们生命价值是将每个人作为理由所在场域(a locus of reasons)予以尊重,即认识到他们想要共

---

① 对于斯坎伦的契约主义在何种程度上继承了康德主义这一问题,学界存在诸多争议。从道德理性主义和道德情感主义的划分上讲,斯坎伦是道德理性主义者,汉普顿即持有此种论点,他认为斯坎伦是康德意义上的理性主义者,其理论的理性基础偏向于康德式的实践理性,即斯坎伦承袭了康德意义上实践理性的非工具概念。对此可参照:Heath J. The Transcendental Necessity of Morality[J]. Philosophy and Phenomenological Research,2003,67(2):378-395.沃特森将斯坎伦视作新康德主义者,可参照:Watson G. Some Consideration in Favor of Contractualism[M]//Rational Commitment and Social Justice:Essay for Gregory Kavka. Cambridge:Cambridge University Press,1998.提摩曼则认为斯坎伦的理论与康德伦理学为竞争关系,对此可参照:Timmerman P. Contractualism and the Significance of Perspective-taking[J]. Ethical Theory and Moral Practice,2015,18(5):909-933.本书将在后面详尽论述斯坎伦契约主义与康德式"自我立法"的建构主义之不同。
② Scanlon T. What We Owe to Each Other[M]. Cambridge:The Belknap Press of Harvard University Press,1998:162.
③ Watson G. Some Consideration in Favor of Contractualism[M]//Rational Commitment and Social Justice:Essay for Gregory Kavka. Cambridge:Cambridge University Press,1998.

同生活且使他们的生活变得更好的理由效力(force of their reasons)"[1]。每个合理生物都具有生命价值,生命价值为"理由所在之处"提供了基本场域,"相互承认"本质上是对生命价值的承认,它表现为对作为"理由场域"的生命价值的回应和义务式的行动,非目的论的生命价值决定了"相互承认之关系"的价值也具有非目的论结构。[2]

斯坎伦曾以人们参与政治活动和社会性的事件为例论述"相互承认"的特征,他认为此类活动可以视作可证成性的表现。[3] 也就是说,"相互承认关系"之上的行动为可证成倾向的具体表现,可证成倾向是对道德动机的说明,二者在一定程度上可等同使用,何为可证成倾向? 可证成倾向也被称作"可证成性的欲望"(the desire of justifiability)以及"可证成性的理想"(the ideal of justifiability)。在弗里曼看来,斯坎伦式的可证成欲望是高阶的,他将此欲望称作"基于原则的欲望"(principle-dependent desire)。[4] 此欲望不直接参与个体的实践指导,它作为"规范且具体的欲望"出现。进一步,斯坎伦说:"我所论断的处于核心位置的道德动机不是真实向他人证成的活动(the activity of actual justification to others),而是以向他人证成来行动的理想。"[5]可以看到,可证成理想"潜在地"影响行动,它作为理想目标而对个体行动施加影响。

可证成性具有如下特征。首先,它不是具体的情感,斯坎伦虽然认为个体参与共同生活时所表现的证成倾向与功利主义者斯图亚特·密尔(Stuart Mill)意义上个体联合的共同情感基础有所相似,但后者之联合基础是心理学意义的共同情感,可证成倾向并不属于情感。其次,证成倾向有

---

[1] Scanlon T. What We Owe to Each Other[M]. Cambridge: The Belknap Press of Harvard University Press, 1998: 105.

[2] 对于"a locus of reason"中"locus"的译法,由于此概念强调合理生物是理由的"持有场所"。合理生物具有回应、评价和判断理由的能力,他同时也是持有理由的"场所",即合理生物为"理由所在之处",故"locus"可理解为"载体""场域""场所"等。相较而言,其他物种不能视作理由的"特定场域"。

[3] Scanlon T. What We Owe to Each Other[M]. Cambridge: The Belknap Press of Harvard University Press, 1998: 163.

[4] Freeman S. Contractualism, Moral Motivation and Practical Reason[J]. The Journal of Philosophy, 1991, 88(6): 292.

[5] Scanlon T. What We Owe to Each Other[M]. Cambridge: The Belknap Press of Harvard University Press, 1998: 116.

经验基础。斯坎伦说:"根据契约主义观点,道德论证关注的是:相同欲望驱使并使达到同等强度的个体之间达成一致契约的可能性。即便他们现在还未受到订约欲望的驱动,他们也不能有理由地拒绝这些原则,且他们在未来也会受此欲望的驱动。"① 一个未成年人可能由于身心发展的不完善以及认知的不健全,而未能意识到生命价值的深层意义,也可能不是理由敏感的,从而未表现出证成倾向,但此倾向却"潜在"存在。随着身心的发展以及认知水平的提升,他将在未来表现出证成倾向。最后,此倾向是合理生物特有的,它存在于不同的合理生物之间。易言之,合理生物不会对其他物种表现出此倾向,而只会对合理生物表现出此倾向。

通过对可证成倾向特征的总结可知,斯坎伦契约论不同于经典契约论,后者之契约为自利个体谈判的结果,斯坎伦意义上的协议订立过程表现出非自利的特征,契约主体并不寻求某种优势或好处,双方是被"原则的目标"共同地激发。斯坎伦说:"追溯到卢梭社会契约论传统的一个核心因素是:寻找一个可证成的基础,其他人也有理由接受此基础。"② 从可证成角度讲,斯坎伦的契约理论未承袭霍布斯契约论的自利传统,而是延续了卢梭契约论的传统,后者以共享意愿来调整个体私人要求,从而使个体都有理由接受"共同的证成基础"。斯坎伦说:"可证成性仍是第二位的,居于首要位置的还是人们的生命价值或他们论断的道德合法性,正是这些确定了行动是可证成的。"③ 此种评价是可预见的,"相互承认关系"与可证成倾向激发了道德行动,它们都体现了生命价值的"第一位",两者是契约式的道德论证工具,那么确立道德原则的具体过程是什么?他人的生命价值如何为个体提供道德理由?这构成了下面的研究主题。

二、道德理由的确立

上文只论述了相互承认和可证成倾向体现了生命价值的重要性,但是

---

① Scanlon T. What We Owe to Each Other[M]. Cambridge: The Belknap Press of Harvard University Press,1998:145.
② Scanlon T. What We Owe to Each Other[M]. Cambridge: The Belknap Press of Harvard University Press,1998:5.
③ Scanlon T. What We Owe to Each Other[M]. Cambridge: The Belknap Press of Harvard University Press,1998:169.

并未说明生命价值提供了何种理由以及此种理由有何独特之处,且未论及合理生物如何回应此种生命价值之上的理由。对于生命价值和道德价值之关联,斯坎伦说:"最重要的价值——生命价值的一种可行理解(在我看来是最可行的)将直接导向道德正误之核心。使生命具有价值的观念以及尊重他人的权利和义务,这二者即使不同,也应紧密关联。"[①]可以看到,生命价值被斯坎伦"提炼为"道德价值,它被斯坎伦总结为道德理由的"重要性"和"优先性"问题。

作为绝对价值的生命价值体现了"人之为人"的本质,这属于康德意义上的尊严价值。斯坎伦在构造类似于康德的"目的王国"时曾承认尊严价值对其巨大的诱惑力[②],斯坎伦将此种绝对价值理解为生命价值,共同生活之中的个体最为关注的是生命价值,此价值为个体行动提出了实质要求,如不能损害或不尊重他人生命价值。可证成价值或"相互承认的价值"都把握了生命价值的重要位置,即它是个体行动时最重要的考虑对象。个体面对不同目标时将对它们作出相关"考虑"(consideration),此考虑是理由的最初源头,在对不同目标考虑所产生的不同理由,且这些理由具有不同的效力。对最重要的目标之考虑(即对生命价值的考虑)将使个体持有道德理由,此种理由提出的要求是:个体需实施道德上正当的行动,故生命价值的核心位置决定了道德理由的独特性。此种对道德动机的说明是从生命价值过渡到道德价值、从可证成倾向过渡到道德理由,具体步骤如下:

(一)个体是具有生命价值的"合理生物",他与其他合理生物共同生活。

(二)既然共同地生活,他们都追求"相互承认"之价值,由此展现出可证成倾向。

(三)对生命价值的考虑(它被提炼为可证成理想和"相互承认"价值)构成道德理由的来源,这使道德理由具有重要性和优先性。

(四)道德理由激发了道德行动。

[①] Scanlon T. What We Owe to Each Other[M]. Cambridge: The Belknap Press of Harvard University Press, 1998:106.

[②] 弗罗伊弗.道德哲学十一讲:世界一流伦理学家说三大道德困惑[M].刘丹,译.北京:新华出版社,2014:188.

显然，可证成价值和相互承认价值是作为外在价值提供道德理由，这与斯坎伦的一般理由的外在主义特征是一致的。道德理由的形成与欲望无关，它无需与威廉姆斯式主观动机集合产生关联。即使个体欲望不指向生命价值，生命价值仍是道德理由的来源以及道德行动的关注点。帕菲特说："给我们提供行动理由的不是我们自身动机的事实，而是关于我们或他人福利的事实，或其他值得我们追求的他物或道德要求的事实。"① 就此而言，可证成理想和相互承认的价值都是值得追求的价值，此时道德理由不仅是作为规范理由约束个体活动，它同时也是引发个体道德活动的激发理由。第二章曾论及了外在主义者区分了理由的激发效力和规范效力，即规范理由不一定具有激发性，而在斯坎伦的理论中，道德理由同时展现出了规范和激发之效力，这印证了帕菲特的论断，"在外在主义理论中，任何理由的来源都是规范的，这些理论诉诸的不是关于我们真正的或相反的欲望之事实，而是关于何者值得追求或保护的事实"②。若理由源于对生命价值的重视，那么在它激发行动之前已展现出规范特征。

斯坎伦以友谊为例说明道德理由的特殊位置。惯常友谊关系的建立以共同兴趣爱好为基础，斯坎伦提供了另一种解读方式：友谊关系的背后有道德关系的支撑，即道德关系更为基础。具体如下：假如个体 B 由于患病需要换肾，他的朋友 A 偷取了他人的肾以帮助 B。若 B 不是 A 的朋友，A 可能也会偷取 B 的肾去帮助其他朋友，此友谊关系是偶然的关系，这只是出于 B "恰好"是 A 的朋友，故 A "铤而走险"。显然，这不是真正的友谊关系，且 A 的行为并不正当。③ 斯坎伦引入此例是为了说明友谊虽有共同兴趣的支撑，其深层仍是朋友双方的平等道德地位，即友谊关系的双方必须意识到道德价值（生命价值）的重要性。上述道德关系对友谊关系的支撑也可扩展至其他经验关系之中，道德关系的基础性体现了道德价值在价值序列中的基础性，对此目标、关系以及价值的考虑而持有的道德理由是重要且优先的。

---

① Parfit D. Reasons and Motivation[J]. Aristotelian Society, 1997, 71(1): 102.
② Parfit D. Reasons and Motivation[J]. Aristotelian Society, 1997, 71(1): 129.
③ Scanlon T. What We Owe to Each Other[M]. Cambridge: The Belknap Press of Harvard University Press, 1998: 164-165.

斯坎伦说:"我们同他人共处的理由依据于他们不能有理由地拒绝,他们同样被此理想所激发。"①若个体在共同生活中未意识到道德理由的重要性和优先性,这表明他未被"此理想所激发"。就此而言,重视道德理由即重视生命价值,道德(即道德理由)的重要性和优先性的问题亦属于"道德动机问题"。

总体上,可证成倾向主要存在于理论层面,现实生活中的个体不可能向所有人都表现出此倾向。基于道德理由的行动不是出于此种活动可以提升利益或实现特定的目标,而是出于"不如此行动"将对其共同生活以及人际关系产生重大影响,且此种影响远比利益的影响以及目标能否实现更为深刻。道德理由的优先位置对合理生物是普遍有效的,但他仅以友谊关系和对科学知识的追求以说明道德理由的特殊性,这遭受了学者们的质疑:上述案例仅仅是特定的情形,它们所得出的结论能否扩展至其他境况?沃伦思认为对优先性的分析已预设了相关的道德能力,此能力可以使"合理生物"确立道德理由的优先位置。② 在共同的生活之中包含了众多类别的关系,这些关系不一定以道德关系为基础,故沃伦思认为从"相互承认关系的价值"转变到"基于道德价值的相互承认"是成问题的,"相互承认"不仅是道德方面的,也可能包含其他方面的"相互承认",故道德理由的优先性不一定在任何情况下都是适用的。③

通过上文的论述可知,"相互承认的关系"、可证成倾向以及道德理由都体现了生命价值的重要性,三者以生命价值为核心构成了建立契约主义理论的连贯线索,此连贯线索是对道德动机完整且实质的说明。斯坎伦在建立契约主义理论时只简单论及道德理由源于某实质价值,这里通过对上述三个概念的理清由此确定了此实质价值为他人之生命价值,它们体现了生命价值是值得追求的且包含了实质的内容,这不是形而上的抽象价值。④

---

① Scanlon T. What We Owe to Each Other[M]. Cambridge: The Belknap Press of Harvard University Press,1998:154.
② Wallace J. Scanlon's contractualism[J]. Ethics,2002,112(3):444.
③ Wallace J. Scanlon's contractualism[J]. Ethics,2002,112(3):456.后文在非道德主义者部分会进一步分析斯坎伦对此问题的回应。
④ Scanlon T. What We Owe to Each Other[M]. Cambridge: The Belknap Press of Harvard University Press,1998:153.

三、"有理由地拒绝"

相互承认之关系和可证成倾向是关于个体道德动机的说明，不同个体为什么会就道德原则以及道德理由达成"一致同意"，斯坎伦主要是以"有理由地拒绝"说明其具体机制。拒绝过程确立了"一致同意"的道德理由和道德原则，即对原则和外在目标的考虑中以"有理由地拒绝"的方式筛选出道德理由和道德原则，此种拒绝是可证成倾向之表现。

在合理性章节部分曾论及斯坎伦契约主义诉诸的不是"合理性"，而是"有理由性"。同样，这里的拒绝过程不是"合理地拒绝"（rationally reject），而是"有理由地拒绝"（reasonably reject）。从"合理生物"到"有理由个体"包含了从"rational"到"reasonable"的转变，斯坎伦缘何在描述一般行动的理由形成时没有使用"reasonable creature"，而是使用了"rational creature"？然而，在"彼此义务"领域的分析中不再使用"rational creature"，转而使用与"reasonable"关联的系列术语？这里将回答此问题，其后论述"有理由地拒绝"之内容。

当主体考虑的对象是"他人"时，这表明分析已进入人际关系的"彼此义务"领域，主体对他人的考虑和回应同样表现出"过程的特征"，如维护与他人的关系、尊重他人生命价值等。此种维护和尊重"过程"显明了他人的生命价值，此时斯坎伦不再使用"合理生物"，而是使用"reasonable"的关联概念以描述人际的交往。斯坎伦说："我的契约主义理论是通过特殊的动机论断并诉诸有理由性而不是合理性，以便和其他类似理论区分开来。"[①] 推此而言，合理生物之"合理的"（rational）以及个体之"有理由的"（reasonable）特征是区分人类与其他对象的关键。"合理的"针对人类的理性和理由能力而言的，非人生物不具备此能力。"有理由的"则是对人类一般活动、私人活动以及人际"彼此义务"领域的区分，上述三个领域的特征是：

（一）在一般领域中，人类是"合理生物"，他可以作为"合理生物"而持有

---

① Scanlon T. What We Owe to Each Other[M]. Cambridge: The Belknap Press of Harvard University Press, 1998:191.

一般的理由。

（二）在私人领域中，个体可以基于工具合理性而追求特定目标。

（三）在人际"彼此义务"领域中，个体持有"有理由性"，他在对他人生命价值的考虑之上将持有道德理由。

这里，领域（一）包括了领域（二）和领域（三），即一般活动领域包括了私人活动领域和人际的彼此义务领域。领域（二）中的工具合理性是"目标—手段"的合理性，这关注的是实现特定目标所确立的手段。斯坎伦回溯当代契约理论时曾说："'做（最）合理的事情'通常都意味着'最为有利于实现能动者目标的事情'。"① 按照此种陈述，罗尔斯契约论中的"慎思合理性"（deliberative rationality）、高蒂耶和布坎南契约论中的"合理性最大化概念"（maximizing conception of rationality）都属此类别。进一步，结合上述三个领域的区分，"合理生物"之合理性既包括私人活动领域的工具合理性，亦包括人际彼此义务领域的有理由性。也就是说，进入"彼此义务"领域中时，合理生物之"合理性"是以"有理由性"而存在，而私人活动领域之工具合理性不能用于彼此义务领域的分析，这在一定程度上解释了斯坎伦为何在道德原则的论证中使用"有理由的"（reasonable）系列概念，如"有理由性"（reasonableness）、"有理由地拒绝"（reasonable reject），而不再使用"合理的"（rational）系列概念。就上述领域区分而言，"有理由性"较合理生物之合理性"更为狭窄"，但较手段—目标之工具合理性则"更为广泛"。

在达成"一致同意"的过程中，斯坎伦为什么选择"拒绝视角"，即为何使用"有理由地拒绝"，而不是"有理由接受"？斯坎伦认为"拒绝"比"接受"更有说服力。当某人拒绝一个道德原则表明此原则未被"所有人接受"。反之，如果所有人都不能"拒绝"则表明对此原则的"一致同意"。故斯坎伦所强调的"所有人不能有理由地拒绝"表明拒绝过程不能偏向某人或某群体，这不同于功利主义对"最多数人"以及罗尔斯对"最不利群体"的关注。简单地讲，接受某一原则不能说明它没有问题，更不能表明这是普遍原则。一旦

---

① Scanlon T. What We Owe to Each Other[M]. Cambridge: The Belknap Press of Harvard University Press, 1998: 191-192.

有人拒绝已表明原则是成问题的,故"接受"是对原则"单向度"的检验,"拒绝"则是"双向"的检验。

斯坎伦将"有理由地拒绝"的内容总结为"若在某情境下行为会被人们遵从的规范原则禁止,那么它是不正当的。此原则是在无胁迫和知情前提下同意的原则,且它是没有人有理由反对的原则"[①]。道德原则在一些人看来是正确的,而在另一群人看来则是错误的。"有理由地拒绝"不是"从无到有"地确立道德原则,而是对已有原则予以"检验"。此种拒绝过程结合了个体具体境况,个体持有的是"每个人代表其自身"(on their own behalf)的理由。斯坎伦区分了上层和下层的概念,"上层概念"是论述契约主义动机源头的概念,"下层概念"与"有理由个体"的直觉判断有关。在斯坎伦契约式的道德论证中,无论采取"向上"还是"向下"的思路,它们最终都是为了确定"没有人可以有理由地拒绝的道德原则"。而在罗尔斯契约论中,上层概念涉及"原初状态"情境的关联概念,此时"无知之幕"将个体所处境况进行"部分遮蔽",这也遮蔽了个体对相关原则的直觉判断;下层概念则是指个体对不同正义原则直觉判断的关联概念。斯坎伦对罗尔斯契约论的批评试图表明:其契约主义理论虽然主要诉诸上层概念以确立"有理由地拒绝的道德原则",但其论证过程并没有按照罗尔斯"原初状态"的方式而将直觉判断"屏蔽在"个体思考和行动之外。总体上,虽然斯坎伦的论证思路是"从上到下"的,但直觉判断这一基础仍旧存在,故斯坎伦说:"罗尔斯在论证正义原则的过程中,只是诉诸了上层概念,而忽视了下层直觉判断。"[②]

理由源于考虑,但此考虑不仅仅与福利有关,更重要的是对他人生命价值的考虑。斯坎伦将理由划分为个人理由、非个人理由以及人际理由。已知合理生物持有关于理由的相关能力,他对这三类理由都能够加以处理并有所回应,如赞赏一幅画作是对非个人理由之回应,此时对象不是合理生物,而是非人对象。上述回应不会对个人生活及其人际关系产生重大影响,

---

[①] Scanlon T. What We Owe to Each Other[M]. Cambridge: The Belknap Press of Harvard University Press, 1998: 153.
[②] Scanlon T. What We Owe to Each Other[M]. Cambridge: The Belknap Press of Harvard University Press, 1998: 245.

因为私人的兴趣爱好不会影响其共同生活,人们不会因为某个人不懂得欣赏画作、不懂歌剧或者不会打篮球而批评他。再如,同一个宠物可能为个体 A 所喜爱,但对个体 B 不一定如此。道德义务存在于合理生物之间,而不是存在于合理生物与其他物种之间。个人理由属于私人性的理由,如个体偏好或福利之上的理由并非为他人所关注,个体无需就自身偏好、性取向以及特殊嗜好向他人展现出证成倾向。在"有理由地拒绝"所体现的证成理想中,此证成的对象不是非人对象,也不是对个体自身的"自我证成",而是向其他合理生物的"证成"。就此而言,作为私人理由的个人理由不能够参与"有理由地拒绝"之中,即不能作为"有理由地拒绝"之基础。真正影响共同生活和人际关系的是人际理由,此种理由源于对他人生命价值的考虑。人际理由是"一般理由"(generic reason),它聚焦于个体的当下境况以及个体与他人的关系,故此一般理由不是对过去和未来境况予以考虑的理由,一般理由聚焦当下以及他人维度,此种开放特征使之成为参与"有理由地拒绝"的理由。

一个道德原则会对不同个体产生不同影响,如它可带来某种好处,也可带来某种负担,个体所受到的不同影响决定了人们将对此原则持有支持和反对的理由。具体而言,"有理由地拒绝"包括了如下阶段:

(一)给定一个原则,它是否正当以及是否为所有合理生物接受尚未确定。

(二)确定人们拒绝和接受此原则的各种理由。

(三)对上述不同类别的理由予以比较。

若拒绝的理由为人们带来的负担大于接受的理由,此原则将被拒绝,反之,则为正当的原则。在对原则的支持和反对理由中,包括了高蒂耶式的偏好理由、功利主义的福利理由以及生命价值之上的道德理由。此种拒绝过程需要反映出个体的可证成理想,此时道德理由的核心位置得以凸显。若将一般活动领域外在理由的形成过程用于说明"彼此义务领域"道德理由的形成过程,其阶段主要有:

(一)对道德态度 A 来讲,X"看起来"像是一个道德理由。

(二)对上一阶段的道德理由 X 进行判断,以决定是否有充足理由调整态度 A。

第四章 道德论证中的订约过程

(三)最终持有某种道德态度。

然而一般领域的实践推理不同于"彼此义务"的道德推理:前一情境下的个体可就不同对象和事实进行实践思考从而持有不同的行动理由,故人们对某"行动原则"不可能实现"一致同意"。后一种情境的个体则处于共同生活之中,他首要关注他人的生命价值,这是每个人"代表其自身"的绝对且客观的价值,人们基于对他人生命价值的关注而表现出"共同的证成倾向"。生命价值的重要性和优先性决定了在此之上的理由特殊性,这将使得个体都基于证成倾向而持有道德理由,且此理由同时具有规范和激发效力,这表现为有理由个体对他人生命价值的维护、回应和尊重,以对他人生命价值的尊重态度为例,其涉及的步骤有:

(一)对尊重他人生命价值的道德态度 A 来讲,X 是一个道德理由。

(二)X 体现了生命价值之重要性和优先性。在个体的理由系列中,X 是重要且优先的理由。

(三)X 决定了个体接受还是拒斥某道德原则。

(四)人们都处于共同生活之中,他们需重视他人生命价值,故人们会识别和持有道德理由 X,由此实现道德原则的"一致同意"。

(五)若某人未持有道德态度 A,他需要调整相关态度以保持 X 与 A 的一致。

(六)若个体不能持有道德理由 X 或未能有效调整其态度,这是对他人生命价值的不尊重和不重视,他将被共同生活中的其他人所"疏离"。

简言之,"有理由地拒绝"之"理由"为一般理由,这是建立在他人生命价值之上的道德一般理由,此道德理由同样展现出理由的外在特征,生命价值是作为他人的外在价值出现的。上面阐述了"有理由拒绝"之过程,这里将结合前面关于"reasonableness"的译法而对"有理由地拒绝"(reasonably reject)的关联概念进行译法上的总结。在一般活动领域中,个体基于"有理由性"之上的活动是道德中立的;在"彼此义务"领域中,"有理由地拒绝"(reasonably reject)之"有理由"并非道德中立,这是一种"道德有理由性"(moral reasonableness)。参与拒绝过程的是作为一般理由的道德理由,故斯坎伦强调"有理由地拒绝",而不是"合理地拒绝"(rationally reject)。

"reasonable""reasonableness"以及"reasonably reject"都具备"有理由"的特征,故将之分别译作"有理由的""有理由性"以及"有理由地拒绝"。表 4.1 总结了经典合理性理论中"rationality"与"reasonableness"关联概念的译法。

表 4.1　两组概念的译法

经典合理性理论	斯坎伦的契约主义理论
合理的(rational)	有理由的(reasonable)
合理性(rationality)	有理由性(reasonableness)
不合理的(irrational)	无理由的(unreasonable)
不合理性(irrationality)	无理由性(unreasonableness)
道德合理性(moral rationality)	道德有理由性(moral reasonableness)
合理地拒绝(rationally reject)	有理由地拒绝(reasonably reject)

"有理由地拒绝"的观念提出之后受到了学者们的质疑。[1] 例如,在拒绝某个道德原则时,虽然不同个体是在讨论"有相同名称"的同一个原则,但人们可能对此原则有不同理解,那么对"相同名称"的不同原则所进行的"有理由地拒绝"之检验是成问题的。斯坎伦对此质疑的回应是:即使人们对原则的理解有所不同,但这不能说明"根本原则"是不存在的,人们会以"有理由地拒绝"的方式检验它。当人们从"理由的视角"检验原则时已表明个体是在"同一维度上"讨论它。道德理由作为反映合理生物之生命价值的理由,它是拒绝的共同基础,正是此共同基础决定了个体是在同一维度上的"有理由地拒绝"。

人们对"可证成理想"的追求表现为按照"他人有理由地拒绝的原则"展开行动,若不然,所实施的非正当行动将导致"与他人的疏离"。概言之,相互承认和可证成理想作为道德动机的说明,有理由地拒绝则是前两者的表现。[2] 本节对相互承认、可证成理想和有理由地拒绝的论述可以看到三者

---

[1]　对此的质疑可参照:Timmons M. The Limits of Moral Contructivism[M]//On What We Owe to Each Other. Oxford: Blackwell,2004:90.

[2]　沃伦思也持有此观点,他认为"'有理由地拒绝'所展现的关系形式就是相互承认"。可参照:Wallace J. Scanlon's contractualism[J]. Ethics,2002,112(3):450.

围绕生命价值紧密关联在一起，它们共同构成了斯坎伦契约主义的核心内容。

四、建构主义者还是契约主义者？

实际上，斯坎伦所诉诸的契约"平台"与其外在理由论基础紧密关联，由于行动理由外在地被提供，他需以契约为"载体"将个体与他人"联结起来"，以此确定道德理由和道德原则。再次回顾，"有理由地拒绝"强调"在无胁迫和人们知情前提下同意的原则"，这说明个体是现实的个体，他知悉所处境况，而未被罗尔斯式的"无知之幕"所遮蔽，个体所处的真实情境不仅为其提供了道德原则，而且也提供了支持和反对此原则的相关信息。拒绝过程不是适用于某一情境中，而是适用于众多情境。斯坎伦虽继承了罗尔斯的"思想实验"，但他将个体置于无数情境之下分析，罗尔斯则仅将个体置于"无知之幕"这一个情境中。

斯坎伦曾试想过在"有理由地拒绝"之上扩展其道德契约主义，但他认为此种扩展并不可行，如对于可能的扩展理论——作为福利主义的契约主义，它是建立在不同个体的福利比较之上，罗尔斯在正义理论所涉及的契约论可以视作福利主义的契约主义。在罗尔斯的"原初状态"论证中，"连续人"最终就正义原则达成"一致同意"，最终建立了正义社会。正义社会中每个个体都可以追求"厚意义"的善物，并以此为目标制定相关生活计划，此时个体追求善物的活动仅属于私人领域的私人活动，它不会影响人际关系，如不会影响彼此的道德关系。若以道德方式分析个体追求基本善物的过程是有问题的：一方面，罗尔斯的理论旨趣不在于道德议题，而是正义原则的证成和正义社会的确立。另一方面，对斯坎伦而言，道德的正当性和非正当性，即他所关注的"人际彼此义务领域"不属于私人事务，它属于共同生活的人际关系，义务领域的道德分析不是纯粹私人领域的分析。虽然按照罗尔斯的"社会基本善"可能也相应存在"道德基本善"，但对道德正误之判断不仅涉及个体如何追求善物的分析。罗尔斯原初状态的理论情境不同于斯坎伦契约主义的道德情境，道德正当性的分析不是个人主义的封闭视角，而罗尔斯恰恰是在此封闭视角下推出正义原则，故上述扩展不可行。

斯坎伦的契约主义在很大程度上已经脱离了经典契约论的思路,他在考察经典契约论的起点时曾说:"看起来,任何令人感兴趣的契约主义都将必须以类似方式构成,即它必须从详细说明有理由地拒绝某原则(这是否根据福利概念或以其他方式提出)的可能根据开始,并用明确规定的方法确定这些根据的相对强度,从而得出有理由地拒绝的结论。"① 福利或偏好可能是拒绝基础,但基于生命价值的道德理由比福利理由、偏好理由更为重要且优先。斯坎伦的契约主义既未涉及初始谈判位置,也没有围绕具体对象"讨价还价"。自其契约主义提出以来,学界对它是建构主义理论还是契约主义理论始终存有争论。斯坎伦关注如何就已经给出的道德原则进行检验以及如何为道德动机提供说明,契约主义是否发挥作用? 有理由地拒绝的支持理由和反对理由是否可视作谈判过程? 显然,确立理由的过程不是经典契约论意义上围绕利益的谈判。如果不存在谈判且契约未起到真正作用,这是否表明斯坎伦是建构主义者?

契约主义和建构主义遵循不同的思路,前者要求订约各方共同参与以实现"一致同意",后者则以先在概念为基础建立原则。二者有所重叠,因为协议达成可能建立在"先在概念"之上,如奥尼尔认为很多理论既诉诸了先在理性的自我建构,又混合了理性的协议。② 康德主义既可为契约主义提供理论基础,又展现出理性自我立法的建构主义特征。在建构主义中,道德原则既不是谈判的结果,也不建立在任何经验因素之上。奥尼尔将斯坎伦视作建构主义者,其契约的形成不涉及具体个体的参与,而是抽象个体"独白式"建构。③ 然而,从关于有理由地拒绝过程的论述可知,斯坎伦契约主义把握了个体真实情境,此个体是具体的,他可以是任意一个合理生物。

斯坎伦说:"它(指其契约主义)不是奥尼尔意义上的契约主义,如果我

---

① Scanlon T. What We Owe to Each Other[M]. Cambridge: The Belknap Press of Harvard University Press,1998:237.
② O'Neill O. Constructivism vs. Contractualism[M]//On What We Owe to Each Other. Oxford: Blackwell,2004:19.
③ 可参照:O'Neill O. Constructivism vs. Contractualism[M]//On What We Owe to Each Other. Oxford: Blackwell, 2004:19. 马克·提姆斯(Mark Timmons)认为斯坎伦理论是"建构主义的契约主义"(constructivist constractualism),对此可参照:Timmons M. The Limits of Moral Contructivism [M]//On What We Owe to Each Other. Oxford: Blackwell,2004:90.

正确地理解其观点的话,因为我所提及关于理由的论断并未建立在任何偶然协议(contingent agreement)之上。既不是真实协议(agreement),也不是真实共识(consensus)在我所描述的道德中扮演根本角色。"①将斯坎伦式的协议视作真实协议或基于抽象协议的理论建构是一种误解,斯坎伦并未将理论建立在"真实同意"(actual agreement)之上,而是涉及假想同意的理想(ideal of hypothetical agreement)。对斯坎伦而言,若"真实同意"与偏好或利益关联,那么它不能满足道德普遍性的要求。"假想同意的理想"不同于罗尔斯式"无知之幕上的假想同意",后者的假想同意在现实中并不存在。斯坎伦虽将同意视作假想的,但它却真实存在,因为合理生物知悉自身和周边境况,它是基于对生命价值的重视而实现假想同意。根本上讲,斯坎伦并不关心其契约是具体的还是抽象的②,"有理由地拒绝"的检验不可能真正追问至每个合理生物,故它是假想的。若建构主义作为客观主义理论而具有反现实主义(anti-realist)特征,斯坎伦的契约主义并不反现实主义,协议目标("相互承认"和可证成理想)真实存在。斯坎伦所确定的原则不是"自我立法"式的,这是他人对个体提出的道德要求,因而斯坎伦采取契约主义方式实现自我与他人的关联,而不是以建构主义方式确立相关原则,因此斯坎伦不仅不是康德意义的建构主义者,他也不是广义建构主义者。

出现上述争论的另一个原因是:对协议和共识的混淆。协议(agreement)和共识(consensus)是不同的,协议必须通过谈判达成,订约双方需围绕某对象"讨价还价"并为订约者留下"谈判空间",但斯坎伦的分析并未提及谈判。实际上,"一致同意"的达成是共识的结果,而不是协议的结果。共识无需谈判,它建立在某共有基础之上,如共同的能力、目标等。③斯坎伦的理论既涉及共同的"有理由性"基础,也包含了共同的可证成倾向,它们体现了个体对他人生命价值同等的重视,因此合理生物无需围绕某

---

① Scanlon T. Replies[M]//On What We Owe to Each Other. Oxford: Blackwell, 2004:139.
② 在回应其理论是契约主义还是建构主义时,斯坎伦认为其理论中的契约属于何种类别,这是"无关紧要的"(carelessness)。对此可参照:Scanlon T. Replies[M]//On What We Owe to Each Other. Oxford: Blackwell, 2004:139.
③ agreement 是契约论的术语,它常被译作共识、同意、协议、协定以及一致同意等。consensus 同样有共识之意,它常出现在政治哲学中。agreement 侧重于谈判达成协议,consensus 并未特别强调谈判过程,它往往直接产生,即不同个体可直接达成某共识。

象谈判,对目标的共同追求不是"讨价还价"得出的,而是共识之结果,故其理论混合了共识主义,这是在契约主义框架之中的共识主义,即斯坎伦可视作"共识之上的契约主义者"。

第三节 一个整体评价

一、道德内在主义和道德外在主义

虽然高蒂耶和斯坎伦持有不同行动哲学基础,但是他们都诉诸契约理论进行道德论证。高蒂耶主要基于契约论论证个体追求自我利益的过程中道德约束的必要性,这是对私人领域道德约束的分析。斯坎伦以契约理论论证个体之间的道德义务,这涉及公共领域彼此义务的分析。前面论述了高蒂耶的内在理由论和斯坎伦的外在理由论,问题是:在道德维度上,高蒂耶和斯坎伦是否延续了一般行动的理由论基础?即高蒂耶是道德理由的内在主义者吗?斯坎伦是道德理由的外在主义者?本小节试图回答上述问题。①

一般行动上的行动理由论与道德层面的行动理由是两个不同主题,内在主义者不一定会建立道德理由的内在主义论,外在主义亦是如此,因为一般层面的内在行动理由不一定会激发道德行动,外在行动理由也不一定包含道德规范的内容,它只是包含一般的规范内容。伊斯特哈兹说:"属于道德实在论主题的规范概念是特定的道德概念,如责任、正误以及我们对他人之义务等。许多非道德理由,如享乐主义理由、审慎理由、礼仪和审美理由等,它们在规范实在论之内,却在道德实在论之外。"②规范实在论和道德规范实在论没有本质关联,内在主义和道德内在主义也属不同的研究主题。③

---

① 为了论述便利,一般行动层面的内在主义和外在主义简称为"内在主义"和"外在主义";道德领域理由的内在主义和外在主义简称为"道德内在主义"和"道德外在主义"。
② Esterhazy P. Reasons for Action[M]. LMU München: Fakultät für Philosophie, 2013:18.
③ 在伊斯特哈兹的论述中,他将外在主义理由论称作"规范实在论",并对内在主义进行了更详尽的划分,如心理主义、休谟主义等,无论关于理由论有何种称谓,都不影响此部分的论点,即一般行动领域的理由论与道德领域的理由论是不同的。

道德内在主义和道德外在主义的区分主要建立在对规范判断（合理约束）和道德判断（道德约束）的不同理解之上，这涉及道德要求和合理要求的区分。道德内在主义者认为道德要求和合理要求之间有内在关联，道德要求作为特殊的合理要求，可以内在地激发道德行动；道德外在主义者则强调合理要求与道德要求无上述内在关联，即使能动主体持有某合理性，并认同相关道德标准，但却不会被此"认同"之上的考虑及其理由所激发，即上述情境不会激发个体实施道德行动。伊斯特哈兹说："即使一个人没有丧失合理性，即使他认为做某事是道德正当的，它仍旧可能不持有此理由来实施相关行动。"[①]易言之，在道德外在主义者看来，"即使能够识别相关道德标准，但仍不采取相关行动"的情况是存在的，道德内在主义者则认为不存在上述情况。

现在转到对高蒂耶和斯坎伦的理论语境中，已知高蒂耶在一般行动理由上持有内在理由论，而在道德论证上并不认同道德约束是合理约束。相反，合理约束是道德中立的，其契约理论的任务是论证道德约束和合理约束存在重叠。如果说深思熟虑的偏好以及工具合理性为契约主体提出了工具合理的要求，此要求不包含道德内容，即这不是道德约束。简言之，在没有契约论道德论证前，高蒂耶属于道德外在主义者。而在道德论证后实现了合理约束是道德约束的证成，这是否说明高蒂耶是道德内在主义者？答案仍是否定的，此契约论证成仅表明个体接受道德约束是为了获取"合作盈余"，他"被迫地"接受道德约束，这不是道德内在主义意义上合理要求到道德要求的"内在关联"，故高蒂耶仍是道德外在主义者。

而对于斯坎伦的理论，他在一般行动上持有外在理由论，基于外在理由的"有理由性"的合理要求虽包含规范内容，但这与道德没有关联，即斯坎伦作为道德外在主义者出现。伊斯特哈兹阐述了斯坎伦的外在主义与契约主义之关系，他认为斯坎伦在行动理由论上是规范实在论者，但其契约主义理论不完全建立在规范实在论之上。伊斯特哈兹说："规范实在论主要是关于行动理由本质的论点，道德实在论并不包含任何我们刚才所讨论的关注某

---

① Esterhazy P. Reasons for Action[M]. LMU München: Fakultät für Philosophie, 2013:54.

个做某事理由的特定观点。给出一个例子,斯坎伦的行动理由论在此意义上是实在论的,但他同样提供了一个基于其他合理能动者有理由地拒绝的行动概念的契约主义分析。"① 按照此种分析,斯坎伦在以契约主义确定道德理由的特殊位置——即道德理由的重要且优先位置时,其契约主义与内在理由论之间有一定的"割裂"。伊斯特哈兹认为此割裂由其规范实在论视角所致,因为规范实在论者多聚焦于行动理由本质方面的研究,契约主义并不关注行动理由(包括道德理由)的本质。对斯坎伦而言,重要的不是道德理由的本质是什么,而是人们为什么持有道德理由以及为什么道德理由居于重要且优先的位置。高蒂耶契约论也有此"割裂"特征,高蒂耶继承休谟主义的内在理由论,他不是规范实在论者。在高蒂耶的道德论证中,他同样不关注个体持有何种道德理由而接受道德约束,其论证目标是以偏好理由对行动的激发为起点,以契约主体合理选择实现道德约束的"一致同意"。

简言之,高蒂耶和斯坎伦都认为理由的规范内容或合理要求是道德中立的,他们试图以契约论的方式证成某种道德规范,这印证了伊斯特哈兹的论断,"即使是道德外在主义者,他们也广泛地持有规范判断的内在主义者的论点"②。然而,上文的"割裂"现象仅部分存在,即只是在行动理由论中有此现象。若从契约论的整个建立过程来看,契约式的道德论证并未完全"抛弃"先前的行动理由论,它仍受到原有行动哲学基础的影响。例如,虽然高蒂耶不是道德内在主义者,但其理论的契约主体仍持有偏好理由,且被此种理由激发。进一步,契约主体仍以休谟主义工具推理方式工具性地追求偏好满足的最大化。在斯坎伦的理论中,虽然其契约主义理论未完全按照外在理由论的方式确定道德理由,但这仍保持了外在理由论的基本思路:在道德理由的确立过程中,契约主义完成了对道德理由激发效力的说明,但此种理由的确立仍旧离不开契约主体对他人生命价值的思考和回应,故斯坎伦既是外在主义者,也是道德外在主义者。

"割裂现象"——从行动理由论到契约式的道德论证的"割裂",由"合理要求"与道德要求的不同所致,它们对个体提出了不同的要求。在合理性理

---

①② Esterhazy P. Reasons for Action[M]. LMU München: Fakultät für Philosophie, 2013:18.

论部分曾引入布鲁姆"作为抽象实体的要求实体",他区分了四种不同的规范:合理的要求、惯例的要求、法律的要求和道德的要求。可以看到,合理要求虽不同于道德要求,但现实实践中的这些要求并非"泾渭分明",惯例要求可能是道德要求,"待人接物"的礼仪惯例可能包含对他人尊重的道德内容,法律要求也可能是道德要求。更为重要的是,合理要求也可能与道德要求有所重叠。上述四种规范仅是理论层面的区分,因此当某伦理学理论使用特定"抽象要求实体"描述现实个体的各种活动时,它"不得不"就各种要求予以划分,这导致从行动理由论到道德论证过渡的"割裂"。

虽然高蒂耶道德约束的论证目标以及斯坎伦关于"彼此义务"的论证目标均属于布鲁姆意义上的道德要求,但相较于现实生活中各种道德规范而言,两者涉及的要求仍过于狭隘,仅是在理论层面的道德论证,即高蒂耶私人层面的"自我道德约束"以及斯坎伦意义人际彼此道德义务都描述了现实道德生活的某一侧面。

二、对"为什么应是道德的?"的不同回答

通过对契约式的道德论证过程的阐述可知:道德契约论的关注点发生变化,它不再区分"自然状态"和"社会状态",而是直接以现实个体的道德生活为考察对象,此种转变也体现在当代伦理学的其他理论之中。哲学家重新关注的是现实的道德生活,而不再试图建立抽象的形式主义道德理论,而是围绕个体真实境况建立理论。正如梅谦立论述当代欧洲伦理学的发展时所言:"为了避免这种整体观所带来的弊端,现象学为主体性的概念进行辩护,主张要回归到主体的基本经验。"[①]这种"回归到主体的基本经验"不仅出现在现象学当中,它也体现在当代道德契约论之中。这两种理论关注现实中"活生生的个体",他们有不同的偏好、不同的价值诉求和不同的人际关系,他们既非功利主义式的孤立个体,也不是康德式"自我立法"的理性存在者,契约主体对自身和周边境况都是知情的。就行动理由而言,契约主体基于偏好的内在理由以及由考虑所提供的外在理由,两种视角都在一定程度

---

① 梅谦立.勒维纳斯和利科的伦理学的异同[J].现代哲学,2007(3):112-120.

上反映了"主体基本经验的回归"。

此种向现实世界的"回归"也受到了罗尔斯契约论的影响，在罗尔斯建立正义理论的过程中，他试图摆脱关于能动概念(conception of agent)的形而上考察，转而将人以"公民"概念予以讨论，进而考察公民之个体如何在基本社会结构中选择正义原则以及如何在正义社会中追求善物。故罗尔斯式订约主体有两种基本能力：一种是关于正义感的能力，另一种是追求善物的能力。虽然罗尔斯意义的个体概念可能预设"关于人之本质"的形而上主体，但此能动概念的形而上分析在正义理论中并不居于核心位置，如不包括笛卡尔、莱布尼兹、康德等"个体的形而上论点"中的物质主义和观念主义的争论。对罗尔斯而言，人为社会中的公民，公民身份已表明此个体是能动主体。简言之，罗尔斯作为当代契约论的复兴者，他在契约论的正义原则论证中虽然还会涉及对能动主体形而上的讨论，而在后来的道德契约理论中已完全不再关注此类形而上议题，如高蒂耶理论中参与市场活动的能动主体、斯坎伦契约主义中对外在对象考虑而持有外在理由的主体。

斯坎伦的外在理由论与契约主义之关系较容易理解，原则和义务为个体提出道德要求。为了使外在理由与个体产生关联，斯坎伦引入契约"平台"，即外在主义理由论与契约主义有天然联系。整体上讲，斯坎伦的契约主义道德论证采取了"先向外、后向内"的路径。"向外"是主体对外在对象的考虑，这主要涉及对他人生命价值这一外在对象的实践和道德推理；"向内"则是在推理以及持有道德理由的基础上对自身态度和行动的调整。这种"向内和向外"之间的调节使"有理由性"之上的道德论证有诸多优势：一是以对外在对象的实践思考避免了休谟式主观主义的任意性。斯坎伦式的个体实践思考以及行动不是完全"向内封闭"的，他人生命价值为个体提出了实质道德要求，故共同生活中的个体不能任意地实施活动。二是以有理由个体对他人生命价值的道德思考为基础，此思考为道德原则的一致同意提供了实质基础，这避免了康德伦理学的形式主义缺陷。斯坎伦的理论不是诉诸"实践理性主体的自我立法"，而是以个体和他人的互动实现的"立法"，这是从他人生命价值"回溯到自我的立法"。

高蒂耶作为内在理由论者为什么也诉诸契约？高蒂耶将契约作为双方

关于价值讨价还价的平台，斯坎伦则将之用于对道德动机的说明，故不同的行动理由基础决定了两者引入契约的不同目的，并决定了两种契约理论的不同建立思路，这具体表现在对"为什么应是道德的？"回答方面。自古希腊即已开始讨论此问题，在苏格拉底和格劳孔的争论中，格劳孔认为如果人们拥有"吉格斯指环"（ring of Gyges）的隐身能力，他们是不会接受道德约束的，而只会选择实施非道德行为，因此格劳孔断言人们不会主动接受道德约束。① 对格劳孔而言，道德仅是实现目标的工具，它具有工具价值而非内在价值。人们接受道德约束是为了获得某种好处，若非道德行为不会被他人发现，道德约束是无用的。

现实个体没有"吉格斯指环"，非道德行为也有被他人发现的风险。若非道德行为有暴露风险，道德约束是否必要？霍布斯主义者继承了格劳孔的思路，他们从道德行动能够带来好处出发论证道德约束的必要性。康德主义者则认为纯粹实践理性的绝对命令是个体需接受的道德约束，这与道德能否获得好处没有根本关联。对于"为什么应是道德的？"这一问题可划分为如下问题：特殊性问题，每个具体个体为什么需要道德；普遍性问题，为什么所有人要接受道德约束。②

高蒂耶从具体个体的偏好满足所进行的道德论证属于道德特殊性问题的分析，即某人接受道德约束是因为道德是实现效用最大化的手段，此后所引入的"阿基米德点"则是为了说明所有个体都将表现出道德约束的倾向，这是对道德普遍性问题的回答。可以看到，高蒂耶对"为什么应是道德的？"这一问题的回答有先后次序。不同于高蒂耶的论证思路，斯坎伦既不满意道德理性主义对道德特殊性问题的"无力说明"，也不满意道德情感主义在道德普遍性方面的缺陷，他将两个问题都纳入契约主义框架中，它既考虑了每个个体的生命价值，又作为一种假想契约试图为每个合理生物的道德行动提供说明。简言之，两者对"为什么应是道德的？"回答采取了不同的方式。徐向东认为道德要求的辩护是第一人称的，个体持有的理由也是内在

---

① 柏拉图. 理想国[M]. 张斌，郭竹斌，译. 北京：商务印书馆，1996：45.
② 道德约束特殊性问题也被称作"道德激发问题"或"道德动机问题"，道德约束普遍性问题也被称作"道德证成问题"。

的。然而,这与斯坎伦外在主义式的道德论证有所出入,斯坎伦式的道德理由由他人生命价值"外在"提供。徐向东则认为这虽源于外部要求,但仍需个体自身对道德要求的"反思认同(或者拒斥)",因此道德论证建立在内在理由之上。① 此论断是从休谟的内在理由论的角度提出的,这在一定程度上揭示了内在理由和外在理由在契约式的道德论证中的严重冲突。

高蒂耶意识到了偏好满足不是行动的唯一目标,他说:"我们评价与合作者之间的参与过程并不足够,而是为了我们自身利益评价它,我们不仅将合作视作克服无效性的手段。"② 如果合作"不仅"为了偏好满足,言外之意,还有其他目标,高蒂耶对此并未明确说明,或许他意识到其理论在目标确立方面的局限性。高蒂耶提出了一种"现代版本的霍布斯契约论",他以个体对自身效用让步的方式实现双方订约。高蒂耶并未简单承袭霍布斯主义,他在订约前提中引入了外部性、洛克条款等内容。在人际比较方面,高蒂耶看到了功利主义和罗尔斯正义论人际比较方式的问题,因而他不诉诸个体之间的直接比较,而是以"个体在自身之内的让步"以实现"一致同意"。斯坎伦没有延续经典契约论的基本思路,他以生命价值为基础引入了"相互承认关系的价值"和可证成理想,从而对道德动机进行了契约主义的说明,其后引入了"有理由地拒绝"用于检验道德原则。斯坎伦契约主义的独特建立过程使之面临契约主义和建构主义的争论,本章将之视作"共识之上的契约主义"。

---

① 徐向东. 道德哲学与实践理性[M]. 北京:商务印书馆,2006:60.
② Gauthier D. Morals by Agreement[M]. Oxford: Oxford University Press,1986:325.

第五章 非道德主义者的挑战

上一章集中于实现"一致同意"过程的分析，其后续仍旧面临非道德主义者的挑战，如非道德主义者可能在自利契约论意义上选择订约却不守约。同样，斯坎伦意义上的个体不一定能够确立道德理由或未能被道德理由激发，故本章将分析高蒂耶和斯坎伦应对非道德主义者的主要思路。高蒂耶以诉诸利益损失的惩罚方式约束个体，他引入了约束的最大化合理性和"半透明性"。当非道德主义者被识别出来时将丧失与他人合作的机会，因而不能获得合作盈余。斯坎伦则认为惩罚是无效的，他在区分部分和完全非道德主义者的基础之上以道德评价的方式应对非道德者。

第一节 高蒂耶的守约理论

一、经典契约论对非道德主义者的分析

古典契约论时期的霍布斯已意识到了订约与守约之间的割裂，他将订约但不守约的个体称为"愚人"（the foole），而他约束愚人的方式主要是政府强制。之后的休谟则将"愚人"称作"明智的无赖"（sensible knave），他在阐述正义观时分析了"明智的无赖"对社会带来的危害。"愚人"问题同样对当代的道德契约论构成了挑战，高蒂耶的搭公车者和寄生者以及斯坎伦的道德不敏感者本质上都是愚人。

在霍布斯主义中，工具理性的"独占本性"决定了个体在满足自身偏好时是没有限制的，任何不能最大化满足其偏好的契约都是不合理的。虽然

他们已经订立了契约，但出于利益的诱惑同样会"出尔反尔"。相较于霍布斯主义的强制措施，康德主义的契约论并没有诉诸某种外在强制，因为纯粹实践理性要求人们不仅订约，也要遵守契约。也就是说，当理性存在者参与订约时已经表明他是一个守约者，即康德式契约论无需提供相关的守约理论，"愚人问题"未对康德主义构成挑战。而在霍布斯主义者看来，康德式的绝对命令在真实境况中不会对"愚人"产生约束效力。

学界对"愚人"、"明智的无赖"、非道德主义者以及道德不敏感者并没有统一的定义。戴博拉·戴波瑞恩（Debra DeBruin）曾将非道德主义分为工具主义和非工具主义，前者的特点是"主体实施行为的唯一理由是它能促进某种主观和相对的价值"[①]。由于在高蒂耶理论中，行动目的是促进深思熟虑偏好的主观价值，因此戴波瑞恩将高蒂耶理论的非道德主义者视作工具主义者。非工具主义则要求"某主体有理由实施行为，即使它不能满足主体偏好"[②]，此时行动不指向欲望的满足或主观价值的推进，斯坎伦对非道德者的讨论是非工具主义的，因为斯坎伦对行动的分析建立在外在价值之上。虽然高蒂耶和斯坎伦对非道德主义采取不同的分析思路，但为统一起见，本章将高蒂耶理论中的"愚人"以及斯坎伦理论中的"道德不敏感者"统称为"非道德主义者"（amoralist）。[③]

二、半透明性和约束的最大化合理性

已知霍布斯直接利用政治强制（国王或最高主权者的强权）使"愚人"行为前后一致，但是政府强制并不是一种有效措施，它不仅存在腐败问题，而且强制过程也会产生成本。高蒂耶对此方式的评价是"对愚人引起问题的政治解答，而非道德解答"[④]。如果对非道德主义者的约束包括外在的制度约束和内在的自我约束，那么高蒂耶试图提供的是内在的道德约束，即不依

---

① DeBruin D. Can One Justify Morality to Fooles? [J]. Canadian Journal of Philosophy,1995,25(1):6.
② DeBruin D. Can One Justify Morality to Fooles? [J]. Canadian Journal of Philosophy,1995,25(1):7.
③ 亦称为"非道德者"。
④ Gauthier D. Morals by Agreement[M]. Oxford:Oxford University Press,1986:163.

靠外在强制同样可以使非道德主义者守约。非道德主义者的行为不一致根本上是由订约和守约环境的不同导致的，正是订约后的合作盈余的出现使非道德主义者不再守约。在高蒂耶看来，虽然在订约和守约之中，个体都是为了追求最大化的期望效用，但是其表现出不同的倾向，在此他引入了约束的最大化理性说明此倾向。如果订约之后的工具理性者都仍以效用最大化为目标，这将导致其违约，若能对工具理性者"预先协调"而使其遵守契约，也进而可使人们在合作中"尽可能地实现"最大化的期望效用，此为高蒂耶引入约束的最大化理性的根本目的。

约束的最大化理性（简称为约束理性）是相较于直接最大化理性（简称为直接理性）来讲的，两种理性虽然都以最大化效用为目标，但二者是有区别的。约束理性不仅仅关注当下的期望效用，它还考虑长远的期望效用。为了在更为长远的视野内获得最大化的期望效用，个体表现出了某种约束倾向。相反，直接的最大化理性则是对短期效用的计算，更精确地讲，它是对每次订约的效用计算，故约束倾向保证了后续合作。既然约束理性是基于长远效用约束个体行动，那么约束最大化理性的个体（constrained maximizers）在与他人合作时将处于劣势，因为直接最大化理性的个体（straightforward maximizers）可能会违约，使约束者遭受利益的损失。[①]

从上述分析可以看到，无论是订约阶段的"直接最大化的合理性"，还是守约阶段的"约束最大化的合理性"，它们都表现出最大化的特征，工具合理性支撑了高蒂耶契约论的整个建立过程。深思熟虑的偏好与当下有关，故订约阶段的"直接最大化的合理性"不是慎思合理性，守约阶段的"约束最大化合理性"也不包含审慎的内容，此合理性建立在市场主体交往的期望效用考量之上，这仍旧是对当下合作过程的"算计"。当双方都持有"约束合理性"时，双方的合作将获得更多的期望效用，因此不会出现违约的情况，此时契约主体对未来的考虑仍反映在当下合作之中。因此，最大化合理性在高

---

① 后文将"约束最大化理性的个体"简称为"约束者"或"约束个体"，而将"直接最大化理性的个体"简称为"直接者"或"直接个体"。

蒂耶的订约理论和守约理论中持续发挥影响。

为了识别对方是约束者还是直接者,高蒂耶进一步引入了"半透明"的概念用于识别他人品格倾向,其最终目的是使个体接受约束理性的指导以不影响个体之间的合作。也就是说,半透明性是用于"辅助"约束理性活动的。现实个体可能由于不了解对方境况而选择与非道德者合作,但在了解了对方倾向之后,上述合作将不可能出现。"透明性"的作用是为了排除"伪装"和"欺骗"的可能性,非道德者将无法隐藏其身份和真正的意图。高蒂耶将能够完全识别他人品格倾向的特征称为"透明性"(transparency),他说:"若所有人都是透明的,这将使约束最大化的理性优于直接最大化的理性。"①故合理性的约束特征和直接特征之区分建立在不同程度的透明性之上。作为"强前提"的"透明性"在现实中并不存在,经验个体不可能完全识别对方状况,故高蒂耶在"透明"和"不透明"(opaque)之间引入了"半透明",此"半透明性"是基于多次合作和交往而形成的,其形成过程是一种"猜测工作"(guess work)。②"半透明性"之上对合作对方的识别使"直接个体"逐渐被排除在市场交往之外,市场中出现越来越多的"约束者",因此约束者获得更多的市场合作机会,直接者则逐步丧失各类合作机会。

在约束理性和半透明性之上,高蒂耶区分了广义和狭义守约者,他们表现出不同程度的约束倾向。高蒂耶说:"我们应该区分以下两者:接受公平和优化合作的守约,以及为了互利而接受不公平合作的守约。"③这是对两种订约者获取利益不同方式的描述,"接受公平和优化的合作"为狭义守约者之特征;广义守约者则"接受不公平合作",此种合作并不稳定。狭义和广义守约具有不同特征的根本原因是洛克条款,此条款是契约式的道德论证整个过程的基本前提,它不仅在订约之前发挥作用,而且也影响了订约过程。狭义守约者接受洛克条款的约束,订约双方不仅有"平等的合理性"(equal rationality),且双方能够"平等地抱怨"(equally complaint),故双方可以按照接近的方式对另一方施加影响以约束自身行动,因而他们对合作

---

①② Gauthier D. Morals by Agreement[M]. Oxford: Oxford University Press,1986:174.
③ Gauthier D. Morals by Agreement[M]. Oxford: Oxford University Press,1986:230.

盈余有平等的诉求。[①] 广义守约者则不受洛克条款之限制,他们对合作盈余持有不同的要求,故他们会"接受不公平的合作"。

总体上讲,高蒂耶的守约理论存在三类群体:非道德者、广义守约者和狭义守约者,三者有所重叠。首先,非道德者可能是广义守约者,因为非道德者将可能接受不公平的合作。其次,广义守约者包含了狭义守约者,此"广义"之含义为,它包括了非道德者和狭义守约者。最后,非道德者必定不是狭义守约者,因为狭义守约者要求盈余的公平分配,他只选择与具有同样约束倾向的个体合作,而不会选择与非道德者合作。也就是说,狭义守约者只与狭义守约者展开合作。虽然狭义守约者与非道德者在市场竞争中处于劣势,但这仅是短期结果。随着合作的深入以及市场的完善,狭义守约者最终占据市场的主导位置。为了更好地理解上述情形,现引入如下指标,p 代表双方均为约束者时成功合作的概率,q 代表约束者与直接者相遇且满足如下要求的发生概率:(一)约束者被识别到。(二)直接者未被识别到。(三)约束者被直接者所利用。r 为群体中约束者之比例,此时的透明度为 p/q。随着合作的进行,r 将越来越大直至最终接近"1"。与此同时,p 变大且 q 减小,即透明度(p/q)逐渐增加,此时市场变得愈加透明。随着约束者数量的增多,"半透明"将转为"完全透明"。

可以看到,约束理性和半透明性是推出狭义守约者的关键所在,这两个概念使得守约得以实现,故它们是高蒂耶从合理约束到道德约束得以成功论证的关键所在。此时,狭义守约者是"道德者",正是在守约阶段实现了"经济人"到"道德人"的变化。在此之前的市场是道德无涉的,个体亦是道德中立的,个体仅追求自我利益的最大化。在引入上述概念之后,契约主体表现出约束倾向,故约束理性和半透明性是高蒂耶的独特贡献,此时守约不再诉诸霍布斯式的"绝对主权"即可实现。

个体的约束倾向使其获得更多合作机会,这在现实中是"违反直觉的",因为如果基于直接理性之上的市场活动可获得更多的期望效用,个体为什么要接受约束或者表现出约束倾向,这违背了个体的直觉判断。就此而言,

---

[①] Gauthier D. Morals by Agreement[M]. Oxford: Oxford University Press, 1986: 227.

上述意义的道德约束是对利益的一种理性约束。若反过来追问的话：利益约束是道德约束吗？至少高蒂耶式的契约主体会认同此论点。然而，上述论点并不全面，它只把握了道德的约束特征，而未能把握道德的普遍和内在的特征，因此自约束理性和"半透明性"提出以来受到了诸多质疑，批评者认为高蒂耶的守约分析并未真正改变非道德者，它仅将这类群体排除在合作之外。直接者只是为了不丧失合作机会而隐藏了直接最大化的倾向，即直接者的约束倾向是"被迫伪装出来的"，杰弗瑞·赛尔麦考德（Geoffrey Sayre-Mccord）注意到了非道德者在约束方面有程度的区别。① 就此而言，如果非道德者把握了伪装的精确限度而不被他人识别时，高蒂耶的守约方式是无效的。此外，约束倾向的来源也是成问题的，此倾向被高蒂耶视作理性选择之结果，希斯则认为这是源于社会习俗的约束倾向。② 按照希斯的观点，非道德者不遵守契约不是理性的失误而是道德教育的失败，即在个体的成长过程中，社会中的习俗惯例以及道德准则未能成功地内化到理性之中，因此合理性方面的缺陷本质上是教育的缺陷。

不仅如此，高蒂耶认为"市场个体的合作是有条件的"，此种描述也饱受争议，约翰·麦斯利（John Messerly）认为对"有条件"的市场描述并不完整。在高蒂耶的理论中，约束者之间的合作以及约束者与直接者的合作都是有条件的，这是通过各种前提（如洛克条款以及守约阶段的约束倾向和半透明性）而被保证的合作。在麦斯利看来，合作也有可能是无条件的，如个体可能受社会准则或宗教信仰的影响而无条件地选择与某人合作，高蒂耶的守约理论并未论述此种情形，因而是不完备的。③ 实际上，结合高蒂耶契约式的道德证成目标来看，麦斯利的上述批评并不恰当，因为高蒂耶关注的并非现实中所有个体，而仅仅是参与市场交往的个体，此市场个体尚未被社会习俗或者某种宗教信仰所影响，此时个体处于"道德无涉区"之中而只是

---

① McCord G. Deception and Reasons to Be Moral[M]//Essays on David Gauthier's Morals by Agreement. Cambridge: Cambridge University Press, 1991:185.
② Heath J. The Transcendental Necessity of Morality[J]. Philosophy and Phenomenological Research, 2003,67(2):378-395.
③ Messerly J. The Omission of Unconditional Cooperators: A Critique of Gauthier's Argument for Constrained Maximization[J]. Philosophical Studies: An International Journal for Philosophy in the Analytic Tradition,1992,67(1):21.

关注自我效用的最大化。

除了对约束理性的批评之外,半透明性也是成问题的概念。克莱斯特·福瑞德(Celeste Friend)认为半透明性并非守约的前提,它是社会交往的结果,即个体的多次交往使个体变得"半透明化"。①福瑞德与高蒂耶对半透明性与交往之关系持有完全不同的理解,虽然他们都认为半透明性是建立在多次交往之上,但福瑞德将之视作"交往之结果",高蒂耶则将之视作"交往之前提"。此种对半透明性的质疑根本上是对高蒂耶契约式的证成整体思路的质疑,即道德无涉区是否真正地存在?高蒂耶试图在订约和守约活动实施之前"完全剔除"道德要素,但是若传统和习俗已经"内化至"个体判断中,半透明性也将"渗入"道德内容,那么高蒂耶契约式的道德论证思路是存在缺陷的。福瑞德的上述质疑是合理的,因为当高蒂耶将半透明性视作"猜测工作"时,这已表明他对此概念的"犹豫不定"。易言之,高蒂耶在未清晰界定半透明性的基础上,即已经将之作为基本前提,这并不可行。

面对学者们对守约理论的激烈批评,高蒂耶后期试图修正其契约理论,吉杰斯·唐斯莱尔(Gijs Donselaar)将此修正过程描述为:"大体上讲,近些年来高蒂耶的关注点一直在改变,他从'协议一致道德'中'有条件合作倾向'的初始概念转到理性(策略)的意向研究,再转到慎思实践模式的研究。"②对于高蒂耶完善守约理论的相关思路,后文将在"限度"和"向度"部分予以详细阐述。

第二节 斯坎伦式的"道德评价"

斯坎伦以理由入手阐述应对非道德者的方案,若非道德者实施了道德上非正当的行动,这是否由其未识别到道德理由或未被道德理由激发所致?斯坎伦基于理由论和契约主义结构如何应对非道德主义者的挑战?本节试

---

① Friend C. Trust and the Presumption of Translucency[J]. Social Theory and Practice,2001,27(1):2.
② Donselaar G. Sticks or Carrots? The Emergence of Self-ownership[J]. Ethics,2013,123(4):700-716.

图回答这些问题。

斯坎伦将非道德者定义为:"能够理解道德正误之间的区别,却看不到它们,甚至可能是否认他们有理由关注道德正误。"①非道德者虽然可以区分何为道德正确以及道德错误的行动,但在真正行动中不能识别它们。易言之,他们对道德理由的认知出现了问题,如对生命价值的认知存有缺陷而不能实施道德正当的行动。斯坎伦亦将非道德者称为"不受影响的个体"(disaffected people)。基于生命价值、"相互承认之关系"和道德理由的逻辑关系可知,"不受影响"是指没有受到对他人的生命价值重视的影响或者并未对他人生命价值进行正确的考虑,这是否表明他没有表现出可证成倾向?一个可能的解释是:非道德主义者过度聚焦于现实利益,而忽视了他人的生命价值,如极度自私的人过度看重金钱,他在"不择手段"地获取金钱时不重视他人生命价值。

在斯坎伦看来,作为共同生活中的一员,每个人都参与其中。非道德者仍在某种程度上重视他人生命价值,因此"完全忽视道德理由的个体"在现实中并不存在,只存在部分的非道德者。吉拉德·德沃金(Gerald Dworkin)持有与上述观点有所区别的论点,他认为非道德主义者有可证成倾向,他也遵循"有理由地拒绝"的相关程序。不同的是非道德主义者仅将斯坎伦的契约主义用于一个极为狭窄的范围之内,如朋友、亲戚(a much narrower range of persons, i. e. their friends and relatives)。②也就是说,非道德者的可证成倾向不是针对共同生活中的所有合理生物,而是集中于狭窄的人际交往范围中。斯坎伦的论点与德沃金的论点的不同之处在于:可证成倾向是由于没有正确地认识到生命价值,而部分表现出不同程度的证成倾向,还是只向部分人表现出此倾向。这两种论点并不冲突,因为斯坎伦

---

① 此段论述的英文原文为:Who can understand the difference between right and wrong but do not see, and perhaps even deny, that it is anything they have reason to care about. 对此可参照:Scanlon T. What We Owe to Each Other[M]. Cambridge: The Belknap Press of Harvard University Press, 1998: 158.

② 如果非道德主义者接受道德理由的优先位置,但只将其用于更为狭窄的范围中,德沃金则认为非道德主义者并不是"真正不道德的"。也就是说,"非道德主义者"这一术语并不贴切,"不受影响的个体"则更好地把握了此类个体的特征。可参照:Dworkin G. Contractualism and the Normativity of Principles[J]. Ethics, 2002, 112(3):478.

的论点仅是提及他不能正确地认识他人的生命价值,他可能向所有合理生物都不展现此种倾向,也可能不正确地表现可证成倾向,在后一种可能中包含了德沃金的论点。

如果非道德者可以在"狭窄范围"内有证成倾向,为什么不能向"范围之外"的合理生物表现出此倾向? 由于合理生物的理由判断是普遍的,它不是仅集中于某具体个体。如果合理生物可认识道德理由,那么证成倾向将不存在范围上的区别。易言之,只要可证成性存在,个体会向所有人表现出此倾向,问题出在何处? 这是否是德沃金对斯坎伦的误解? 现实个体处于不同的人际关系中,它可以是面向少数个体的夫妻关系和朋友关系,也可以是面向某个群体或共同生活的所有人,那么造成非道德者只在狭窄范围内证成的原因——可能是成长过程中对他人生命价值缺乏全面认识,也可能是过度关注具体利益或其他目标而忽视了合理生物生命价值的重要性。就此而言,德沃金的非道德主义者实际上是上文论及的部分道德主义者,这里对现实个体作出如下区分:

(一)道德者,这是斯坎伦契约主义关注的对象。道德者是共同生活中的合理生物,他们展现出可证成的倾向。

(二)完全非道德主义者,他不关注共同生活中其他合理生物的生命价值,因而不能认识到道德理由的重要性和优先性,也不能被道德理由激发而实施道德行动。

(三)部分非道德主义者(也可称之为部分的道德者),他们作为合理生物虽然对一般行动理由是敏感的,但他在道德理由的识别方面有所缺失,如他只能向部分群体展现出可证成的倾向。

上述斯坎伦对部分非道德主义者的分析,也可以在其他的外在主义者中找到类似观点,如芬莱在批评威廉姆斯的内在主义时认为,不关注道德的人同样可以拥有道德理由,但道德理由却不会影响他们,也就是说,他们没有被道德理由激发从而实施道德行动。[①] 与芬莱不同的是:斯坎伦从生命价值的重要性这一角度阐述个体对道德理由的识别,并且对非道德者提供

---

① Finlay S. The Reasons That Matter[J]. Australasian Journal of Philosophy,2006,84(1):1-20.

了更为细致的划分；芬莱则将道德理由与道德行动之间的联系割断，从而否定了道德理由对行动的激发效力，这与他坚持的外在主义论点是一致的，因为在第二章中曾论述芬莱坚持认为一个外在理由可不具有激发效力。

凯·尼尔森（Kai Nielsen）在论述罗尔斯的非道德主义者问题时，他认为非道德主义者在合理性方面有所缺失。[①] 在斯坎伦的理论中，非道德者不是"合理性的缺失"，而是有理由性的个体对道德理由的缺失。非道德者在面对众多理由时没有正确地理解道德理由，他们没有看到"此种错误的严重性"（the seriousness of such a failure）。[②] 个体不能合理地回应非道德理由（如个人理由和非个人理由）时不会对共同生活产生重大影响，如前文所列举的宠物狗例子。"道德理由的缺失"则不同，如果人们没有正确认识此种理由的话，这说明个体未能承担"彼此的义务"，这是对他人生命价值的漠视。此种影响被斯坎伦总结为"人们对我的态度"（the person's attitude toward us）[③]，这是一种负面的反对态度，此态度不单是某一人持有，而是所有参与共同生活的合理生物所持有的。这里，斯坎伦诉诸道德评价方式以改变非道德者，以实现其正确认识道德理由的目的。或许非道德者根本不关注"所有人的反对态度"，而"依然如故"地实施道德错误的行为，但"所有人"的道德批评会对非道德主义者施加影响。道德评价不同于其他评价，如对外貌的评价与道德理由无关，也不会激发个体实施道德行动。道德评价的重点在于改善个体对道德理由的判断敏感态度以及修正后续的道德活动，使之重新向其他合理生物表现出可证成的倾向。

徐向东在论述休谟主义的非道德者时曾说："在我看来，更有可能的是，非道德主义者没有被他对道德考虑的认识所打动，主要是因为那些考虑对他来说并不真正地具有产生理由的力量。即使对于流行的道德价值他无动于衷，那并不意味着他会否认或者拒斥所有类型的价值。"[④] 此种对外在主

---

① Nielsen K. Rawls and Classist Mmoralism[J]. Mind,1977,86(34):19-30.
② Scanlon T. What We Owe to Each Other[M]. Cambridge: The Belknap Press of Harvard University Press,1998:158.
③ Scanlon T. What We Owe to Each Other[M]. Cambridge: The Belknap Press of Harvard University Press,1998:159.
④ 徐向东.道德哲学与实践理性[M].北京:商务印书馆,2006:239.

义者的指责，也可以用于斯坎伦的道德评价的分析中，即对生命价值的道德考虑不能激发道德行动，因此道德评价是否有效是成问题的。此外，斯坎伦的部分非道德主义者与休谟意义上的"明智无赖"具有相似之处。休谟认为，"明智的无赖"看不到正义社会的长远利益，他们是短视者。此"长远利益"不仅包括偏好满足或福利提升，它还包括内心宁静。即使"明智无赖"的偏好被满足，但内心未获得宁静，他获得的亦非"真正利益"。

进一步，休谟将非道德者视作"人格缺失的"，他认为完整人格的个体一定关注社会生活，因此人格的缺失会将"明智无赖"逐出社会生活。斯坎伦则将非道德者置于共同生活之中讨论，人们可以通过评价甚至批评等道德教育的方式使部分非道德者重新认识道德理由，并将之转变为"道德人"。而对于完全的非道德者，如果他们真的存在，任何评价或批评等道德教育方式都将无能为力，唯一的办法只能是将之排除在共同生活之外。除了徐向东的批评之外，沃伦思也对道德评价提出了质疑，如果一个人不能"理性地控制自身行为时，对其道德评价是无效的，此时也不可以对行为者道德责备"[①]。沃伦思和斯坎伦争论的焦点是作为道德评价的责备能否针对"不能理性控制自身行为的个体"，在斯坎伦看来，即使个体是理性缺失的，也可以对其道德评价。

第三节 两种应对方式的比较

一、理由论视角下的比较

前文在论述高蒂耶和斯坎伦契约式的道德论证时曾将两者视作道德外在主义者，那么道德内在主义和道德内在主义应对非道德者是否有所不同？

伊斯特哈兹说："能动者是否能够完全不被一个'被认可的道德善'所触动，内在主义者的回应可能是：我们有理由否认一个未被激发的能动者真正地作出道德判断。一个能动者可能仅仅是在引号意义上使用道德表述。相

---

① Wallace J. Scanlon's Contractualism[J]. Ethics, 2002, 112(3): 429-470.

反,外在主义者可以回应:如果我们可以想象一个不被激发的人,他真诚地认为行动是正确的,这类个体在概念上是可能的。"[1]可以看到,内在主义者认为非道德者是"言行不一"的,非道德者不认同某个道德标准时,他不能真正地作出道德判断。而"假装的引号意义上看似正确的行动"对内在主义者而言,此行动并不建立在真正的道德判断之上,此道德判断也不能激发个体后续实施道德行动。换言之,内在主义意义上的道德判断能够内在激发个体实施道德行动。外在主义者则认为只要非道德者宣称了所实施行动的道德正当性,无论他是否认同某种道德标准或是否对此作出道德判断并不重要,故外在主义者认为从道德判断到道德行动的"断裂"在概念上是可能的,且此"断裂现象"也有可能外显到现实活动中。现实中大量案例表明外在主义者的描述符合现实,个体即使在没有认识到某特定的道德标准时,他仍有可能基于其他考虑实施道德正确的行动,如高蒂耶意义上基于自我利益的考虑而接受道德约束,并以此实施相关活动。

可以看到,外在主义者并不如内在主义者那般重视道德判断和道德行动的内在关联,他们更关注理由的道德规范内容,这一点在斯坎伦确立道德理由时表现得尤为明显:道德理由的规范内容是建立在他人生命价值的客观事实和对其回应的过程之上,因此斯坎伦选择以契约主义框架说明道德动机,而不是在理由论框架中阐述道德动机。道德动机是基于"契约主义的一致同意"而被激发,这不是道德判断内在激发,斯坎伦无需诉诸休谟式的主观要素阐述激发道德行动之过程。同样,高蒂耶作为道德外在主义者,他不认同道德判断对道德行动的内在激发过程,他转而以契约式的道德论证确立道德约束,这不是基于道德判断的内在激发。从这个角度上讲,高蒂耶认同伊斯特哈兹意义上的"断裂现象"在概念上存在的可能性。

二、道德外在主义视角下的比较

如果高蒂耶和斯坎伦都是从道德外在主义视角分析非道德者,那么在道德外在主义视角下,两种应对方案何者更为占优?特别是,在斯坎伦阐述

---

[1] Esterhazy P. Reasons for Action[M]. LMU München: Fakultät für Philosophie, 2013:53.

道德评价之前已经就惩罚方式提出批评,他认为这不是有效的约束方式,何者的方案更为有效?

在斯坎伦的理论中,作为合理生物的个体会在他人的责备和反对态度中重新认识道德理由,进而调整其判断敏感态度并实施相关道德行动。对斯坎伦而言,非道德者虽然持有有理由性,这并不意味着他们以道德理由实施道德行动。有理由的个体只能识别一般行动理由,他们在道德理由方面可能是有缺陷的。更进一步,斯坎伦认为即使道德评价会为个体带来愧疚感或其他方面的损失,这些损失并不根本,它作为惩罚仅仅是偶然的附属结果。反观高蒂耶的守约理论,只要非道德行为影响了合作以及盈余之分配,惩罚作为一种预设机制就会运行,高蒂耶的守约理论根本上是一种惩罚模式,此惩罚不是霍布斯式的政治惩罚,它是契约论推导出的经济约束,即这是个体理性选择之结果。高蒂耶引入"半透明性"和"约束的最大化理性"的根本目的是说明道德要求是一种合理要求。现实存在大量的守约者和非道德者,守约者不仅在识别非道德者时耗费精力,还要承担毁约风险。狭义守约者只会在最初阶段付出代价,一旦非道德者被逐渐识别出来并被排除在合作之外,后续的合作成本将降至最低。订约阶段的所有选择和判断都符合工具合理性,它们与道德无关。只是到了守约阶段才与道德产生关联,守约的约束倾向具有道德特征,因此订约和守约都是理性选择的结果。对斯坎伦而言,接受道德约束以及实施道德活动不是理性选择的结果,它与工具合理性的要求没有本质关联,道德行动建立在合理生物对他人生命价值的重视之上。斯坎伦的契约主义没有订约和守约之分,对生命价值的重视始终贯穿于契约主义的整个分析之中。对斯坎伦而言,合理生物无需在识别非道德者方面付出成本,斯坎伦契约式的道德论证不涉及双方是否合作、是否违约以及是否互惠之类的分析。

对斯坎伦而言,惩罚模式(无论是经济损失、法律惩罚或政治强制等)不被允许,他讨论的是外在惩罚,而不是道德的自主约束。相较而言,高蒂耶的约束不依靠外力强制而得以实现,此为合理选择之结果。问题是:高蒂耶认为个体为了追求利益目标而实施道德行动,此种道德论证抓住了道德之本质;斯坎伦则认为上述论证仅仅是"强制的自主","抓住道德本质"为假象。从字面意思上讲,"强制自主"是矛盾的说法,个体既然自主就不会被外在要素强制。反之亦是如此,如果强制使他人接受道德约束,何谈自主约束?可以看到,斯坎伦并不认同高蒂耶式的道德论证把握了道德之本质。斯坎伦试图表明道德义务的承担是无条件的,它不能以惩罚为基础,无论是内在利益损失还是外在威胁,因为对他人生命价值的重视不是利益的损失"可替代的",上述分析反映了两者对道德完全不同的理解。

撇开两种应对方式在理论上的争议不谈,在现实实践中何种应对方案更为占优?相较于斯坎伦的道德评价方式,惩罚作为外显的约束往往更为有效。斯坎伦诉诸道德评价的方式以使非道德者重新认识道德理由的特殊位置,无论此种重新认识的最终结果如何,其目的是实现非道德者重视他人生命价值以及将道德理由置于重要且优先的位置,此方式本质上仍是外在主义的思路,至于它能否从根本上改变非道德者的思考方式和行动模式,内在主义者对此持有疑虑。威廉姆斯评价外在主义意义的道德责备时曾说:"外在主义只是将我们置于道德说教的状态之中。"[1]这说明内在主义者认为道德评价是"外在地"对非道德者施以压力,此种道德评价只是"道德说教",它并不能从根本上改变非道德者的行动方式,因此这种"只治标不治本"的方式缺乏真正的实践效力。

高蒂耶的方式虽表现出强制特征,这种道德约束与个体利益得失紧密关联,它在某种程度上"切中了"非道德者之"要害",因为非道德行为将付出"可见"的代价,因此这不是"道德说教"。在某种程度上讲,高蒂耶的守约理论已接近威廉姆斯所要求的"从内在方面改变非道德者",即试图真正改变非道德者的行为模式需从主观动机系统和理性慎思入手。高蒂耶将内在偏好之满足与非道德行动联系起来,在理性选择的反思中,个体将错误信念和错误选择手段识别出来而使行动者表现出约束倾向,这已属于"内在地改变"。相较而言,生命价值这一基础虽隐匿于行动和判断之中,但面对现实的利益诱惑和潜在的生命价值,生命价值这一基础或许"过于深刻"抑或"隐藏太深"使非道德者未能看到可见的惩罚,故而实施道德上不正当的行为,

---

[1] 徐向东.道德哲学与实践理性[M].北京:商务印书馆,2006:204.

这将导致道德评价"蜕变为"理论层面上"过于理想的工具"。

　　本章主要阐述了高蒂耶和斯坎伦应对非道德者的不同方案。在高蒂耶理论中,若非道德者违背之前所订立的契约,契约主体将遭受利益损失。个体出于长远期望效用最大化的考虑将接受约束合理性之指导,即表现出约束倾向,高蒂耶将此约束视作道德约束。斯坎伦作为广义康德主义者,其契约主义理论并不面临经典契约论的"愚人"问题,故他未如高蒂耶那样提出具体守约理论,斯坎伦在区分"部分"和"完全"的道德主义者的基础上以道德评价方式来影响非道德者的实践推理和行动。

第六章　基于契约式道德论证的制度伦理观

上一章是对非道德者的讨论,本章将聚焦于考察契约理论的制度伦理观。作为道德理论的道德契约论不只涉及道德证成,它也试图为制度合法性提供道德基础。古典契约论对制度的证成,此种对制度伦理的关注亦延续到当代道德契约论。高蒂耶和斯坎伦的理论所具有的不同行动哲学基础以及不同的论证思路,决定了两者有不同的制度伦理议题,本章将在考察具体制度伦理观的基础上以说明它们的趋同特征。

第一节　"潜在正义社会"

前文论及了高蒂耶和斯坎伦的理论在行动哲学基础上以及在契约式的道德论证中都表现出诸多不同,因此它们在制度伦理方面的区别是"可以预料的"。高蒂耶和斯坎伦承袭了契约论的个人主义特征,他们都是对"独立的原子个体"的分析。在高蒂耶的理论中,契约主体仅仅关注偏好是否得到最大化满足;而斯坎伦式的契约主体则处于公共生活之中,他会关注他人的生命价值以及他人的道德评价,这不同于高蒂耶对个体没有道德关联的描述。

实际上,自高蒂耶和斯坎伦的道德契约论提出以来,已出现了对两种理论道德维度的大量考察,但忽视了对两种理论制度伦理层面的研究。两种理论的主要任务虽然是道德证成,但也包含制度伦理层面的分析,如高蒂耶在《一致同意的道德》的最后部分提出了"潜在正义社会"(potential justice society)的观念。① 虽然在斯坎伦的契约论中,并未过多地涉及制度层面的分析,但有学者认为用于检验道德原则的"有理由地拒绝"观念也可以用于制度的分析,即将之作为检验政治原则的工具。内格尔认为如果能找到向每个个体证成政治合法性的方式并使每个人都接受它,即可表明此制度是正当的。内格尔进一步认为斯坎伦"有理由地拒绝"的观念有可能成为政治合法性的检验方式。②

这里首先分析高蒂耶"潜在正义社会"的观念。正义是一种重要的道德价值和政治价值,它是道德哲学和政治哲学关注的焦点。正义保证了个人层面交往的有序性,它在制度层面也发挥着重要作用。总体而言,各种理论对正义的阐述主要包括了两种态度:一种是将正义看作核心且首要的美德,此美德是社会顺利运行以及保证社会稳定的基础。若离开正义,社会将处于混乱无序的状态,持此论点的代表者是罗尔斯,他将正义视作最为重要的政治价值,并围绕正义主题而提出了著名的正义理论(a theory of justice)。另一种观点则强调作为手段的正义,它是人们实现特定目标的手段,正义的作用是使人们脱离非正义状态,持此观点的哲学家是休谟。高蒂耶在分析了作为手段的正义的基础上阐述了"潜在正义社会"的观念。

在高蒂耶看来,休谟意义上作为手段的正义是对格劳孔正义思想的承袭,此观点强调由于个体能力是有限的,因此个体需要选择与他人合作以实现自身目标。就此而言,非正义对应个体的自然状态,正义对应社会状态。正是个体在非正义状态下受到压迫才持有对正义的诉求或选择追求正义价值,因此正义是个体从自然状态走向社会状态的工具,而不是如罗尔斯那样将之视作制度"基石"以及首要的政治价值。在休谟两种德性的区分中,正义是一种"人为之德",它建立在习俗和惯例之上,如徐向东所言:"休谟已经充分地表明,自我利益和有限的慈善都不足以充当正义的源泉。未经启蒙的自我利益无关于正义,因为正义被假设是使他人而不是使一个人自己受益的美德。"③休谟的正义观并不是"自我指向",而是

---

① Gauthier D. Morals by Agreement[M]. Oxford: Oxford University Press,1986:355-369.
② Nagel T. Equality and Partiality[M]. Oxford: Oxford University Press, 1991:33.
③ 徐向东.道德哲学与实践理性[M].北京:商务印书馆,2006:386.

"他人指向"的。

高蒂耶进一步推动了休谟的正义观,他将正义视作交往前提以保证交往的有序性,基于正义的交往会产生最优结果。相较而言,在休谟的正义观中,他没有强调正义的交往会产生最优结果,正义只是用于调节个体之间的冲突。高蒂耶一改学者们对休谟哲学的惯常理解,他不再将休谟看作适应论者,而是对休谟正义观采取了契约论式的解读。高蒂耶认为休谟伦理学暗含了契约论的基本思想,即休谟式的正义所起的调节作用包含了"一致同意"的内容。[①]

通过对格劳孔和休谟正义观的论述可以看到,如果正义是为了实现自然状态到社会状态的过渡,那么此正义观有强者和弱者的区分。然而,高蒂耶反对此种强弱区分,他作为当代契约论者关注的是平等的订约主体,此平等地位对契约订立至关重要。契约不是强者和弱者的"谈判",而是平等主体围绕某对象订立的契约,高蒂耶不接受强者和弱者的区分,也未将正义视作个体追求特定目标之手段。高蒂耶将正义看作个体合作和社会建构的前提,他说:"如果这些被影响的偏好能够提供'最大最小'的相对受益,那么此种安排是人为正义的。"[②]可以看到,高蒂耶的正义观与格劳孔、休谟的正义观有着根本区别。在格劳孔、休谟的正义观中,虽然正义不是最优的实现手段,但这是一种必要的手段。高蒂耶则认为正义不是被迫出现的,它并不纯粹依托"非合作的无序背景"。作为个体交往和社会运行的基本前提的正义,它具有比"手段"更重要的作用。

"潜在正义社会"是通过现实世界的稀缺性而引出的,高蒂耶将现实世界与具有充足特征的乌托邦世界进行对比。在乌托邦世界中,一切资源没有限制,这些资源如同水资源或空气一样可以无限地被人们使用,因此个体无需关注特定的目标,也无需制订计划以及实施活动追求这些目标。乌托邦世界中的个体持有的所有偏好都可以被满足,因此个体无需因能力限制而选择与他人合作。深思熟虑的偏好不再为个体确立具体目标,所有行为

[①] Gauthier D. Morals by Agreement[M]. Oxford: Oxford University Press,1986:3-38.
[②] Gauthier D. Morals by Agreement[M]. Oxford: Oxford University Press,1986:340.

都成为一种"漫无目的的游戏"。简言之,乌托邦世界的充足性决定了个体不会持有以及追求目标。现实世界则不同,稀缺性作为一种"必要的恶"决定了个体将持有各种特定目标,且人们需要通过合作和努力追求这些目标。现实世界中存在着多样的稀缺性,资源稀缺的多样性决定个体会持有不同偏好。稀缺性是一种"必要的恶",这是因为资源的稀缺以及个人能力的有限导致人们不得不选择与他人的合作,这进一步表明个体自我完善方式是多样的。

高蒂耶认为基于其道德契约论的"潜在正义社会"能为个体提供多样选择,即为个体提供多样的自我实现方式。"阿基米德点"之上的每个人都是"原型人"(proto-people),他们都表现出遵守约束的最大化合理性的共同特征,并且他们拥有半透明的品格识别能力,此类个体最终组成了"潜在正义社会"。此社会将尽可能地不影响个体偏好,也不直接参与对个体行为的指导,而是为个体实施各种活动提供中立前提。"潜在正义社会"不同于功利主义意义上的社会,功利主义关注"社会总体福利"这一目标,它要求"重新分配"市场交往的结果,这会干涉市场的正常运行,进而干涉个体的自由行动。此外,功利主义将个体描述为"同质性的","潜在正义社会"并不持有此"同质"假设,每个个体都是持有不同偏好的"异质"个体。

"潜在正义社会"也不同于罗尔斯式的正义社会,罗尔斯要求正义社会首要关注"最不利群体"。"潜在正义社会"没有对特定群体施以特别关注,相反,它要求所有社会成员都要被同等重视。简言之,"潜在正义社会"指导每个人追求自身的目标,功利主义要求每个人追求社会的总体善,罗尔斯则以最不利群体为切入点安排社会制度。在罗尔斯看来,若社会为个体提供过于单一的比较标准和过少的自我实现方式,这将使社会出现激烈的竞争,从而产生"嫉妒问题",此为《正义论》中讨论的"稳定性"主题。相较而言,"潜在正义社会"在最大程度上保证个体追求偏好的满足,并提供多样的自我实现方式,这在一定程度上规避了"嫉妒问题"。总体而言,虽然"潜在正义社会"相较于其他理论具有一定的优势,但它仍属于理论层面的分析。

第二节　对"不平等"的分析

　　与高蒂耶对正义主题的分析不同,斯坎伦更关注平等主题。平等作为道德价值和政治价值,它也是个体和社会的目标,但学界对平等的内容有着不同的理解。广义上讲,平等可分为绝对主义和相对主义的平等。绝对主义强调个体在所有方面的平等,相对主义者认为绝对平等并不存在,只有某种程度或某些方面的相对平等。契约论者同样关注平等议题,但不同契约论者对平等的理解也不尽相同,其中有一点是一致的:契约理论都强调基本权利的平等。在霍布斯的契约论中,自然状态下的个体虽然平等,但这不是稳定的状态,由于没有限制的权力以及没有保证的权利,使得此不稳定状态演变为战争。高蒂耶作为霍布斯主义者,他不关注自然状态的平等,而是以洛克条款阐述订约者谈判能力的平等。

　　相较于高蒂耶对"潜在正义社会"的详尽论述,斯坎伦并未具体地在其契约主义理论中阐述制度伦理的思想。然而,一些学者认为斯坎伦在道德方面提出的"有理由地拒绝"观念可用于制度分析上,即以"有理由地拒绝"确定何种制度是正当的。[①] 实际上,"有理由地拒绝"不仅用于确定道德原则,它也在制度层面用于确定政治规则。斯坎伦以20世纪60年代末到70年代初美国民众对越战和种族歧视的抗议活动为例,他认为这些活动是"有理由地拒绝"之上"可证成倾向"的表现,这是个体基于"相互承认之关系"的价值而实施的,这体现了个体对公共生活的关注。邓伟生将"有理由地拒绝"对道德原则的检验改造为对某政治制度的检验,"一个政治制度或政策是不公正的,如果它会被一套规范政治制度或政策的原则所否定,作为在没有压迫和人们都有充分的资讯的情况下达致的同意(agreement),是没有人能够有理由地拒绝(reasonably reject)"[②]。实际上,斯坎伦的契约论立足于公共生活。在道德原则层面,有理由性的个体在实施某行为之后,他试图得到其他个体的理解和认同,当按照"有理由地拒绝"的方式确立政治规则,并

[①②] 应奇.当代政治哲学名著导读[M].南京:江苏人民出版社,2017:151-153.

在此之上形成的特定社会,其成员也可能表现出相同的证成倾向。

斯坎伦反对将道德契约论建立在目的论概念之上,如建立在欲望、偏好、福利以及利益等概念之上,因为目的论概念并不是建立伦理学理论的牢固基础。若按照此种思路,制度层面政治规则的证成也不能按照目的论思路,即不能以目的论概念确立某制度。斯坎伦批评了目的论之上的两种制度伦理观:一种是基于福利概念的社会选择理论;另一种是基于"社会基本善"的正义论。对于社会选择理论,人们选择某种制度是出于提升福利的考虑,如功利主义将制度的选择建立在社会总福利的考量之上,此种总体性的考虑在一定程度上忽视了个体的真实境况。斯坎伦的理论是对个体真实境况的把握,它需要现实个体接受正当的制度。就此而言,社会选择理论没有实现所有个体的"一致同意"。同样,斯坎伦认为罗尔斯基于"社会基本善"对正义社会的说明也表现出目的论的特征,因为"社会基本善"对每个人是必需的,个体应尽最大可能地获取这些善物。对斯坎伦而言,制度对福利和社会基本善的推进固然重要,更重要的是此制度需要为所有个体共同接受,如果引入"有理由地拒绝"检测政治原则的话,这需要此政治原则以及制度安排能反映每个人生命价值的重要性,这不是功利主义对"最大多数人"的强调,也不同于罗尔斯对"最不利群体"的关注。

总体上讲,当代众多的伦理学理论都涉及实质平等观的讨论,这是对平等内容的分析,如功利主义理论、阿玛蒂亚·森的能力平等、罗尔斯的资源平等以及高蒂耶"谈判能力的平等"都属于此种类别,斯坎伦则认为确定平等的实质基础不是一个正确的方向。以功利主义为例,平等被视作增加社会总体福利的"手段",斯坎伦对作为手段的平等的看法是:"公平和平等并不代表个体状况'改善'的手段。相反,它们本身就是(价值)事态或社会制度之独特的、在道德上可欲的特征。"[①]也就是说,平等本身是一个值得追求的目标,它自身是价值的,因此将平等视作一种实现手段,这错误地理解了平等的真正作用。

更进一步,斯坎伦质疑了康德主义的"形式平等"。虽然斯坎伦是广义

---

① 斯坎伦.宽容之难[M].杨伟清,等译.北京:北京人民出版社,2008:31.

的康德主义者,但康德强调理性存在者的平等,这不同于斯坎伦对个体的描述。斯坎伦式的契约主体不具有先在的理性能力,他不是理性存在者,而是"合理生物"。个体拥有的不是康德意义上的实践理性,而是关于理由评价、判断和回应等能力。即使斯坎伦在契约主义中使用了实践理性的非工具概念,但它仍不同于康德式的纯粹实践理性。在斯坎伦看来,康德未能把握平等的真正含义,他只是将平等视作一种道德要求,此种形式主义的平等道德要求不足以应对现实的复杂境况,平等作为一种绝对命令缺少实质内容,故斯坎伦认为此形式平等不可能实现。事实上,斯坎伦的平等观并不试图为所有个体提出普遍要求,它也不试图确定平等的具体内容,因为不是所有人都具有同等的道德能力,且社会中还存在道德能力不足者,他说:"我们很难找到一个论证实质性平等(区别于单纯的形式平等或对利益的同等考量)的道德推理,由此使平等如同一种绝对的道德要求。"[①]

斯坎伦转换了对平等的分析思路,他考察对不平等现象的反对,即个体反对不平等的理由是什么?相较于形式平等以及对平等实质内容的分析,人们持有何种理由反对不平等更具现实意义,对此主题的探讨有助于在制定政策时最大限度地减少不平等的负面影响。

第三节 趋同性的倾向

虽然高蒂耶和斯坎伦探讨了不同制度伦理主题,但是他们对契约论的基本思想的承袭决定了两种制度伦理观的趋同性,这表现在如下方面:一是他们坚持个体的基本权利不能受到侵犯,无论是高蒂耶意义上的洛克式权利还是斯坎伦意义上的道德权利,权利不能成为追求他物的手段,这一点体现了契约论的基本特质。二是,两种制度伦理观都坚持自然禀赋应为个人所有,这不是社会的总体福利,也不服务于其他目标。总体上讲,上述方面的趋同特征紧密关联,因为权利得以保证之后,个体方可自由地实施活动,即权利的保证意味着禀赋的自由使用。

---

① 斯坎伦.宽容之难[M].杨伟清,等译.北京:北京人民出版社,2008:29.

第六章　基于契约式道德论证的制度伦理观

在权利方面,高蒂耶认为:"人具有权利,但是道德理论在提供权利的说明方面并不成功。"[①]高蒂耶不希望抽象地讨论权利,如康德主义将权利视作理性之上的抽象概念。作为霍布斯主义者,高蒂耶认识到权利对达成"一致同意"的契约的重要意义,因此如何界定具体的权利并通过权利的保证以达成"合理契约"是关键。在高蒂耶引入的"洛克条款"中,此条款确立了个体权利以及不干涉他人的权利。更进一步,高蒂耶试图将其他权利都建立在洛克条款之上,他将洛克条款总结为,"除了有必要避免危害个体自身位置之外,不能危害他人所处境况"[②]。可以看到,此条款为个体行动设定了限制前提,个体不能以干涉他人权利的方式为自身服务或将其作为实现自身目标的手段,洛克条款暗含了权利不是工具,即不是实现自我目标的手段。如果个体没有遵循洛克条款而使他人境况变差,由此使他人产生额外负担,而个体却没有为此承担代价,这对双方是不公平的,因此洛克条款要求行为成本内化到行为者自身。高蒂耶通过洛克条款不仅界定了个体权利,也使他人权利得以保证。

与高蒂耶基于洛克条款确定权利的思路不同,斯坎伦关注道德权利,他说:"关于正当与非正当的道德,它们大部分并不包括对我们而言重要的权利和自由。"[③]也就是说,道德权利比现实中的其他权利(如政治权利、经济权利和法律权利等)更为重要和基础,它体现了"人之为人"的生命价值,因此更为深刻地影响个体生活。在斯坎伦的契约主义中,道德权利以"有理由地拒绝"的方式确定。虽然道德权利更为基础,但它不是"空洞无物的"。道德权利体现为一种道德关系(moral relation),它决定了"合理生物"相互对待的方式和态度,尊重他人的道德权利是对他人生命价值以及"人之为人"的道德地位的"认同"。此种尊重遵循的不是康德式的绝对命令,即这不是以实践理性"立法"的方式确定的尊重,而是以契约主义的"有理由地拒绝"所确定的尊重态度。作为"合理生物"的人类不同于其他物种,他拥有人类

---

① Gauthier D. Morals by Agreement[M]. Oxford: Oxford University Press,1986:221.
② Gauthier D. Morals by Agreement[M]. Oxford: Oxford University Press,1986:203.
③ Scanlon T. What We Owe to Each Other[M]. Cambridge: The Belknap Press of Harvard University Press,1998:186.

的生命价值,立足于生命价值的道德权利表明了道德权利在权利序列中居于基础位置。

高蒂耶和斯坎伦都反对功利主义的权利观,此种反对意见是可预见的,因为契约主体是权利平等的个体,当功利主义要求"牺牲小部分人的幸福"以服务于社会总体福利时,契约论者对此不能认同。高蒂耶和斯坎伦的契约论不仅试图在道德维度上超越功利主义伦理学,而且也试图在制度伦理层面表明契约论的优势。具体而言,高蒂耶反对功利主义"政府赋予个体权利"的论点。在功利主义中,个体实施的活动要以社会总福利为指导,权利是提升社会总福利的手段,此论点有悖于契约论传统:不允许对个体行动的干涉以及对个体权利的侵犯。斯坎伦认为功利主义基于社会总福利来界定权利。权利在功利主义理论中居于附属位置,此种权利界定未能反映个体的内在价值,这没有体现出合理生物"人之为人"的生命价值。简言之,高蒂耶从外部实践角度批评功利主义的权利观,斯坎伦则从内在的生命价值作出批评。由于权利在契约论中居于基础位置,这决定了高蒂耶和斯坎伦均反对功利主义关于权利非基础性的理解。可以看到,斯坎伦坚持"内生的"道德权利观,高蒂耶则聚焦于具体的"洛克式权利"。虽然两者对权利概念有不同理解,但是从他们对契约论传统的承袭可以看到他们权利观的趋同。权利不是个体实现特定目标的手段,权利的基础位置是为了保证个体的自由活动。

上面讨论了权利方面的趋同,现在转到自然禀赋方面。两种理论都强调个体可以自由使用其自身禀赋,而不是将禀赋归于某一群体或社会所共有,这承袭了契约论的个人主义特征,即它强调个体在制度伦理分析的优先位置。关于自然禀赋属于社会还是个体这一问题,它在伦理学上有诸多争议。当代著名的争论出现在罗尔斯和诺齐克的理论中,在罗尔斯的正义论中,他将个体的自然禀赋视作公共财产,这遭到诺齐克的反对。罗尔斯将自然禀赋视作公共财产是出于如下考虑:社会塑造了个体,为个体发展自然禀赋进而持有相关技能提供了支持,如提供教育资源等。个体使用禀赋获取福利时,他需要承担相应的"要素租金",故罗尔斯认为自然禀赋归公共所有。这里,"要素租金"可以理解为个体使用其能力禀赋所承担的成本。

第六章　基于契约式道德论证的制度伦理观

诺齐克以"张伯伦薪酬"为例反对罗尔斯的论断：由于张伯伦持有过人的篮球天赋，他享有高额报酬，张伯伦过高的报酬是否符合分配正义？根据罗尔斯的论点可知，张伯伦的篮球天赋是公共财产，他不应享有高额的薪酬回报。个体在成长过程中接受的社会教育是由社会提供的"要素服务"（factor service），个体需要为此付出相应成本，因此个体运用禀赋时获得的报酬不完全归个体所有。诺齐克引出张伯伦案例试图表明：罗尔斯将自然禀赋归于共同财产所导出的结果与现实世界严重不符。在诺齐克看来，罗尔斯的方式干涉了张伯伦的自由行动，这是对自由的侵犯。更根本地讲，此案例展现了正义与自由的不相容，因为实现分配的正义将侵犯个体自由。反之，若个体可以自由行动，则不能实现分配正义。

高蒂耶认同诺齐克的观点，他认为自然禀赋属于个体所有。在张伯伦案例中，如果以罗尔斯的方式将自然禀赋归公共所有，这虽然改善了最不利群体的境况，从而缩小了个体之间的不平等，但张伯伦的付出与其所得是不匹配的。在高蒂耶看来，分配正义不能考虑特定的群体，如罗尔斯意义上的"最不利群体"，将禀赋归全体所有是对个体自由行动的干涉。在"潜在正义社会"，高蒂耶论及了此社会的制度不能干涉个体的自由行动，故"潜在正义社会"是自由社会。就此而言，高蒂耶试图以"潜在正义社会"消解诺齐克意义上自由与正义的冲突，即"潜在正义社会"中自由与正义不再存有张力。

斯坎伦也认同能力禀赋为个体所有，他将个人能力细化为两种类别：一种是自身值得追求的能力，如音乐能力、鉴赏能力以及创造能力等。另一种是与程序公平有关的能力，它自身并不值得追求，而是社会中具体职位所要求的能力，如计算机领域的程序写作技能，个体可能不愿意主动发展此能力，它不一定是个体的兴趣爱好，但社会岗位要求人们具备此项技能，因此人们需要花费时间和金钱学习它，因此这种技术的能力不同于第一种能力。一个好的制度会为个体发展第一种能力提供支持，如鼓励人们学习乐器以及提升音乐鉴赏能力。而对于程序公平的能力，斯坎伦说："程序公平所涉及的天赋和能力是'依赖于制度'的。"这说明第二种程序公平的能力需要在制度背景下来理解。^① 在张伯伦案例中,篮球天赋不属于程序公平能力,这是自身值得追求的能力,社会不应该干涉张伯伦自由地使用此禀赋,也不应要求张伯伦为此付出要素租金,即张伯伦享有高额报酬是合理的。斯坎伦区分上述两种能力也是为了消解自由与正义的冲突,此为高蒂耶和斯坎伦在自然禀赋方面的趋同。

高蒂耶和斯坎伦在制度伦理观上的趋同,在一定程度上印证了帕菲特所说的:"这些人是在不同的侧面攀登同一座山峰。"[②] 高蒂耶和斯坎伦作为契约论者,他们所建立的理论试图保证个体自由的契约活动,两者采取了不同方式以调和自由与正义的冲突。两种不同的契约理论在制度伦理观层面保留了传统契约论的个人主义和自由主义特征,因此制度伦理观的趋同是可以预见的。

---

① Scanlon T. Why does Inequality Matter[M]. Oxford: Oxford University Press,2018:45.
② 帕菲特.论重要之事[M].阮航,葛四友,译.北京:时代华文书局,2015:335.

第七章　契约式道德论证"向度"

前文介绍了两种理论的行动哲学基础、道德论证过程以及应对非道德者的方案,本章将阐述两种道德论证的不同向度,即"目的论向度"与"非目的论向度",这两种向度体现在行动哲学基础以及契约式的道德论证过程之中。在行动哲学上,高蒂耶式的偏好理由、实践推理和工具合理性都聚焦于目标的实现,它以事态的完成这一结果为标志而表现出目的论特征。斯坎伦式的外在理由关注对外在对象的回应过程,理由之上的行动不以目标实现或事态完成为标志。有理由性也不同于聚焦于手段和目的的工具合理性。在道德论证方面,高蒂耶式的契约主体的各项活动也表现出目的论特征,他通过订约和守约活动以实现效用价值的最大化。在斯坎伦的契约主义中,契约主体并不追求上述最大化目标,而是试图维护"彼此义务"领域的人际关系,此为非目的论特征。本章内容有:首先界定目的论和非目的论向度,并阐述两种理论展现的目的论和非目的论特征;其次以高蒂耶和斯坎伦对保证活动的分析为切入点,考察两种向度。

第一节　"目的论"与"非目的论"向度的引出

本章对契约式的道德证成的向度区分属于分类学式的研究,即它以某个视角为切入点对同一种类型的契约式的证成理论加以分类。在第一章中曾论及当下学界对这些道德契约论的分类建立在预设假设、论证思路以及论证目标之上。

在契约理论建立之前,往往需要描述契约主体的相关特征,这成为理论分类的切入点。在罗尔斯的理论中,他以"无知之幕"的方式所描述的个体具有"封闭"的特征。布坎南则将现实个体描述为参与经济生活和政治生活的"经济人",他是一个追求自我利益的主体。在道德契约论领域,高蒂耶将个体描述为追求深思熟虑的偏好满足的契约主体,斯坎伦将个体描述为共同生活中的社会成员。如果按照能动者的特征来区分的话,可以基于契约主体的"封闭"和"开放"特征将当代契约论划分为"封闭"和"开放"的契约论。

其中,在"封闭"的契约论中,契约主体只关注自身目标的实现,罗尔斯"相互不感兴趣"的假设、高蒂耶"相互冷漠"的假设以及布坎南式的"经济人"等都属于此种类别。虽然"封闭"个体仍会选择与他人合作,但其合作活动是为了实现私人的目标。对于"开放"的契约论,个体关注他人维度,这不仅涉及与他人合作的分析,还涉及对待他人方式以及与他人关系的维护等议题的分析,如斯坎伦对公共生活情境中个体"彼此义务"的分析即属于此种类别。

更进一步,还存在基于论证目标的划分,如对政治议题和道德议题契约式的证成,这分别对应政治契约论和道德契约论。其中,罗尔斯和布坎南的契约论属于政治契约论的类别,罗尔斯引入契约论是为了证成正义原则,而布坎南则涉及对政治规则的契约证成。特别是,布坎南将罗尔斯式的正义原则视作政治规则的一种,因此这都属于政治议题的研究。相较而言,高蒂耶和斯坎伦则是以契约论实现道德目标的证成,因此它们属于道德契约论。

除了上述切入视角之外,学者们基于理论外显特征划分当代契约论,第一章回顾了达沃尔对自利契约论和非自利契约论的区分以及苏格登的强契约论和弱契约论区分。[①] 虽然达沃尔将高蒂耶的理论视作自利契约论,但"自利"可以有多种解读方式,如理解为"自我利益""自利人性"等。自利往往与自私联系起来,高蒂耶的契约论并不持有特定的人性假设。高蒂耶对霍布斯自利契约论的承袭导致的误解是:高蒂耶的理论同样预设了霍布斯

---

① Darwall S. Contractarianism and Contractualism[M]. Oxford: Blackwell,2003: 3; Sugden R. Contractarianism and Norms[J]. Ethics,1990,100(4):768-786.

式的人性基础。然而,高蒂耶不仅没有预设人性前提,他甚至明确反对自私人性的预设,他认为霍布斯对独占个体的描述并不真实,也不完整。[1] 对高蒂耶而言,个体对偏好满足的最大化追求与何种人性预设没有本质的联系。同样,斯坎伦的理论常被视作"非自利"契约论,因为此理论不涉及自我利益的讨论以及不涉及自利人性的预设,有理由性的个体之间"彼此义务"的分析与利益的提升无关。"自利"和"非自利"的区分仅仅把握了个体是否追求自我利益,这是过于简单的划分方式。

苏格登以道德预设前提区分高蒂耶和斯坎伦的理论,如高蒂耶引入道德无涉区试图以不包括道德前提的方式展开论证,斯坎伦则引入了相关道德要素以实现"彼此义务"的论证。然而,此种区分没有把握理论的行动哲学基础以及整个论证思路,因此基于预设前提的区分也过于简单。实际上,上述论述的不同区分方式,如个体特征、论证目标和预设前提,这些都是基于外在层面的区分,这没有把握行动理由、实践推理以及合理性的基础。鉴于此,这里试图以目的论和非目的论向度区分两种理论,以期把握两种理论的本质区别。

如何理解目的论与非目的论向度之"目的"?简单地讲,目的是对个体活动说明的切入点,个体实践推理、行动理由以及行动分析不同程度地与目的联系起来。对目的的追求涉及手段的确定,如工具合理性的手段和目的的构成要素。对于一种理论,如果"目的"概念在个体活动的分析中占据核心位置,那么此种理论往往表现出目的论的特征。相反,非目的论的理论虽然也关注目的和手段,但目的概念并不在理论中占据重要位置,如个体活动分析以及理论建立不是通过对目的的分析而实现。持有目的论向度的伦理学理论中,此目的论向度将"贯穿于"理论的各阶段中,如休谟主义理论往往强调欲望之上的目的。同样,具有非目的论向度的理论,此种非目的论特征也将"贯穿始终",如斯坎伦理论,无论在行动哲学上还是对契约主体的分析中都表现出非目的论特征。

---

[1] Gauthier D. Morals by Agreement[M]. Oxford: Oxford University Press, 1986:155.

第二节　不同论证阶段的"向度"区分

本节将从行动哲学和道德论证过程考察两种理论的不同向度,这主要包括如下四个方面:一是基于行动理由和实践推理方面的区分。二是在合理性和价值论基础方面的区分。三是在契约论的道德论证方面的区分。四是在应对非道德主义者方面的区分。

对于第一个方面的行动理由和实践推理结构。已知高蒂耶承袭了休谟主义的内在理由论和工具推理,这与目的论向度的关联是什么?对于斯坎伦的理论,他在阐述外在行动理由时曾提出"目的论理由",其全称为"理由的纯粹目的论概念"(purely teleological conception of reasons),这如何引出其理论的非目的论向度?斯坎伦将"目的论理由"界定为:"既然任何行动都指向某种结果,基于是否实施行动的理由必须诉诸对某种事情发生的欲求性或非欲求性。"[①]可以看到,目的论理由建立在特定后果之上,这里论及的"欲求性"(desirability)和"非欲求性"(undesirability)是针对"欲求个体"之属性而言的,目的论的理由是欲望之上的行动理由。显然,休谟主义的行动理由具有上述特征,欲望个体的活动指向了欲望目标的特定结果。同样,高蒂耶意义的偏好理由亦属此类别,古德曼在评价内在主义理由时说:"理由能够激发我们,它指向了事态,理由自身不是欲望或动机状态。"[②]可以看到,内在理由建立在欲望之上,但它不等同于欲望,且此种理由指向了事态完成。相较而言,斯坎伦意义的外在理由以及外在理由之活动不指向特定结果。斯坎伦在论述外在理由时曾引入"维护友谊关系"的例子,维护友谊关系的过程是一种状态,此状态不能通过特定结果把握。"维护友谊关系"的案例试图表明个体基于外在理由对其他对象的回应过程中,此外在理由关注的不是结果或目标实现,而是回应"过程",斯坎伦引入"理由的纯粹目的论的概念"旨在阐述外在理由的非目的论特征。

---

① Scanlon T. Replies[M]//On What We Owe to Each Other. Oxford: Blackwell, 2004:84.
② Goldman A. Reason Internalism[J]. Philosophy and Phenomenological Research, 2005, 71(3): 505.

阐述了理由的目的论向度和非目的论向度之后,现在转到实践推理方面。高蒂耶式的工具推理是对确定实现目标的手段的推理,个体持有的工具理由以及所进行的工具推理都指向了深思熟虑的偏好如何满足这一目标,那么此种实践推理展现出目的论特征。由于实践推理过程支撑了后续契约活动,因此契约主体各阶段的活动都是在"目的论结构"中得以说明。不同于高蒂耶意义上实践理性的工具概念,斯坎伦认为实践理性是非工具的,个体对外在对象的实践思考过程不仅涉及目标和手段的"计算",它也包括了非工具的实践推理过程,如在维护友谊关系的实践推理中,这种推理不是想要通过"维护友谊关系"达到某种"结果",它只是聚焦于"维护友谊关系"的过程,因此这表现出非目的论的特征。

对于第二个方面的合理性和价值论基础。已知高蒂耶意义上的个体持有的工具合理性,这是一种最大化的工具合理性。合理性的最大化特征表明个体活动是否合理,其评价的对象是:此活动是否"最大化"地满足深思熟虑的偏好。如果未能满足此项要求,这说明活动是不合理的。就此而言,对活动的合理性评价展现了目的论的特征。斯坎伦意义的"有理由性"通过外在理由而引出,这诉诸"理由到合理性"的思路。如果外在理由处于更为基础的位置,且外在理由包含了规范内容,这表明个体需要遵循外在理由中的规范要求实施行动。评价一项活动是"有理由的"还是"无理由的",这涉及对其他对象考虑和回应"过程的评价",而不是"结果的评价",因此基于有理由性的活动评价展现出非目的论的特征。在斯坎伦对狭义合理性和非合理性的批评中,他认为狭义合理性和非合理性过于关注目标的"计算",如理想合理性要求个体基于完备信息以"完备的计算"目标实现过程。然而,过于关注目标和实现手段,这会忽视对活动过程的分析。在对活动的评价中,无非包括:对手段的评价、对目标的评价、对活动过程的评价。上面的论述可以看到,高蒂耶式工具合理性关注手段和目标的评价,而斯坎伦的有理由性涉及对活动过程的评价。虽然狭义合理性对行动的评价过于狭隘和严苛,它关注对实现目标之手段的"计算",但它仍旧把握了活动的基本构成要素。简言之,对于高蒂耶和斯坎伦的合理性基础,它们关注活动的不同侧面。而对活动的完整评价,既需要高蒂耶式的关于手段和目标的评价,也需要斯坎伦式对活动过程的评价。

在价值论方面,前面论及了斯坎伦对福利概念的批评,即对个体的伦理学分析中,福利不占据核心位置。斯坎伦认为福利不是个体实施活动的起因,它是活动的一个环节。个体可以通过提升、促进和推动等方式增加目的论价值,因为目的论价值表现为特定结果,此价值以事态承载,比如某个体相较于香蕉而言,更喜欢吃苹果,当他吃完了苹果之后,此偏好得以满足。"吃完苹果"是事态的完成,也是目的论价值的实现,这说明高蒂耶意义上的效用价值、偏好价值、深思熟虑的偏好的最大化满足等都是以事态和结果承载的,因此高蒂耶意义上的价值论基础表现出目的论特征。相较而言,非目的论价值由"过程"承载,如维护友谊关系是一种过程,尊重他人生命价值是一种过程,向他人展现出可证成倾向是一种过程,这些都涉及"过程的价值"。就此而言,斯坎伦理论的价值基础具有非目的论特征。

对于第三个方面,契约式的道德论证。高蒂耶关注契约订立的关键是不同契约主体通过"自身效用价值的让步"实现"一致同意",订约过程中的契约主体关注偏好满足这一结果,此为订约过程中展现的目的论特征。在斯坎伦的契约主义中,"一致同意"的达成不是建立在契约主体对结果的考虑之上,而是建立在对生命价值的考虑和回应过程之上,此种考虑和回应过程是确立道德理由重要性和优先性的基础,这将使契约主体被道德理由激发而表现出可证成倾向,那么此种达成"一致同意"对"考虑和回应过程"的关注表现出非目的论特征。在高蒂耶契约式的道德论证中不涉及道德理由如何确立的分析,契约主体最初持有工具理由和工具推理,他基于"自我让步"和约束最大化合理性的指导逐渐进入道德领域,此论证过程是在"目的论结构"中证成的。相较而言,在斯坎伦契约式的道德论证中,契约主体持有的是非工具性的道德理由,它对个体提出了包含道德内容的规范要求,此论证强调对他人生命价值的回应过程,这是在"非目的论结构"中展开的论证。

对于第四个方面,应对非道德主义者。结合非道德者的应对方案可知,高蒂耶和斯坎伦提出了不同的方案。在高蒂耶看来,即使非道德主义者进行了道德思考以及实施了道德行动,其目的仍是最大化地满足偏好。守约过程所引入的约束合理性和半透明性只是为了识别非道德主义者,非道德者不守约的行为将导致合作盈余的损失,此为对非道德者的惩罚。无论道德者还是非道德者都关注偏好满足的结果,结果视角的分析表明高蒂耶的应对方案是目的论的。斯坎伦认为惩罚措施(包括合作盈余的损失)是无效的,道德评价是更为占优的应对方案。由于"道德评价"是对某人活动是否满足"一致同意"的道德标准的评价,因此这不仅涉及行动结果的评价,更重要的是对行动过程的评价,斯坎伦的应对方式表现出非目的论特征。

两种应对方式表现出不同向度,这在一定程度上是两者对道德持有不同的理解所致。高蒂耶认为个体出于效用价值的考虑而接受了道德的约束。斯坎伦则认为高蒂耶意义上的工具道德未能把握道德之本质,这不是真正的道德,因为它未反映个体对他人生命价值的重视,也未能把握生命价值之上"彼此义务"的内容。高蒂耶工具式的道德论证过于"表面",它未能深入生命价值层面把握道德之本质,而是将道德视作实现目标的工具。斯坎伦在提出契约主义理论之前,在概念准备阶段已着手批评福利之上伦理分析的问题。[1] 实际上,此种对福利思路的批评也是对高蒂耶以效用价值最大化论证道德的批评。

上文从四个方面阐述了两种理论的目的论和非目的论向度,从最初的行动哲学基础到具体的道德论证过程都展现出了不同的向度,这更为全面地把握了两种理论的论证思路。其中,在行动哲学基础方面,高蒂耶主要承袭了休谟的行动哲学,这决定了契约主体的各项活动都聚焦于"自身之内",缺少对他人维度的关注。相较而言,斯坎伦拒斥休谟的行动哲学,其外在理由关注回应过程且契约式的"一致同意"关注对他人生命价值的回应过程,个体的各项活动与他人维度紧密关联。简言之,高蒂耶理论对"目标—手段"的关注决定了其理论的目的论向度,而斯坎伦理论对"过程"的关注决定了其理论的非目的论向度。

---

[1] 这主要集中于《我们彼此负有何种义务》的第二章,对此可参照:Scanlon T. What We Owe to Each Other[M]. Cambridge: The Belknap Press of Harvard University Press,1998:133.

第三节 "保证活动"之上的"向度"

一、高蒂耶对"保证活动"的目的论分析

为了更好地理解两种契约论的目的论和非目的论向度,本节从高蒂耶和斯坎伦对保证(assurance)的分析入手,阐述两种理论的不同向度。高蒂耶是在订约理论中讨论保证活动。斯坎伦没有按照经典契约论的框架提出守约理论,它主要在契约主义的具体应用中讨论保证活动。如果两者是在不同的理论环节讨论保证活动,那么以保证活动展开向度研究是否可行?虽然保证在两种理论中处于不同的位置,但两种理论都为个体遵守保证的原因提供了说明,就缘何遵守保证这一具体问题而言,此项向度的分析是可行的。特别是,本节对保证的分析并不局限于契约理论的特定环节,而是从整体论证思路上考察保证活动。

高蒂耶自提出道德契约论之后受到了激烈批评,他不得不调整原有思路,从而提出了"范式论"[①]。在前期的契约论中,其论证的目的是说明个体从对效用价值的理性追求而推出道德约束的存在,这是通过守约理论中的约束最大化理性和半透明性说明的。为简单起见,这里将此时期的理论称为"倾向论",即契约主体在不同阶段表现出不同的倾向。在作为倾向论的契约理论中,个体的订约活动和守约活动都指向了期望效用的最大化。对保证活动的分析被转换成契约式的语言,遵守保证即遵守契约。在范式论中,高蒂耶不再强调期望效用,他转而关注个体是否遵守保证以使其"生活变好","生活变好"不同于前期期望效用的最大化,它涉及最终效用(ultimate utility)的提升,范式论与倾向论的不同之处是:范式论并不关注特定选择和活动,而是完整的慎思程序,即不同阶段的意向与行动是否符合实践合理性的要求,因此范式理论不涉及倾向论中关于稳定约束倾向的分

[①] 此理论的全称是"合理性的范式理论"(the pragmatic theory of rationality),它也被称作"实践合理性的范式理论"或被简称为"范式论"。高蒂耶于1994年提出此理论,对此可参照 Gauthier D. Assure and Threaten[J]. Ethics,1994,104(4):690-721.

析。可以看到，虽然两个时期的理论侧重点有所不同，但效用始终是高蒂耶关注的重点。在克莱尔·芬克尔斯坦(Claire Finkelstein)看来，相较于倾向论，范式论对实践合理性的说明更为成熟，高蒂耶作出此种改变的主要原因是：倾向论的品格倾向不能满足慎思的要求(deliberative requirement)，范式理论则可以满足。[1] 就此而言，范式论是对高蒂耶前期契约论的进一步完善。

然而，范式论仍旧存在一系列问题，迈克尔·布莱德曼(Michael Bratman)认为范式论对个体行动说明表现出"碎片化"的特征，其背后缺少康德式一致性的逻辑线索的支撑。[2] 范式论对保证的分析属于对生活的自我比较，这显示出某种"自我实践"和"自我管理"的特征。虽然它类似于康德式的"自我立法"，但仍缺少如康德意义上对纯粹实践理性的连贯逻辑说明。乔·明妥夫(Joe Mintoff)则认为范式论的实践性不强，虽然此理论比较了是否持有相关行动意向的最终结果，但在真实的行动中个体面临各种风险因素的影响，仅仅比较最终结果而忽视风险和其他概率事件导致了所进行的描述并不全面。[3]

在介绍了高蒂耶后期对契约论的改进之后，现在论述高蒂耶对保证活动的分析。承诺(promise)与保证容易混淆，如个体可以作出保证以及作出承诺，也可以遵守保证以及遵守承诺。学者们在建立不同的理论时对上述两个概念持有不同的理解，如明确区分保证和承诺或者将两者等同使用。在倾向论中，高蒂耶说："我们认为信守诺言、说真话、公平交易通过允许个体以其期望的公平方式合作被论证。"[4]也就是说，高蒂耶认为契约主体的守约活动与现实个体对诺言的遵守是相似的，那么他在倾向论时期并未明确地区分保证和承诺。

在范式论时期，高蒂耶较为集中地分析了保证活动，他说："当论及个体

---

[1] Finkelstein C. Pragmatic Rationality and Risk[J]. Ethics, 2013, 123(4):673-699.
[2] Bratman M. The Interplay of Intention and Reason[J]. Ethics, 2013, 123(4):667.
[3] Mintoff J. Rational Cooperation, Intention, and Reconsideration[J]. Ethics, 1997, 107(4):617. 芬克斯坦同样批评了范式论未考虑风险因素的影响，可参照：Finkelstein C. Pragmatic Rationality and Risk[J]. Ethics, 2013, 123(4):673-699.
[4] Gauthier D. Morals by Agreement[M]. Oxford：Oxford University Press, 1986:156.

提供的保证时,不仅仅表明个体的某种意向,但保证也不是如承诺那样会产生某种道德考量,本文的主题是合理性,而非道德。"①此时,高蒂耶明确区分了保证与承诺是不同的概念,他认为保证不是一个道德概念,因为它不包含道德内容,因此保证活动是在合理性的视域中被说明的。相较而言,承诺则包括了道德内容,它是一个道德概念。从上述引文可知,范式论的分析起点仍是合理性,高蒂耶不希望以道德概念作为分析起点,这与前期倾向论的整体思路是一致的,都是从合理性出发推出道德约束的存在。此时,高蒂耶特意强调保证的非道德内容以避免"循环论证"问题,但在阐述范式论的同一篇论文的后半部分,他却将保证与承诺混淆使用,如何区分不包含道德要素的承诺(commitment)和有道德内容的承诺(promise)? 高蒂耶对此并未提供明确说明。此外,高蒂耶理论的研究者将承诺和保证互换使用,因此高蒂耶语境中对承诺和保证的区分仍是成问题的。②

为了理解高蒂耶对保证活动的分析,这里引入互助案例。有 A 和 B 两个农民,A 收割庄稼时,由于能力所限需要 B 的协助,此时 A 向 B 作出保证(making assurance):如果 B 帮助 A 收割庄稼,A 也会如此帮助 B。这里,A 作出保证的目的是获取 B 的帮助,而之后遵守保证(keeping assurance)对 A 来讲却不是必需的。不帮助 B 将使 A 付出更少的成本,A 为什么要履行保证? 如果使用倾向论分析此案例,订约之前的个体持有直接的最大化理性,A 依照直接合理性不会履行保证,因为所付出的成本不符合直接合理性的要求。如果 A 不履行保证的意向在合作之前被 B 识别到,B 也不会帮助 A,这导致双方不会出现合作,这对双方都不利。在双方都是直接理性者的情况下,作出保证是没有意义的,因为即使作出保证也不会被执行。更进一步,将互助案例置于守约阶段分析,此时 A 和 B 都是约束理性者,即他们持有约束的最大化合理性。在半透明性的背景之下,A 获得 B 的帮助之后将表现出约束倾向。A 会付出相关成本,他也会履行之前的保证,因此合作得

---

① Gauthier D. Assure and Threaten[J]. Ethics,1994,104(4):693.
② 唐斯莱尔在分析高蒂耶的保证概念时曾将之视作守诺。可参照:Donselaar G. Sticks or Carrots? The Emergence of Self-ownership[J]. Ethics,2013,123(4):701.明妥夫在分析高蒂耶的理论时亦将守诺与保证等同使用。可参照:Mintoff J. Rational Cooperation, Intention, and Reconsideration[J]. Ethics,1997,107(4):612-643.

第七章　契约式道德论证"向度"

以顺利进行。问题是：如果合作仅是一次性的，那么倾向论将为此情况提供无效说明，因为这没有后续合作的约束。而对于足够多次数（如 N 次）合作的情形，在最后一次合作之前，双方都会履行保证，但从 N−1 次到第 N 次合作的过渡阶段，个体又将面对与一次性合作同样的问题，倾向论将无法对此予以说明，这表明倾向论对保证的说明是不完备的。

现在转到范式论的分析，此理论并不关注合作的次数，而关注履行保证对生活变好产生何种影响。生活变好是一个整体性的目标，它对个体的相关活动提出了合理性的要求。在布莱特曼看来，范式论意义上的"生活尽可能地变好"(life go as well as possible)依赖于自我以及他人的计划和行动，这涉及"生活计划"(life plan)。① 可以看到，范式论意义上实践合理性的要求与生活变好的考虑有关，它不关注最大化地实现期望效用。整体上讲，范式论的分析思路是：个体确定是否履行保证时，他只考虑能否使生活变好这一最终效用。如果履行保证比未履行保证可使生活变得更好，个体将履行此保证。范式论意义上的"生活变化"是一种更为整体的目标，个体对保证的履行即使未实现最大化的期望效用，它如果使生活变得更好，那么遵守保证而实施的相关活动是符合实践合理性的。问题是：如果个体是道德者，他已接受道德约束的倾向而使其遵守保证，范式论是否考虑了道德的作用？芬克斯坦认为道德虽然会产生上述影响，但使个体遵守保证的关键在于生活变好，道德在范式论中仅是一个"附带好处"(aside benefit)。② 可以看到，范式论同样将道德视作证成的结果，这一点与倾向论的思路是一致的。范式论作为高蒂耶对前期契约论的"内部改进"的理论，道德仍旧是工具性的。

总体上讲，无论在倾向论还是范式论中，保证是否被履行都是从它带来的好处分析的。倾向论聚焦于期望效用最大化的考察，范式论则集中于"生活变好"这一最终效用，因此两者关注的都是作为事态的结果，这是对保证活动的目的论式的理解，即高蒂耶对保证活动的分析表现出目的论的向度。

---

① Bratman M. The Interplay of Intention and Reason[J]. Ethics, 2013, 123(4):657-672.
② Finkelstein C. Pragmatic Rationality and Risk[J]. Ethics, 2013, 123(4):679.

二、斯坎伦对"保证活动"的非目的论分析

斯坎伦对保证的界定更为明确,其分析不存在如高蒂耶语境中的混乱使用情况。已知斯坎伦的契约主义集中于作为狭义道德范围的彼此义务的研究,无论保证还是承诺都是作为道德概念出现的,遵守保证和遵守承诺是道德义务,保证和承诺在一定程度上是可以等同使用的。[①] 斯坎伦在建立了契约主义理论之后,他将之主要用于两个议题的分析:一种是对责任的分析,另一种是对保证的分析。其中,保证又被视作独特的责任。

在分析承诺之前,斯坎伦批评了休谟和罗尔斯对承诺的分析。休谟和罗尔斯主要从社会层面考察守诺会带来何种好处,休谟将守诺视作"人为之德",它基于习俗和交往而形成,其根本作用是保障社会的有序运行。罗尔斯则将守诺视作提供公共善的工具。在斯坎伦看来,从社会实践的角度分析守诺是不必要的,通过他提出的契约主义即可完成对守诺论证。[②] 在斯坎伦看来,守诺不是为了获取更多的利益,它也不属于休谟式的"人为之德",他说:"守诺道德的核心是责任的履行,而赔偿观念至多是处于第二位的利益。"[③] 斯坎伦将守诺的道德责任称为"诺言道德"(the morality of promises),此议题被他转换为契约主义意义上的"彼此义务"。也就是说,诺言道德的道德要求与好处或惩罚无关,它是"没有人有理由地拒绝的道德原则"之上的义务。诺言道德中的道德原则被总结为"忠诚原则",其内容是:"如果(一)A 自愿且有意地导致 B;期望 A 将要实施行动 X(除非 B 同意 A 不如此做)。(二)A 知悉 B 想要对此有所保证。(三)A 依照此保证的目标行动,并有好的理由相信他或她已经如此做。(四)B 知悉 A 持有上述的信念和意向。(五)A 试图使 B 知悉上述情况,并了解 B 确实明晰此事。

[①] 在《我们彼此负有何种义务》(*What We Owe to Each Other*)中,斯坎伦不仅将承诺和保证互换使用,他有时也将承诺与协议(agreement)等同使用,即个体作出承诺和遵守承诺类似于订约和守约的过程。鉴于此,下文不再区分保证和承诺概念。可参照:Scanlon T. What We Owe to Each Other[M]. Cambridge: The Belknap Press of Harvard University Press,1998:314.

[②] Scanlon T. What We Owe to Each Other[M]. Cambridge: The Belknap Press of Harvard University Press,1998:314-315.

[③] Scanlon T. What We Owe to Each Other[M]. Cambridge: The Belknap Press of Harvard University Press,1998:302.

(六)B知道A拥有与此相关的知识和意向。接下来,在缺少特定证成的情况下,A必须做X,除非B同意X不被实施。"[1]

结合忠诚原则可知,承担守诺的责任是忠诚的表现。一个完整的诺言包括作出诺言和遵守诺言,如果诺言与保证等同,那这涉及作出保证和遵守保证的过程。按照这两个阶段的划分,在一个承诺之中将涉及两类主体:一个是许诺者,另一个是受诺者,即诺言的接受者。进一步,一个完整的承诺包括:许诺者提供了某种信念和期望,而此信念和期望恰好也是接受者所重视的,二者缺一不可。[2] 换言之,如果许诺者没有为接受者提供信念和期望,后续的守诺"无从谈起"。同样,如果受诺者并不重视此种信念和期望,保证关系也无法建立。可以看到,斯坎伦对守诺的主要分析思路是将诺言转化为责任,并将责任"具化"为许诺者提供的期望,那么个体作出保证的同时也意味着,许诺者将要实现以及有能力实现针对接受者"所许诺的"期望。

忠诚原则将对许诺者和受诺者产生影响,即他们会对忠诚原则持有不同的理由。对于许诺者,他是否遵守承诺将影响他与受诺者的人际关系,遵守承诺也会付出相关成本,这些属于与忠诚原则相关的理由。对于受诺者而言,对方是否守诺会影响其未来生活,这构成了他对忠诚原则持有的相关理由。结合斯坎伦对道德理由优先性的说明,在许诺者和受诺者持有的不同理由中,道德理由将居于优先位置。问题是,守诺的理由如何居于优先位置?斯坎伦引入如下例子予以说明:A许诺不将B的隐私信息公布于众,而这些隐私是B所看重的,他不愿意隐私被外人知道。此时,A的许诺为B提供了期望,且此期望是B所看重的,这样就建立了一种许诺关系。A对诺言的违背会伤害B,这包括泄露隐私的利益损失和情感伤害等,就此而言,此种对他人的伤害属于守诺的道德理由。[3] 在此案例中,对他人的伤害被视作道德理由的主要原因是:这没有体现对他人生命价值的重视。换言之,

---

[1] Scanlon T. What We Owe to Each Other[M]. Cambridge: The Belknap Press of Harvard University Press, 1998:304.
[2] Scanlon T. What We Owe to Each Other[M]. Cambridge: The Belknap Press of Harvard University Press, 1998:311.
[3] Scanlon T. What We Owe to Each Other[M]. Cambridge: The Belknap Press of Harvard University Press, 1998:303.

如果 A 尊重 B 的生命价值,他将不会通过泄露隐私的方式对 B 造成伤害。从上述案例可以看到,道德理由的确立是斯坎伦对保证活动分析的关键所在,而道德理由是非目的论的理由,因此这种对保证的分析表现出非目的论向度。

三、对保证活动分析的整体评价

斯坎伦将保证视作一个道德概念并将履行保证视作一种道德义务,这使得他可以使用其契约主义理论分析保证活动。然而,高蒂耶强调保证概念不包含道德内容,他试图从效用角度分析履行保证的过程。简单讲,斯坎伦关注"保证的道德"(morality of assurance),利益得失在保证分析中不是"第一位的"。相较而言,高蒂耶关注"保证的合理性"(rationality of assurance),履行保证建立在对效用的合理追求之上,它不属于义务领域主题。

在斯坎伦的分析中,个体作出保证表明这已经进入道德领域的分析,作出保证将产生道德义务。如果将休谟和罗尔斯从社会实践层面对守诺的分析视作基于特定利益的分析,高蒂耶的理论亦可视作对此种思路的继承。守诺使后续合作得以继续,因为个体做出保证吸引了对方的合作,这有助于实现个体自身的目标。换言之,休谟、罗尔斯和高蒂耶关于守诺的分析是目的论的。然而,在斯坎伦的理解中,对保证目的论式的分析论证,因为利益等结果在其中不占据主要位置,即使守诺带来了好处,也是一种附属的结果。

现在的问题是:哪一种对保证的分析更为符合现实境况?现实个体的保证活动可能与道德理由有关,也可能是基于利益的考虑,高蒂耶和斯坎伦只选择了现实情境的一个侧面。虽然斯坎伦认为他的分析更为基础,但在现实情境中并不能有效地区分出保证的利益基础和道德基础,这说明两者对保证之分析仅"部分有效"。实际上,分析保证活动时所展现的目的论与非目的论特征,是由不同的行动哲学基础所致。高蒂耶的理论建立在"封闭个体"的描述之上,他对保证活动的分析也以个体封闭视角为基础。相较而言,斯坎伦对保证的分析延续了他建立契约主义理论对"开放个体"的描述,

第七章　契约式道德论证"向度"

因此履行保证体现了对他人生命价值的重视,此种保证的履行与高蒂耶意义上吸引对方合作以及保障合作关系没有关联。

在对保证活动的分析中,斯坎伦意义上的"保证期望"不同于高蒂耶式的"期望效用",保证期望是不能被量化的数量指标。例如,A 保证不泄露 B 的隐私信息,对 B 所提供的保证期望不能"简化为"具体的数值。泄露与不泄露隐私信息有着明确的界限,这是"非此即彼"的关系。也就是说,履行保证的过程是基于道德理由的"回应过程"。特别是,斯坎伦认为非道德的动机(如利益之上的激发效力)或非道德理由不产生责任。[1] 简言之,高蒂耶承袭了休谟行动哲学的目的论特征,作出保证和遵守保证的活动都属于目的论式的活动,它指向的目的是:倾向论意义上的期望效用以及范式论意义上的最终效用。斯坎伦对保证活动的分析延续了外在理由论和契约主义的过程特征,因此作出保证和履行保证是非目的论的活动。

本章将高蒂耶和斯坎伦的契约论向度总结为目的论和非目的论。目的论的特征"贯穿于"高蒂耶前期道德契约论和后期范式论之中。斯坎伦的契约主义强调对外在对象的回应过程,此过程性体现了非目的论的特征。然而,"过程"与"目的"都是分析个体活动的切入点,它们共同刻画了个体活动之"全貌",高蒂耶理论对"目的"的强调以及斯坎伦理论对"过程"的关注预示着两种理论是有"限度"的,此为下一章之主题。

---

[1] Scanlon T. What We Owe to Each Other[M]. Cambridge: The Belknap Press of Harvard University Press, 1998:308.

第八章　契约式道德论证"限度"

上一章论述基于行动哲学基础和道德论证思路阐述了两种理论的不同向度。延续此种思路,两种理论的"限度"由行动哲学基础和道德论证思路的局限性所致,本章的内容有:首先论述高蒂耶对斯坎伦理论的批评以及斯坎伦的回应;其次论述两种契约论不同的适用范围;再次阐述契约论对生活说明的限度;最后阐述两种理论的"循环论证"问题。

第一节　"自我证成"和"他人证成"

在斯坎伦的契约主义中,实施道德正当行为不是为了提升自身的期望效用,它是基于他人生命价值的回应,此时行动理由是外在的。高蒂耶的道德正误与他人无关,它是基于自我利益的提升而被理解的。对高蒂耶而言,道德正误的分析无需考虑他人,可证成倾向是多余的。高蒂耶认为契约的一致同意是"所有主体的接受",而不是"向他人的证成",因此高蒂耶说:"在最深层意义上,我拒绝如下观念:道德的核心部分依据相互亏欠来理解。我认为最基本的道德观念不要通过在未经他人同意的情况下,使他人境况变坏而使自身境况变好并获得利益。"[①]这里有两点需要强调:第一,高蒂耶认为个体判断(包括道德判断)是基于自身境况的判断,这可能包含对他人的考虑,但前者居于核心位置,后者仅仅是实现自身目的的手段。第二,"自身

---

① Gauthier D. Are We Moral Debtors? [J]. Philosophy and Phenomenological Research,2003,66(1):162-168.

境况变好以及他人的境况变坏"是指高蒂耶契约论中的洛克条款,因此高蒂耶在这里作出的批评是从他的互惠契约论出发作出的批评,这样容易产生的误解是,高蒂耶将斯坎伦的"亏欠"(owe)理解为对具体利益的"让步",但是斯坎伦的"亏欠"是一种道德义务,它与具体利益的"补偿"没有任何关联,因此这是高蒂耶的误解。高蒂耶认为个体在实际行动中不会时刻关注生命价值,生命价值也不会使个体有可证成的倾向。[1] 一个行动无需向他人证成,从高蒂耶建立契约论之前的"互不关心"前提可以看到,个体不会主动向他人表现出证成的倾向。即使由于合作而指向他人,这也是由自身能力和资源的限制导致的,它不是对他人生命价值珍视而表现的证成倾向。

在批评了可证成倾向之后,高蒂耶认为有理由地拒绝同样存在问题,假如个体 A 和 B 以有理由地拒绝的方式达成了一致同意的原则,此时个人 C 被引入有理由地拒绝的分析中,高蒂耶认为无法确定 C 的特定关注如何成为有理由地拒绝的基础。[2] 每个人的关注点以及持有的偏好不同,它们不能被直接放到有理由地拒绝的分析过程之中,因此拒绝的分析无法进行。在对可证成倾向和有理由地拒绝的批评上,高蒂耶总结道:"一个契约理论必须具备两个要素:一是提供个体被激发达成协议的原理;二是必须为协议提供一个可靠基础。"[3]一方面,人们对价值持有主观的理解,基于生命价值的重视不一定会表现出可证成倾向,这使得斯坎伦所论述的协议缺少可靠基础。另一方面,如果可证成倾向根本不存在,斯坎伦则无法提供激发达成协议的相关说明。因此,斯坎伦在这两方面都是缺失的。

面对高蒂耶的批评,斯坎伦如何回应?斯坎伦认为可证成的必要性存在于对价值的不同理解中。[4] 根据前面对价值的论述,斯坎伦的理论涉及非目的论价值。正是基于对非目的论的生命价值的重视,合理生物必须对

---

[1] Gauthier D. Are We Moral Debtors? [J]. Philosophy and Phenomenological Research,2003, 66(1):165.
[2] Gauthier D. Are We Moral Debtors? [J]. Philosophy and Phenomenological Research,2003,66 (1):166.
[3] Gauthier D. Are We Moral Debtors? [J]. Philosophy and Phenomenological Research,2003,66 (1):168.
[4] Scanlon T. Review:Reply to Gauthier and Gibbard[J]. Philosophy and Phenomenological Research,2003,6(3):185.

此回应,从而表现出可证成倾向。这种倾向存在于合理生物之间,它不是合理生物对非合理生物表现的倾向,如个体 A 可能珍视森林的生态价值或艺术品的价值,但森林和艺术品并不是合理生物,这些价值与生命价值不同。不同个体有不同的喜好和知识,他们可能对森林和艺术品的价值有极为不同的理解,因此合理生物不可能就非个人价值向他人证成,如一个人欣赏某个艺术品,并不意味着其他人也会同样欣赏它。

即使可证成倾向不是针对非合理生物,这仍未回应高蒂耶的批评(即可证成倾向为什么会存在)。斯坎伦需要回应的是生命价值为每个合理生物所具有,且所有合理生物都关注这种价值,就此来讲,生命价值构成了一个分析的平台,它连接了不同个体。生命价值的特殊性决定了人们必须以某种合理方式回应它,这种合理的方式显然不包括伤害他人生命、不尊重他人的生命价值等。在某种程度上讲,对他人生命价值的重视所进行的考虑激发了道德行动,换句话说,个体不能实施错误的道德行动,这将影响其生活和人际关系,此即斯坎伦所说的"我反对某种坏事的理由将变成其他人不如此行事的理由"①。如果道德行动不仅自我相关,而且对他人和共同生活产生了影响,那么道德行动必须向他人证成,可证成倾向起到了"桥梁"作用。在斯坎伦理论中,人们虽然不可能对价值进行"通约化地直接比较",但基于对生命价值的共同关注,这将使"合理生物"表现出可证成倾向。

引出可证成倾向的关键在于:道德不仅与自我有关,它也涉及他人维度;而高蒂耶批评可证成倾向的出发点是,从自利契约论意义上"自我关切的封闭个体"出发,然道德行动不仅关乎自我偏好的最大化。针对高蒂耶对"自我关切"的描述,斯坎伦的回应是:"自我关切固然是一个有趣主题,自我证成的思路不得不诉诸某种先在次序(原则和理由),这样只会使之前的论证归于无效。"②例如,康德式原则的确立是实践理性的"自我立法",而不是"他人立法"。康德伦理学诉诸的是上述引文的"先在次序",故而存在"循环

---

① Scanlon T. Review: Reply to Gauthier and Gibbard[J]. Philosophy and Phenomenological Research,2003,6(3):185.
② Scanlon T. Review: Reply to Gauthier and Gibbard[J]. Philosophy and Phenomenological Research,2003,6(3):188.

论证"的问题,这也促使斯坎伦选择"向他人证成"此种非"自我关切"的方式建立契约主义。简单地讲,高蒂耶理论涉及"自我证成性"(justifiability to myself),斯坎伦理论涉及的则是"他人证成性"(justifiability to others)。需指明的是:虽然高蒂耶理论表现出"自我关切"的特征,但他并未诉诸某种"先在次序"进行论证,而是以偏好的"相对让步"和"约束理性"展开道德论证。就此而言,斯坎伦对高蒂耶理论"自我关切"的批评只"部分正确"。

可以看到,不仅高蒂耶对斯坎伦理论有所误解,斯坎伦也过于简单地理解了高蒂耶的理论,他忽略了或者并未详尽考察高蒂耶建立契约论时所使用的独特方式。撇开行动理由的内在主义和外在主义深层分歧不谈,若只从现实层面考察处于共同生活中的个体,他们既然参与共同生活,必然会关注自身和他人的生命价值,过度地曲解、不重视甚至蔑视他人的生命价值,将使他们被逐出共同生活,因此人们存在一种"被他人认可的倾向",无论这种倾向是潜在还是外在的。高蒂耶的契约论并未把握此种特征,他只将他人视作实现自身目的之手段,因而忽视了生命价值在道德中的位置。或许这一生命价值隐藏过深,以至于高蒂耶的道德论证仅仅把握了利益层面,而忽视了此深刻基础。即使高蒂耶基于利益的道德论证是成功的,它也未从根本上把握道德的本质。道德不仅是利益提升的工具,它也反映了生命价值的重要意义,因此高蒂耶对斯坎伦式的生命价值及其可证成倾向的指责失之偏颇。

上面对斯坎伦的可证成倾向作了相关辩护,这里将为"有理由地拒绝"予以辩护。在高蒂耶的指责中主要存在如下问题:首先,斯坎伦式契约是理论上的假想契约,"有理由地拒绝"之上的一致同意不可能对每个合理生物予以检验。高蒂耶从具体合理生物来批评拒绝过程,这是对斯坎伦契约主义的错误理解。其次,高蒂耶认为"有理由地拒绝"缺乏稳定基础,但斯坎伦的理论始终有生命价值这一基础,且斯坎伦对生命价值到道德价值和可证成倾向的过渡过程以及道德理由重要性和优先性都有详尽的描述,故高蒂耶的上述批评并不成立。高蒂耶关于"关注他人"是"有理由地拒绝"之基础的批评,试图表明"对他人的关注"不同于个体"自我关注",即两种关注不能同时是"有理由地拒绝"之基础,斯坎伦不反对此种论点。然而,对生命价值的共同关注更为重要,它是确立道德理由的关键。换言之,不同个体不可能对偏好持有共同关注,它不是确立道德理由的关键所在。

通过上述分析可知,无论对可证成倾向的指责还是对"有理由地拒绝"缺乏稳定基础的指责,这些职责并不合理。斯坎伦的理论虽被冠以"契约论",但此理论的独特切入视角以及达成"一致同意"的独特方式,已经使其与经典契约论"相去甚远"。当学者们试图分析或者批评斯坎伦的契约主义时,一种常见的分析方式往往是按照经典契约论的结构来理解它,如高蒂耶说:"斯坎伦的理论无疑是建立于广义康德契约主义之上的最有力和可行的理论。但是我们仍旧相信真正想要的(同样是广义的)是霍布斯式的契约主义。"[①]从这里可以看到,一方面,高蒂耶将斯坎伦的契约主义理解为广义的康德主义。另一方面,他提出的批评主要建立在霍布斯主义之上,如对"亏欠"和价值的不同理解已经存在于康德主义和霍布斯主义的争论中,高蒂耶坚持霍布斯主义以及他提出的"当代霍布斯主义的契约论"更具优势。问题是:虽然斯坎伦在某些方面可以视作广义的康德主义者,但其建立的并不是"康德式的契约主义"。实际上,按照斯坎伦的理解,他建立的契约主义理论与康德主义有完全相反的思路,并且在某些重要方面(如理由和理性的关系方面)甚至是反对康德主义的。[②] 因此,当高蒂耶按照康德主义和霍布斯主义的冲突来批评斯坎伦理论时,这种出发点是错误的。

弗里曼曾认为契约论有两个基本的构成要素:可接受性和互利性。他认为高蒂耶将这两个要素等同对待,斯坎伦则将二者视作独立的。[③] 实际上,不仅仅是高蒂耶理论,其他的基于利益的契约论也往往将二者视作等同的,这是因为只有当契约对双方都是有利的,它才有可能实现一致同意。但在斯坎伦的契约主义中,即使契约使双方互利,这种带来的好处也仅是附属结果,它与可接受性不能简单等同。一边是高蒂耶基于理性选择理论对道

---

① Gauthier D. Are We Moral Debtors? [J]. Philosophy and Phenomenological Research, 2003, 66(1):162-168.
② 对此可参照:Scanlon T. How I Am not a Kantian[M]//On What Matters (volume two). Oxford: Oxford University Press, 2011. 下一章将详细阐述斯坎伦对康德主义的反对意见。
③ Freeman S. Contractualism, Moral Motivation and Practical Reason[J]. The Journal of Philosophy, 1991, 88(6):281-303.

德正误分析,一边是斯坎伦关于彼此义务的道德正误分析,何者的论证是正确的?在高蒂耶看来,彼此义务的分析视角仅仅是对道德正误分析的众多切入点之一,在很多情形下,道德正误与彼此义务没有本质关联。[①]

高蒂耶对斯坎伦理论的批评是站在内在主义视角之上,斯坎伦则从外在主义视角进行回应。本小节对两种道德论证思路持"折中态度",即两种论证仅仅是"部分正确的",他们均描述了同一问题的"一个侧面",此为两种理论之"限度"。虽然斯坎伦关于外在理由之上的"向他人证成"与高蒂耶内在理由之上的"自我证成"是"针锋相对"的,但这不能说明一种理论正确,而另一种理论是错误的。在个体的现实实践中,道德考虑既可能有对自我利益的考虑,也包括生命价值之重视,故两种论证仅仅提供了"部分正确"的答案。个体所处的现实情境过于复杂,伦理学家在建立理论时"不得不"采取某种简化,由此展开的描述和论证将产生"顾此失彼"的结论。

此"顾此失彼"的状况亦体现在行动理由的"限度"上。在内在主义中,欲望和偏好等是行动理由的最初源头,人类与其他物种在此方面的表现相似,因为其他生物也持有欲望并由欲望激发而实施行动,如动物的生理欲望以及捕猎行动等。就此而言,虽然欲望之上的行动理由可以描述人类主体的相关活动,但此描述未能把握"人之为人"的本质特征,因为动物也可能持有此种行动理由,故以此为基础的契约论有其局限性。这在高蒂耶的契约论中表现尤为明显,此时道德"退化"而成为"工具",将他人视作"手段",而不再是作为人的"目的",此种对个体之描述以及道德约束之论证未显示出人与其他物种的太大区别。易言之,高蒂耶契约式的道德论证未能把握道德最本质的方面,而这恰恰是"人之为人"的关键特征。道德生活是人类特有的,接受道德约束以及实施道德活动是人类有别于其他物种的关键,故对道德的理解不应仅停留在"追求利益之工具"的解读之上。反观斯坎伦的契约主义,它对彼此义务的道德论证把握了"人之为人"的特征,它以契约主义的方式将他人视作"目的"而非"手段"。也就是说,每个合理生物的生命价

---

① Gauthier D. Are We Moral Debtors? [J]. Philosophy and Phenomenological Research,2003,66(1):162.

值是实施道德上正当行动的根本指向——利益、偏好之满足、福利最大化以及期望效用最大化,无论上述概念有何种"称谓"或以何种方式而论证了道德约束之必要性,这并未把握住"人之为人"的道德属性。如帕菲特批评内在主义者时所言:"其他动物可以被欲望或信念激发,只有我们可以理解以及回应理由。"① 斯坎伦的理论把握了此种特征,如在其对道德理由优先性和重要性的阐述中,只有合理生物才能够认识和持有道德理由,这是其他生物所不具有的能力。从此种角度上讲,斯坎伦的论证更为深刻地把握了"人之本质"以及道德的特征。

第二节 道德契约论的适用范围

高蒂耶和斯坎伦都将契约作为分析平台。高蒂耶将契约用于不同个体的主观价值谈判,价值又建立在深思熟虑的偏好之上,未持有深思熟虑的偏好以及对契约没有贡献的个体被排除在契约之外。斯坎伦的契约主义也有类似要求,只有"有理由性"的个体才参与原则的拒绝过程之中,这意味着两种契约论的适用群体有限。

斯坎伦在契约主义中引入了"道德范围"(scope of morality)这一术语,如果将"道德范围"理解为契约论的适用范围,那么它可以视作"一致同意的范围"(scope of agreement)。按照此理解,高蒂耶理论涉及"合理的一致同意"(rational agreement),斯坎伦则是"有理由的一致同意"(reasonable agreement)。在介绍道德范围之前,学者们常将"道德范围"与"道德共同体"等同使用。陈真在论述斯坎伦的理论时说:"无法合理拒斥这些理由的人们构成了一个道德的圈子或道德的共同体,斯坎伦称之为'道德的范围'。"② 严格地讲,道德共同体与道德范围是不同的。社群主义者将有共同倾向的个体组成的集合称作"共同体",那么道德共同体强调了此集合的共同道德倾向。斯坎伦的道德范围不止于此,它不单由共同倾向的个体组成,

---

① Parfit D. Reasons and Motivation[J]. Aristotelian Society,1997,71(1):127.
② 陈真. 当代西方规范伦理学[M]. 南京:南京师范大学出版社,2006:222.

其内容更为广泛,不仅包括承担道德义务的道德者,还包含婴幼儿、智力残缺者、能力不足者甚至其他物种,故道德范围与道德共同体有所重叠,但不等同。

道德范围是针对斯坎伦所区分的"狭义道德"和"广义道德"来讲的,即狭义和广义的道德范围。前者涉及人际间的道德范围,此为契约主义所聚焦的彼此义务范围;后者不仅包括狭义道德,还有关于个体之内的道德分析。按照广义和狭义道德的区分,高蒂耶的契约论是何种类别?一方面,高蒂耶不关注斯坎伦式的彼此义务,它关注个体偏好的满足。从这个角度讲,其理论不属于狭义道德范围的分析。另一方面,高蒂耶的理论涉及对个体的交往、谈判和合作,它涉及人际的道德分析。显然不能简单套用广义道德和狭义道德以确定高蒂耶的契约论范围。

契约论往往只考察能参与协议的个体,其他个体被排除在外,此种应用范围的有限性使其饱受批评。理论的特征是普遍适用性,道德契约论不能简单地将未参与个体排除在外,鉴于作为伦理学理论的道德契约论是关于人的研究,故本节将以作为人的能力不足者(婴幼儿和智力欠缺者)为切入点考察两种理论的适用范围。历史上,政治契约论对能力不足者的分析主要集中于政治层面,罗尔斯正义论将能力不足者置于"无知之幕"中予以分析。在罗尔斯的"思想试验"中,"无知之幕"中的个体不能确定自身是否是能力不足者,正义原则以及所建立的正义社会涵盖了能力不足者。在高蒂耶和斯坎伦的理论中并不存在"无知之幕",两者描述的个体都知悉自身境况,他们如何应对能力不足者的问题?如果契约双方处于平等地位,能力不足者具有何种地位?两种理论如何保障能力不足者的权利?

这里将首先引入克里斯托弗·莫里斯(Christopher Morris)关于道德地位的论述,在此之上论述两种理论对能力不足者的相关分析。莫里斯认为道德地位描述了个体之间的关系,它外显为主体对他人所实施的行动。[①]莫里斯将道德目标(moral object)分为直接目标和间接目标,前者无需借助

---

① Morris C. Moral Standing and Rational-choices Contractarianism[M]//Essays on David Gauthier's Morals by Agreement. Cambridge: Cambridge University Press,1991:76-90.

任何中介即可成为个体思考的对象,后者则由于与特定个体存在某种关联而使其成为道德思考对象,如他人是某人所喜爱的,此种偏爱关系使之成为间接的道德目标,直接道德目标表明了他是被直接道德思考的对象。① 虽然道德客体有道德地位,但道德主体不一定有道德地位,如能力不足者由于不能道德思考而不能成为道德主体,但他作为被思考的对象而拥有道德地位。进一步,若存在道德客体,亦相应存在道德主体,这是对笛卡尔开创的主体哲学之承袭。在笛卡尔那里,主体是思维和存在的中心,他可以"我思故我在"。就此而言,道德主体和道德客体承袭了此路径的主客之分。然而,道德主体和道德客体是有所区分的,一个人可同时是道德主体和道德客体,如一个成年人可作为道德主体就某对象进行道德思考,他亦可作为道德客体是他人思考的对象。道德主体之道德思考能力,反映了人之"能动能力"(agency),即人是作为"道德主动者"(moral agent)出现,与之相对应的是"道德受动者"(moral patient)。假如人类是受动对象,此对象是有所依赖或被影响的,而能动主体则能动地向外施加影响。概言之,受动性展现出消极特征,它表明了对某种能力和活动的被动接受。显然,在高蒂耶和斯坎伦的道德契约理论中,契约主体都是具有能动能力的能动者,但他们尚不一定具有道德能动性,因能动能力不同于道德能动能力。

若将上述概念基础置于高蒂耶语境中,高蒂耶明确表示契约参与者必须对合作有所贡献,其最低标准是:个体有深思熟虑的偏好并持有工具合理性。而对于能力不足者,他不持有深思熟虑的偏好和工具理性,他完全不能参与合作,故他们不是高蒂耶契约论的考察对象。如果高蒂耶在订约前将能力不足者排除在外,订约后形成的"潜在正义社会"是否考虑了能力不足者?实际上,"潜在正义社会"在现实中并不存在,它是理论上存在的假想社会。虽然高蒂耶认为"潜在正义社会"中个体是平等的且享有基本权利,但如何保证能力不足者的平等地位和基本权利,高蒂耶并未论及。按照莫里斯对道德地位的定义,虽然能力不足者未参与契约,但他们仍有道德地位,因此道德契约论者不能对能力不足者"避而不谈"。或许高蒂耶可以按照如

---

① 道德目标也可以被理解为道德客体。

下方式将能力不足者纳入进来：他们虽未参与契约，但会间接地影响订约者偏好，如能力不足者的父母关注效用提升时亦间接地关注了能力不足者。然而，上述讨论仍是成问题的。首先，深思熟虑的偏好关注当下，它是在市场中被讨论的。在市场交往中，亲情、道德等关系被排除在外。其次，偏好内容是给定的，至于能力不足者如何影响以及在多大程度上影响了个体偏好，这难以确定。

高蒂耶道德论证的范围仅限于市场交往，而市场交往仅是个体所处的众多情境之一，基于市场交往推出道德约束的结论能否直接用于个体生活的其他领域仍存疑。高蒂耶后续引入了"阿基米德点"和"潜在正义社会"，前者将拥有不同偏好的具体个体抽象化为普遍个体，此时在"阿基米德点"之下的所有个体都表现出约束倾向；后者则是道德契约论之上的制度伦理建构，所引入的两个概念能否扩展此理论的应用范围？"阿基米德点""看似"考虑了每一个订约个体，从而保证了论证的无偏倚性，但它仍未将能力不足者等群体考虑进来，这种抽象化只是对工具合理性个体的抽象，故高蒂耶的契约论没有将能力不足者纳入理论范围之内。

相较于高蒂耶的理论，斯坎伦的契约主义则展示出更好的包容性。对斯坎伦而言，能力不足者亦是共同生活中的一员，这表现在两个方面。首先，他们具有生命价值，有理由性的合理生物不能忽略他们的生命价值，合理生物必须对能力不足者的生命价值作出相关回应，换言之，他们必须承担能力不足者的道德义务。其次，他们可能与合理生物存在某种关联，如血缘关联、朋友关系等，斯坎伦以"委托"的方式将此类群体纳入其契约主义之中。委托不是一个全新概念，古典契约论者将"委托"用于政治权利在不同主体之间的转换之中，如个人与政府、被代理者和代理人的委托关系。不同的是，古典政治契约论强调政治权利之委托，斯坎伦关注道德权利的委托。对斯坎伦而言，个体是道德主体还是道德客体不重要，只要个体拥有生命价值，他们就具有道德地位和基本道德权利，故其契约主义没有忽略能力不足者，而是考察了能力不足者的道德义务。就此而言，斯坎伦理论的适用范围广于高蒂耶的理论。

除了上述以莫里斯概念为基础的分析之外，陈代东提出从道德行动、道德行动主体和道德受众进行分析[①],这是基于契约订立者和契约影响者的切入视角。首先,在道德行动方面,在高蒂耶理论中,个体实施道德行动是为了满足深思熟虑的偏好,斯坎伦的道德行动则是可证成倾向之表现,它体现了对他人生命价值的重视。其次,在道德行动主体方面,高蒂耶式的订约双方是平等的工具理性者,他们持有平等的谈判能力,此谈判能力的平等仍属于霍布斯意义的"能力平等",如物理能力、智力水平的平等。[②] 斯坎伦未讨论能力平等,其理论预设平等的道德地位,此平等由每个个体的生命价值决定。推此而言,高蒂耶的谈判能力平等不同于斯坎伦意义道德地位之平等,前者只把握了个体现实能力的某一方面,后者则把握了生命价值这一深刻基础。最后,在道德受众方面,高蒂耶契约论的受众者主要是契约参与者,斯坎伦理论的受众者不仅有订约双方,还包括了所有具有生命价值的个体。高蒂耶的理论强调互惠性,它体现了个体的外显诉求,在互惠性方面,能力缺失的个体不能纳入理论的考察之中。斯坎伦则强调可证成性,这不是高蒂耶式显性诉求,而是深层生命价值的道德要求。概言之,从上述三个方面的论述可知,斯坎伦理论的适用范围广于高蒂耶的理论。

第三节 关于生活的说明

一、基于效用的生活说明

伦理学理论为生活实践提供指导,如功利主义"最大多数人的最大幸福"是对"好的生活"的分析。与上节契约范围讨论面对同样的问题,高蒂耶和斯坎伦承袭了契约论传统的个人主义特征,他们都基于个人主义视角展开道德论证而忽视了对道德生活的整体考察。在高蒂耶理论中,行动理由源于偏好,对生活之说明亦被简化为关于偏好满足的分析。斯坎伦的理论主要讨论彼此的道德义务,但个体生活的复杂性决定伦理学理论不可能对

---

① 陈代东.论斯坎伦论道德契约主义的范围[J].上饶师范学院学报,2014(4):14-19.
② 霍布斯.利维坦[M].黎思复,黎廷弼,译.北京:商务印书馆,1997:101.

生活所有方面予以有效说明。高蒂耶和斯坎伦的理论亦是如此,那么它们为生活以及"生活变好"提供了何种说明?

在布莱特曼看来,"生活变好"只是一个"未被理论化的观念"(untheorized idea),它是主观主义的。① 若如此,每个人对生活、生活质量以及"生活变好"持有完全不同的理解,如某人认为"从忙碌到安静"是"生活质量的提升",另一人则认为"忙碌"是"好生活"的基本特征。显然,试图为"生活变好"提供普遍说明并不可能,它亦不可以在个体之间直接比较。

高蒂耶曾总结了评价生活方式时需考察的四个方面:人口密度、个体寿命、物质福利以及机会广度。② 人口密度是对个体真实境况的说明,人口密度过大表明个体可获取的资源更少,由此导致更为激烈的竞争。对于第二个方面,高蒂耶认为寿命增加是生活变好之表现,这意味着福利水平较高。常识上讲,寿命与福利水平是"正相关"的,帕菲特则认为寿命和生活质量没有本质关联,一个人即使生命短暂,但他可能更希望短暂的生命中能有所成就,也不愿过漫长无聊的一生。③ 从严格哲学层面上讲,关于生活质量以及生活变好的分析涉及死亡哲学意义的"无限生命悖论"的问题,如个体生命无限延长导致的无意义性的结果,故寿命是否是生活变好的外显仍存有疑义。对于第三个方面,一些伦理学家(如帕菲特)认为物质福利与生活变好没有本质关联。④ 最后在机会广度方面,机会增多意味着个体有更多的选择,高蒂耶将选择视作提升福利或满足偏好之手段,他认为"个体面对的有效机会可以改变其生活方式,进而增加个体福利"⑤。

显然,上述方面是从个体拥有的手段以及产生的最终结果所展开的生活说明,此为目的论的解读方式。高蒂耶认为所有个体都追求"生活变得更好"(life goes as well as possible)的目标,此目标为个体提供了行动理由。⑥ 就此而言,生活变好被简化为偏好满足,而道德成为高蒂耶契约论意义上的

---

① Bratman M. The Interplay of Intention and Reason[J]. Ethics,2013,123(4):658.
② Gauthier D. Morals by Agreement[M]. Oxford:Oxford University Press,1986:288.
③ Parfit D. Reasons and Persons[M]. Oxford:The Oxford University Press,1986:498.
④ Parfit D. Reasons and Persons[M]. Oxford:The Oxford University Press,1986:499.
⑤ Gauthier D. Morals by Agreement[M]. Oxford:Oxford University Press,1986:290.
⑥ Gauthier D. Assure and Threaten[J]. Ethics,1994,104(4):690-721.

偏好满足之手段,故这是"工具性的道德"对生活变好的说明,是从具体利益出发所作的阐述。然而,深思熟虑的偏好仅仅与当下有关。生活则是一个整体性的概念,它不仅与当下有关,也有未来指向。就此而言,基于偏好的生活描述并不全面。根本上讲,高蒂耶所描述的"生活变好"仅仅是"私人生活变好",这与他人无关。概言之,生活变好是主观化的概念,但基于偏好的相关解读过于狭隘,如邓肯·麦金塔施(Duncan MacIntosh)提出了反对意见,他认为生活变好与欲求满足不能等同使用。欲望的内容是多样以及开放的,它包括对福利的欲求,对事态之客观善的欲求以及遵守普遍道德原则的欲求等。[①] 如此理解,偏好的满足只是欲求的方面之一,故这是对"生活变好"的部分说明。

若偏好满足的阐释思路并不全面,高蒂耶后期的"范式论"可否为生活变好提供更整体的说明?在范式论时期,高蒂耶从最终效用的提升来说明生活变好,但他仍未对"生活更好"予以明确的定义,他只是在直觉层面讨论某人所认为的某事更为重要,并以此事的实现作为生活变好的表现。现实中个体的生活变好是整体目标,它不仅包括了私人目标的实现,亦不能被简单地归为"重要之事的实现",它也包括对非目的论价值的回应过程,此为斯坎伦契约主义的研究主题。

二、斯坎伦契约主义关于生活的说明

斯坎伦明确将契约主义限定在狭义道德范围,道德关系支撑了共同生活中的其他关系,那么此种契约主义为个人的私人生活计划"预留了空间"。然而,若彼此的道德义务对个体提出了过高的要求,这是否会影响个体计划的制定及其个人生活?斯坎伦并不如此认为,契约主义所指导的道德生活本身为生活的一部分。在他看来,福利理论之上生活变好的说明是成问题的,斯坎伦区分了三种常见的福利理论:欲望理论、经验理论和客观清单理论(实质善理论)。对于欲望理论,生活变好是通过欲望的满足和欲望的比

---

① MacIntosh D. Assuring, Threatening, a Fully Maximizing Theory of Practical Rationality, and the Practical Duties of Agents[J]. Ethics, 2013,123(4):626.

较予以说明。① 后两种理论的生活说明不以欲望为基础,实质善物理论诉诸实质善物,如罗尔斯式的"社会基本善",经验理论则是作为特殊的实质善理论出现的。

总体上讲,斯坎伦认为欲望过于具体且仅反映当下诉求,而生活包含了未来维度之考量,故欲望不足以为其提供说明。② 易言之,欲望理论过于强调欲望之目标的实现结果,而忽视了生活变好之"过程"。若如此,以个体理性目标来提供生活的说明是否可行? 这首要面临的问题是:个体在真实的行动中并不能确定选择何种理性目标,斯坎伦按照拉兹的方式而将整体理性目标与生活计划等同。③ 但此方式仍存在问题,因为理性目标仅是福利的构成要素之一,它并非福利的全部。上述分析表明各种形式的福利理论都不可行,斯坎伦的契约主义理论是否优于福利理论的生活说明? 在批评福利之后,斯坎伦曾简单提及了可证成性与道德价值,"两者作为一般价值可为生活提供说明"④。然而,说明的具体方式则是在后续章节被分散地论及。斯坎伦说:"以此种更为一般的价值(指道德价值)的要求而生活,这使我们与他人更和谐地生活在一起,而使我们的生活变得更好。因此指导我们的价值仍是多元的,且不仅仅是目的论的。"⑤ 此论述提供了两点启示:一是道德价值有多种类别,它可以按照目的论以及非目的论的方式显现出来,"道德价值所要求的生活"会使个体与他人和谐共处,而斯坎伦理论关注的只是人际间的彼此义务,因此这是对某些道德价值的分析。二是斯坎伦契

---

① Scanlon T. What We Owe to Each Other[M]. Cambridge: The Belknap Press of Harvard University Press,1998:113.
② 这里,斯坎伦受到了帕菲特论点的影响。帕菲特认为相较于"当下欲望"(local desire),"整体欲望"(globe desire)可为生活变好提供更为合理的说明。当下欲望不是整体欲望之基础,整体欲望却可以为当下欲望提供指导,可参照:Parfit D. Reasons and Persons[M]. Oxford: The Oxford University Press,1986:497.
③ Scanlon T. What We Owe to Each Other[M]. Cambridge: The Belknap Press of Harvard University Press,1998:118.
④ 可参照:Scanlon T. What We Owe to Each Other[M]. Cambridge: The Belknap Press of Harvard University Press,1998:142-143.斯坎伦简单提及道德价值和可证成性在生活中的作用,其目的是说明福利理论在说明生活时的不足。在《我们彼此负有何种责任》的后文部分,斯坎伦虽未明确详尽阐述其契约主义在生活说明方面的优势,但结合整体论证思路及其对福利和利益的反对可知:相较于福利价值,生命价值及其之上的道德论证可以为生活提供更为全面且更为深刻的说明。
⑤ Scanlon T. What We Owe to Each Other[M]. Cambridge: The Belknap Press of Harvard University Press,1998:142.

约主义理论关注他人生命价值的回应过程,它把握了生活变好的非目的论的特征,因此可以视作对福利理论关于生活变好的目的论说明的相关"补充"。

在个体的真实境况中,他不仅关注私人计划的实现,他也关注共同生活中与他人之"和谐共处"。结合狭义道德和广义道德的区分可知,狭义道德作为广义道德的一部分,它支撑了广义道德。斯坎伦的契约主义是关于狭义道德范围以及此范围之上的生活说明,广义道德范围不仅包括共同生活,还包括私人计划等私人生活领域,那么此种说明是否完备?例如,一个独居者喜好在无人环境中生活而不愿意与他人打交道,他没有参与共同生活的意向,而只是持有与自身有关的私人生活计划,这是否可以为此提供指导?显然,无论处于何种境况的人,他都是社会的一员,即使是上述的"独居者"也受到特定社会制度、文化背景和语言习俗的影响,即他仍属于共同生活的一员,因此斯坎伦契约主义关于狭义道德的说明亦可用于"独居者"的案例。

三、两种生活说明的比较

高蒂耶的理论没有区分"狭义道德"和"广义道德",虽然个体对期望效用最大化的追求会涉及与他人的交往和合作,但这是为私人计划之实现服务的,因此按照狭义和广义道德的区分,高蒂耶的契约论主要为广义道德范围中的私人生活领域提供相关说明。

总体而言,高蒂耶和斯坎伦的理论都展现了契约论传统的基本精神,即以微观层面的个体入手,此为对契约论个人主义的承袭。不同的是:高蒂耶从目的论角度为生活提供说明,即期望效用的最大化是生活变好的表现。斯坎伦以非目的论方式对生活予以说明。结合上一章对保证活动的论述可知,斯坎伦式的守诺活动体现了对他人生命价值的重视,这最终是为了更好地融入共同生活,高蒂耶范式论的保证分析亦指向了生活变好的根本目标。简言之,斯坎伦式的保证分析以共同生活中他人的生命价值为基础,高蒂耶意义的保证活动则"指向了"生活的目标,即为了双方有序合作以及和谐共处。

在斯坎伦对欲望理论的批评中,他说:"在个人和社会选择理论的论述中，欲望在某种意义上被理解为偏好。这些理论的中心论断是理性个体的偏好将满足某原则，并通过某效用函数 U(x) 被说明。"[1]虽然深思熟虑的偏好不是一般的偏好，且其之上的效用不能被直接比较，但此种偏好的生活说明仍属于理性选择理论的思路，这种个体内部视角的生活说明在一定程度上忽略了人际关系，这正是斯坎伦所反对的。在斯坎伦看来，对个体生活的描述不仅与偏好之满足有关，他将道德关系置于基础的位置，如道德关系支撑了友谊关系，但道德关系亦为现实中维持友谊关系"留有余地"。沃伦思认为斯坎伦式的友谊是"道德化的友谊"(moralized friendship)，它是众多形式的友谊关系之一，故斯坎伦基于道德关系与友谊关系的案例以强调道德优先性的论点是成问题的。[2] 易言之，斯坎伦式的友谊关系案例中对道德优先性之说明并不具有代表性。相较而言，高蒂耶理论中的道德关系以及道德约束是"有待证成"的，他关注如何从互惠合作关系"推出"道德关系。在建立契约论之后，道德关系是用于双方有序合作的工具。即使多次交往形成了友谊关系，这也仅仅是"工具性"的友谊关系，此种作为契约关系之友谊体现的是双方平等的契约地位和平等的谈判地位，而非斯坎伦意义上平等的道德地位。

高蒂耶在"道德无涉区"环节已将友谊关系和各种可能掺杂道德要素之关系均排除在外，多次合作后虽形成了常识意义上具有友谊特征的"合作伙伴关系"，但此友谊关系"尚未触及"斯坎伦意义上基于生命价值的平等道德关系。就上述分析而言，沃伦思对斯坎伦的批评在一定程度上是合理的，斯坎伦式的友谊关系通过预设平等的道德地位而"过于理想"，现实的友谊形式远非如此，如互惠式的友谊关系的建立可能完全没有考虑平等的道德地位，它所建立的互惠友谊关系只关注平等的理性能力以及他人对合作的可能贡献。按照斯坎伦对友谊关系的解读，高蒂耶意义上互惠式的友谊关系亦预设了平等的道德地位，此种理解并无问题，因为即使双方是互惠的友谊关系，他们仍需要尊重他人生命价值以及重视他人的道德地位，即斯坎伦式

---

[1] Scanlon T. What We Owe to Each Other[M]. Cambridge: The Belknap Press of Harvard University Press,1998:116.

[2] Wallace J. Scanlon's Contractualism[J]. Ethics,2002,112(3):454.

的友谊关系把握了合理生物都具有生命价值这一深刻基础。但问题是：此平等的道德地位是否在理论层面被"过渡拔高"从而为个体提出过高的道德要求，以至于未能把握真实的交往境况？

在沃伦思看来，遵守原则将使人际关系更为融洽进而可更好融入共同生活，他将遵守道德原则所带来的好处称为"抽象善物"（abstract goods）。[①] 按照斯坎伦的理解，道德关系是其他关系之基础，这是否表明沃伦思意义上的"抽象善物"优先于其他善物？这里以目的论和非目的论向度来分析上述论点，对于遵守道德原则所带来的好处和善物，这是一种目的论式的理解方式，即如此活动带来了具体的结果。然而，非目的论向度强调的不是目的论式的好处和善物，而是维护共同生活中和谐关系的过程，因此从非目的论的视角来看，沃伦思的上述解读并不全面。斯坎伦将彼此义务领域的道德价值作为可证成理想的表现，此价值作为"理想价值"（idealized value）指导了其他价值，且道德关系支撑了其他关系。[②]

总体上，在基于契约理论的生活说明中，高蒂耶突出了互惠的重要性，斯坎伦则强调生命价值的重要性。然而，生活内容包罗万象，它既有互惠性的私人计划，也包括与他人和谐共处，故两种说明都把握了生活的某一个"面向"。

第四节 "循环论证"问题

一、斯坎伦理论的"循环论证"问题

在建立伦理学理论的起始阶段将"不可避免地"引入特定前提，若此种前提预设了推导的结论，即存在"循环论证"问题。契约理论常受到"循环论证"的指责，契约论的论证过程类似于数学的"方程推导"，即通过引入不同

[①] Wallace J. Scanlon's Contractualism[J]. Ethics, 2002, 112(3):454.
[②] 此处引入了沃伦思分析斯坎伦"相互承认价值"概念时使用的术语。"相互承认价值"和"可证成价值"都是"理想价值"，它们体现了生命价值的重要性，故二者多有重叠。在斯坎伦契约主义语境中，两者在一定程度上可换用。可参照：Wallace J. Scanlon's Contractualism[J]. Ethics, 2002, 112(3):454.

的前提而得到"想要的"不同结论。如对于罗尔斯的正义论,有学者认为正是由于"无知之幕"的前提使个体在面对功利原则、至善原则等原则时最终选择正义原则。道德契约论亦有此种问题,一旦预设前提包含道德要素,这将有"从道德推出道德"的循环论证问题。石元康认为道德契约诉诸的忠信原则而使此种理论存在"循环论证"问题,因为这种原则在建立契约论之前即已存在。[①] 高蒂耶的循环论证问题与行动理由没有过多关联,其循环论证"嫌疑"主要出现在预设前提和论证过程之中。斯坎伦的循环论证与行动理由有所关联,当个体对他人生命价值的考虑提供道德理由时,此过程可能掺杂道德要素。

  高蒂耶从道德无涉区出发,以道德中立的偏好理由为基础实现了订约和守约的相关论证,这在一定程度上避免了循环论证问题。斯坎伦在建立契约主义时曾特意回避"循环论证"问题,他说:"有人可能指责说由于将理论置于'有理由'基础之上,这从一开始就是由道德元素建立的理论。"[②]"有理由地拒绝"是否包含道德要素?高蒂耶曾就有理由地拒绝的内容作出批评,他认为康德主义和罗尔斯哲学都有"循环论证"问题,斯坎伦作为康德主义者以及罗尔斯哲学的继承者亦有此问题。高蒂耶认为判断一个道德原则是否为"所有人有理由地拒绝"时,此判断是道德判断,即"有理由地拒绝"过程是道德判断过程,此包含道德要素而得出的道德原则必然是循环论证的。此外,高蒂耶认为斯坎伦引入的公平前提也是循环论证的,他说:"对斯坎伦而言,之所以达成一致的原则是因为这些原则是公平的。对罗尔斯而言,它们之所以公平是因为(在合适情境下)所达成的一致原则。"[③]也就是说,罗尔斯的推导为正确思路,此时罗尔斯对原初状态的描述没有预设道德内容,而公平本身是道德概念,以此为基础是不可行的。高蒂耶赞同罗尔斯思路的另一个原因是:为自身的理论辩护,高蒂耶是从非道德预设得出公平的结论,这侧面地说明其契约论没有循环论证问题。

  [①] 石元康. 罗尔斯[M]. 桂林:广西师范大学出版社,2004:102.
  [②] Scanlon T. What We Owe to Each Other[M]. Cambridge: The Belknap Press of Harvard University Press,1998:211.
  [③] Gauthier D. Are We Moral Debtors?[J]. Philosophy and Phenomenological Research,2003,66(1):167.

斯坎伦在建立契约主义之初已注意到基于合理性建立契约理论的固有优势,合理性关注的仅是与道德无关的利益,有理由性则关系到对道德原则的判断。斯坎伦如何回应"循环论证"的指责?对于有理由性的批评,斯坎伦说:"有理由性本身并不是道德概念,而关于何者是有理由的判断则有道德内容。没有任何理论,无论它是否是契约主义,能够避免上述思路,如以含有道德考虑的论断所进行的分析亦不能避免。"[①]理由判断的内容可以是道德的,这不表明它是道德判断,故"有理由性"不是道德概念。此外,斯坎伦认为任何伦理学理论或多或少地会存在循环论证嫌疑,其道德契约主义亦不例外。对于公平的批评,斯坎伦回应的是:"人们有理由地拒绝不公平的原则,不是因为不公平是错误的,而是因为他们有理由不服从被随意地对待。"[②]对斯坎伦而言,公平以及不公平是个体如何被对待之方式,个体被"任意"不公平对待表明了对生命价值的不尊重,从而使此类原则被拒绝。就作为对待方式的公平而言,它不是道德预设。

斯坎伦上述回应在一定程度上是合理的,试图从个体判断和理论预设中完全排除道德要素是极为严苛的要求,这对任何理论来讲都不可能完全实现。即使高蒂耶的道德无涉区也可能有道德因素的摄入,他虽然假设工具合理性无关乎道德,且假定市场交往是道德中立的,而将各种人际关系、道德情感排除在外,但其契约论仍有循环论证的问题。

二、高蒂耶理论的"循环论证"嫌疑

高蒂耶在评价斯坎伦的理论时,曾建议将阐述契约主义主要著作的名称由"我们彼此亏欠什么"(what we owe to each other)改为"我们彼此得到什么"(what we gain to each other)。[③] 若"亏欠"(owe)是对斯坎伦契约主义主要特征的描述,那么"获取"(gain)则是高蒂耶契约论的特征。高蒂耶

---

① Scanlon T. Review: Reply to Gauthier and Gibbard[J]. Philosophy and Phenomenological Research, 2003,6(3):180.
② Scanlon T. Review: Reply to Gauthier and Gibbard[J]. Philosophy and Phenomenological Research, 2003,6(3):183.
③ Gauthier D. Are We Moral Debtors? [J]. Philosophy and Phenomenological Research, 2003, 66(1):168.

在理论建立之初谨慎选择了道德无涉区作为论证背景,这看似回避了循环论证问题,但仔细考察其理论的概念准备阶段、契约订立阶段和遵守阶段,这会发现各阶段的循环论证嫌疑。

首先,当个体依照工具理性"计算"目标的实现时,如何保证没有任何道德要素的摄入?工具合理性的"计算"是为了确立最终的选择和活动以最大化地满足深思熟虑的偏好,工具合理性的计算过程不存在道德因素。问题是:完全的工具理性者在现实中并不存在,现实个体接受工具理性指导时不会忽视自身的真实情境,如不会忽视人际关系(与亲人的关系)、社会角色等。即使高蒂耶式完全工具理性的道德论证能够成功,此理论与现实"也有距离"。此外,深思熟虑的偏好要求偏好的行为维度和态度维度的一致,"深思熟虑"的过程关注偏好的逻辑一致性,而对偏好之内容以及偏好的形成过程却"避而不谈",高蒂耶认为这不是契约论的重点,因为工具合理性强调目标的实现,至于目标本身及其内容如何并不重要。若将偏好的形成置于现实情形中,会发现与工具合理性同样的问题,即高蒂耶契约论对偏好作了"过于理想"的描述。如果高蒂耶将信念作为深思熟虑偏好的源头,个体信念不可避免地受到传统习俗的影响,而传统习俗可能包含道德要素,因此即使高蒂耶不关注偏好的内容和形成,偏好自身也可能包含道德内容。在董良看来,如果"深思熟虑"不指向偏好内容,那么在工具理性之外一定存在其他形式的理性来"管理"偏好,他认为这是一种道德理性,它在"深思熟虑的偏好"之前已经存在[①],因此董良认为在工具理性之外,还隐藏了道德理性,如果偏好也接受道德理性的指导,那么高蒂耶的理论是循环论证的。若将"道德无涉区"置于现实情境中考察,会发现更明显的问题。按照布鲁姆对源头合理性和属性合理性的划分,信念中会包含某种道德预设,即个体持有的道德信念会产生"循环论证"的问题。在布鲁姆的理解中,信念可以作为合理性的构成要素,它表现为个体对外部世界的认知。[②] 此种道德信念可

---

① 董良.审慎理性作为道德基础的意义和限度-高蒂耶的"协议道德"研究[D].杭州:浙江大学,2011:50-51.

② Broome J. Rationality[M]//A Companion to the Philosophy of Action. Cambridge:Cambridge University Press, 2008:285.

视作复合词汇:道德信念之"道德"包含了道德的要求,而道德信念之"信念"包含了合理要求。从上述分析可以看到,个体的信念可能会有道德要素的摄入,高蒂耶试图寻找的"完全道德无涉区"只是在理论上存在,在现实中是不可能存在的。

其次,作为订约前提的洛克条款和订约阶段的让步原则也有循环论证的嫌疑。洛克条款在整个论证过程中都被视作基本前提,它既是订约前提,也是守约前提以及确立制度伦理观的前提,洛克条款描述了个体的存在状态。现在仅关注洛克条款在订约前的作用,它确定了个体的初始禀赋和基本权利,此权利是洛克式的财产权。在高蒂耶看来,洛克条款不仅仅是确定了财产权,它还是其他权利的基础,那么洛克条款是否包含道德内容?高蒂耶说:"洛克条款将霍布斯主义自然状态中无限制的自由转换为特定的权利和责任。"[1]那么洛克条款转换的结果不仅有权利,还有责任。洛克条款在确立了个体权利的同时,也确定了对他人的义务,即不能使他人境况变坏的义务,那么责任作为一个道德概念,高蒂耶的理论就有循环论证的嫌疑。

现在论述订约过程让步原则的问题。虽然让步原则涉及基于自身效用序列的相对让步,但实际谈判中的人们并不会仅仅关注效用最大化,当下的道德标准和传统习俗不可避免地影响谈判者的"让步范围"。高蒂耶对"相对让步"的测量过于理想,而忽略了现实中习俗惯例的影响,因此相对让步和现实让步是有距离的。如果高蒂耶试图使人们按照他所描述的方式"让步",唯一的方法是:将当下的道德标准和传统惯例对谈判者的影响"剔除出去",但高蒂耶又不能这么做,因为工具理性者知悉自身境况。显然,高蒂耶无法解决此悖论,因而让步原则的公平结论饱受质疑。可以看到,无论在订约之前的预设阶段,还是契约订立阶段,高蒂耶的契约论"过于理想"而不符合现实境况,契约的上述阶段都极有可能摄入道德要素。

最后,在守约阶段也有循环论证问题。这个阶段受到学者们的批评最为集中,主要是因为这是理性约束向道德约束转变的关键阶段,此环节是否

---

[1] Gauthier D. Are We Moral Debtors? [J]. Philosophy and Phenomenological Research,2003,66(1):208-209.

成功将直接影响高蒂耶契约论的论证效力。约束的最大化理性是直接最大化理性的改进，前者要求个体在订约后不能按照后者的方式计算效用，因为基于直接最大化理性的计算会导致违约。高蒂耶认为在市场交往之初已经有一定数量的约束理性者，随着交往的进行，约束者的数量逐渐增加，直至占据主导地位。问题是：为什么交往之初已经存在了一定数量的约束者？既然高蒂耶在契约建立之前要求个体持有直接最大化理性，为什么在引入约束理性时又说存在"一定数量约束者"？实际上，存在一定数量的约束者是其后推出"约束者将占据主导位置"结论的关键，就此而言，这也是一种循环论证。

对于守约阶段引入的半透明性，高蒂耶在此受到了休谟"明智无赖"的影响。高蒂耶认为基于半透明性的品格识别能力与休谟"诚实的品格"相似。[①] 在休谟伦理学中，"明智的无赖"有可能表现出诚实特征，但这只是个体在实际情况中"迷惑"对方的方式，其最终目的是赢得对方的信任，进而使"明智的无赖"获得好处。"明智无赖"的诚实具有极强的目的性，且它随着所处境况的变化而变化。相较而言，基于半透明性展现出一种稳定的倾向，它不是为了某种目的而"诱导"他人。如果诚实被视作一种美德，而半透明性又类似一种诚实的美德，那么这里基于半透明性的道德论证过于牵强，这也有循环论证问题。

高蒂耶引入半透明性的目的是使个体之间产生信任，从而促使个体的合作，但他始终未对半透明性的形成机制予以明确说明，而是简单提及这是经验之上的"猜测工作"。福瑞德反对此种半透明性的理解方式，他认为半透明性不能成为信任的基础。当下的道德标准和习俗惯例会影响半透明性，此时道德要素的摄入使高蒂耶的理论有循环论证的嫌疑。[②] 希斯也指出了守约阶段的问题，他认为守约阶段个体接受道德约束是社会化的结果，不是理性选择的结果。希斯将个体接受道德约束的过程划分为以下阶段：第一，接受理性指导将涉及相关语言的使用；第二，语言的学习是接受规范

---

① Gauthier D. Morals by Agreement[M]. Oxford: Oxford University Press, 1986: 182.
② Friend C. Trust and the Presumption of Translucency[J]. Social Theory and Practice, 2001, 27(1): 10.

机制的社会实践过程;第三,道德是理性主体的一个预设背景。① 如果道德以语言学习的形式被内化到理性之中,进而在判断和交往中发挥作用,那么理性已经包含了道德内容。这种理解与高蒂耶的工具理性截然不同,对高蒂耶而言,工具理性与道德无关,市场交往也是"道德无涉"的。按照希斯的分析,高蒂耶论证的不是"协议而致"的道德而是基于习俗的道德。也就是说,个体对约束理性的持有是社会化的结果,那么高蒂耶的论证不再是契约论的,而是可以将之归为休谟适应论的论证思路。

然而,希斯仅集中于守约阶段选择倾向的批评,这不会影响订约理论的论证思路。在订约阶段,基于让步原则实现了一致同意,守约阶段的个体虽然仍是工具理性的,希斯将守约阶段的约束选择倾向不再视作工具理性选择的结果,而是社会化的结果。更确切地讲,此倾向是个体受社会化影响所提供的道德要素展现出来的倾向,因此理性选择中隐藏了社会化的道德要素,使约束倾向"看起来好像是"工具性的理性选择结果。希斯的分析已经完全颠覆了高蒂耶的论证次序,高蒂耶试图以理性论证道德,希斯则将道德内置于理性之中,这表明高蒂耶的论证不仅有循环论证的嫌疑,而且更是失败的论证。

考察高蒂耶建立契约论的相关文本,可发现他采取与希斯相似的分析思路,高蒂耶曾就习俗和惯例作出如下论述:

(一)语言是社会的产物,传统和惯例将以语言的方式"内化"到个体。

(二)个体交往会使用语言。

(三)语言所嵌入的传统和惯例中包含了道德要素,它们也会被内化至个体之中。

高蒂耶说:"这些构成人之本质的传统习俗,是否必须将社会化要素引入到个体的动机和评价之中?"② 这说明他已经认识到社会化的诸要素对个体的影响。高蒂耶式的个体被描述为原子式且非社会化的特征,且个体交往不包含习俗惯例等要素的影响。在道德无涉区的交往中,个体由于只关

---

① Heath J. The Transcendental Necessity of Morality[J]. Philosophy and Phenomenological Research,2003,67(2):378-395.

② Gauthier D. Morals by Agreement[M]. Oxford: Oxford University Press,1986:159.

心偏好的满足,因此不会在语言使用中受到习俗惯例的影响。然而,上述论点过于武断,真实情况是否如高蒂耶所描述的那样:不论处于何种传统习俗之下,交往都只关注自身偏好的满足?即使市场交往的个体仅仅关注效用,这并不能剔除习俗对市场交往时效用谈判的影响。换言之,只要个体使用语言沟通和交往,试图排除道德要素将不可行。

威尔弗雷德·塞拉斯(Wilfrid Sellars)关于语言和意义的论述为上述论点分析提供了支持,塞拉斯看来,最初意义上的语言活动是一种概念上的行为,且整个语言活动都是由规则约束的。[①] 那么行为者在使用语言言说(speaking)时,言说活动也包含了规范的内容,这是由作为精神状态的意义所包含的规范性决定的。如此理解的话,不仅一般的语言活动中包含了规范的内容,在非语言活动中也包含了规范内容。虽然这里论及的"规则约束"可能是道德中立的规范内容,但是这并不能排除它包含道德要素的可能性,如一些包含道德偏见的词汇在某些语境中是"不可言说"的,这为个体的思考和活动确立了一种道德边界。语言活动以及现实的其他活动总是会有可能嵌入某种习俗惯例中的道德要素,这印证了高蒂耶设立"道德无涉区"是不可行的。虽然在论述深思熟虑偏好的形成过程时,高蒂耶始终强调此种偏好仅仅与自我利益有关,但是无论是深思熟虑的偏好还是"道德无涉区"的引入,都未能有效地排除道德要素的参与。

实际上,无论是高蒂耶对半透明的论述,还是希斯基于社会化视角的分析,从中都可以看到休谟主义对高蒂耶的深刻影响,但休谟视角不是解读高蒂耶理论的唯一视角。董良从康德道德理性出发阐述了高蒂耶契约论隐藏的"双重理性基础",他认为对半透明性的反思不是源于工具理性,而是源于道德理性[②],因此他断定高蒂耶的论证是失败的。董良将守约阶段的约束倾向视作一种稳定状态,它类似于康德基于绝对命令的自律。工具理性不同于道德理性,前者关注的是目标和手段,工具理性需要"计算"如何有效地

---

① Sellars W. Language as Thought and as Communication[M]//The Space of Reasons: Selected Essays of Wilfrid Sellars. Cambridge: Harvard University Press,2007:61.
② 董良.审慎理性作为道德基础的意义和限度——高蒂耶的"协议道德"研究[D].杭州:浙江大学,2011:107.

实现目标，道德理性作为纯粹的实践理性能力，它不仅联系了手段和目的，也确定以及评价了目的。上述的区分反映了休谟和康德对理性能力的不同理解，休谟意义上的理性是为了实现目标，而康德意义上的理性不仅有实现目标的作用，还有确定和评价目标的作用。结合两种理性能力的区分，如果品格约束不仅是对实现偏好满足之手段的反思，它也是对康德意义上"人之目的"的反思和评价，那么将品格约束视作康德式的理性自律似乎是可行的。按照董良的解读，高蒂耶是从道德理性出发推出了道德约束的必要性，这仍是循环论证。

回顾苏格登对强契约论和弱契约论的划分，强契约论是从无道德要素摄入的前提出发建立理论，这以霍布斯和高蒂耶的契约论为代表；弱契约论则预设了道德前提，以罗尔斯和斯坎伦的理论为代表。[①] 对高蒂耶理论的分析可知，现实中不存在完全道德无涉的区域，无论"强契约论"还是"弱契约论"都会"不经意地渗入"道德要素。即使关于利益的"讨价还价"是道德中立的，现实个体也可能受到习俗和惯例的潜在影响，如以学习和语言的形式将道德要素内化到个体判断之中，那么斯坎伦所说的"任何伦理学理论或多或少存在循环论证的嫌疑"是有道理的。

高蒂耶和斯坎伦为了使契约论更符合当下境况，他们都选择现实个体作为考察对象，但两者对现实个体活动的关注侧面有所不同，高蒂耶聚焦于现实个体偏好满足的活动，斯坎伦则是对共同生活中个体的考察。然而，现实个体的真实境况远比理论描述得更为复杂，这决定了两种契约式的道德论证的有限性。为了实现对个体活动的说明，伦理学家"不得不"选择特定切入视角以及"不得不"采取简化方式描述个体活动，"视角局限性"和"简化方式"决定了理论限度。

---

① Sugden R. Contractarianism and Norms[J]. Ethics, 1990, 100(4):768-786.

第九章 契约式道德论证的完善方向

本章内容包括：首先论述当下行动理由论的最新发展以及行动哲学领域的最新研究，以此为当代契约论行动哲学基础的完善提供理论资源；其次阐述高蒂耶和斯坎伦对康德主义的分析，以向康德哲学回溯的方式完善两种理论；最后论述两种理论向休谟主义回溯的可能性，高蒂耶的道德无涉区忽视了习俗惯例之影响，斯坎伦的契约主义也忽视了习俗传统中的道德要素，休谟的习俗论可为此提供相关启示。

第一节 行动理由论的完善

一、内在主义和外在主义理由论的缺陷

学界对理由的定义和来源持有不同看法，行动理由论仍旧处于不断地发展和完善之中。阿德勒曾指出内在主义面临的问题：以欲望或需求确立行动目标时，欲望和需求往往是变动的，内在主义者在解释和证成一项行动时将面对此困境。[1] 此为将欲望作为理由源头所导致的内在理由论缺乏稳定基础的批评。相较而言，不以欲望为基础的外在理由论则诉诸外在对象的考虑确立行动理由，它面临的难题不是理由来源基础的不稳固，而是如何对规范理由激发行动提供相关说明。

---

[1] Adler J. Introduction: Philosophical Foundations[M]//Reasoning: Studies of Human Inference and Its Foundations. Cambridge: Cambridge University Press, 2008: 4.

行动既可能反映了个体的欲望，此为内在主义者的论点；也可能被考虑所激发以及被义务的相关信念所激发，此为外在主义者的论点。例如，对于一个宗教信仰者所实施的活动，这可以有多种解读方式。第一种说明是对他人的帮助活动是由所持有的宗教信念而激发的，这是一种外在主义的说明。第二种是帮助他人是为了满足自身的欲望，此为内在主义的说明。第三种是帮助他人是由宗教信念和欲望共同导致的，这包含了内在主义和外在主义的说明，那么宗教信念对行动的激发是否与主观动机系统关联？如果关联的话，这是否可以归为内在主义的活动说明？上述案例试图表明现实个体活动的复杂性，区分具体活动持有内在理由还是外在理由，这"并非易事"。正如徐向东所言："是否存在着外在的理由？在我看来，对这个问题的争论在某些方面纯属误入歧途，因为那个争论实际上跳跃在对'理由'概念的不同的理解之间。"①

除了理由论在概念界定上的问题，内在主义者和外在主义者都选择了理由的某一侧面展开分析，如内在主义者关注理由激发效力，但在一定程度上忽视了理由规范内容。伊斯特哈兹认为休谟式欲望在直接提供行动理由时是有问题的，这缺少评价立场和评价判断的过程，从而导致欲望、欲望理由以及个体行动都表现出任意特征。进一步，伊斯特哈兹认为初始偏好或欲望不能直接提供行动理由，它需要经由反思过程加入评价要素的基础上，即从初始欲望成为稳定的合理欲望后才可提供行动理由。② 高蒂耶从原初偏好引出深思熟虑的偏好这一过程，这在一定程度上补充了偏好要素，从而克服了从欲望到行动理由的断裂，因为对偏好深思熟虑的过程是反思的过程，是在原初偏好之中"加入了"评价要素。也就是说，深思熟虑的偏好所要求的偏好态度维度与选择维度的一致属于伊斯特哈兹意义上的评价判断。然而，高蒂耶上述改造并不彻底，虽然他没有接受休谟"宁可世界覆灭，也不能伤到我的手指，这并不违反理性"的论断，且深思熟虑的偏好仍是私人意义上的。也就是说，此偏好无法获取"规范的要素"，基于偏好的目标也不具

---

① 徐向东. 道德哲学与实践理性[M]. 北京：商务印书馆，2006：205.
② Esterhazy P. Reasons for Action[M]. LMU München：Fakultät für Philosophie，2013：106.

有"善的目标"或"好的目标"所包含的规范意义。伊斯特哈兹断定："即使高蒂耶的方式会解决上述问题（即初始欲望的问题），但将在反思之下欲望的一般要求称作稳定性以及算作是合理的，这并不正确。"①

不同于内在主义对理由激发性的关注，外在主义者往往将规范理由作为分析起点。约翰·麦基（John Mackie）曾批评了客观主义，此种批评也揭示了外在理由论的固有缺陷。客观主义者认为世界上存在一种独立于能动主体的主观倾向和主观目标的客观价值，麦基认为这是"怪异的论点"②。麦基从认识论和形而上的分支来阐述此种论点：认识论分支涉及对各种真理和事实的认识的分析，如道德真理和规范真理、道德事实和规范事实等。麦基认为实在论者不能解释个体认识或持有规范真理的过程。麦基对客观主义的批评包括了对外在理由的批评，如在斯坎伦的外在理由论中，行动理由是对外在事实和外在对象的考虑之上建立，道德理由则通过对他人生命价值的考虑而建立。如果外在主义者认为规范事实和知识可以独立于能动者而存在，那么规范事实如何与能动者的动机联结起来？规范理由提供的是偶然还是必然的动机？如果这是一种偶然动机，它作为心理学意义上的偶然现象并未实现规范理由对个体行动的有效激发，外在主义者需要在规范事实和行动动机之间建立必然的联系。在形而上分支上，麦基认为不存在客观善物，它在世界中存在也是"怪异的"。③ 在行动理由方面，麦基认为行动理由只起到假言律令的作用，绝对命令是个体试图客观化所持有的主观价值时的幻象。简言之，麦基的批评聚焦于规范事实在认识论和形而上学分支上是怪异的，因此规范事实不能提供从规范理由到激发个体行动的有效说明。

伊斯特哈兹持有类似的反对意见，例如试图解释哥伦布为什么向西航行的理由，外在主义不能提供相关解释，因此伊斯特哈兹提出了一种改进方式。首先，将上述行动看作一种非真实的事态，而不是将之视作规范事实。其次，外在主义者需承认非获取的事态是存在的。最后，将意向行动视作对

---

① Esterhazy P. Reasons for Action[M]. LMU München: Fakultät für Philosophie, 2013:107.
② Ethics M J. Inventing Right and Wrong[M]. Penguin Books, 1976:38.
③ Ethics M J. Inventing Right and Wrong[M]. Penguin Books, 1976:40.

关于世界的相关事实的反应，此种反应构成了行动理由。① 这样，"哥伦布向西航行"是一种对非获取事态的反应，此时非获取的事态被用于解释"目的行动"。上述的改进方式实现了从规范事实的反应到对事态反应的转变，即使这些事态是不真实的、非获取的事态，个体也可以对此进行回应。

二、基于"实践承诺"的改进方案

伊斯特哈兹提出了"高标准承诺的理论"（theory of high-brow commitment）以弥补欲望理由在规范性上的缺失以及补充规范理由在激发性上的不足。其思路是：以意向为切入点阐述理由激发过程以及从语言哲学视角阐述实践承诺的规范内容，最终使实践承诺之上的理由同时具备激发效力和规范效力。伊斯特哈兹认为，实践承诺更好地反映了行动意向状态中的规范本质。

在伊斯特哈兹看来，以休谟欲望模型为基础的各种理论，如罗素的倾向论、布兰登特的理论以及威廉姆斯的理论都属于"低标准"（low-brow）的理由论，这些理论无需以能动主体的正向评价立场确定行动理由。在此之上，伊斯特哈兹区分了"低标准"和"高标准"的理由论，他认为各种形式的欲望概念是成问题的，这包括了罗素意义上作为倾向的欲望、史密斯意义上欲望的现象学概念、内格尔意义上"定向注意的欲望"和"非定向注意的欲望"以及法兰克福所区分的"一阶欲望"和"二阶欲望"等。原因是：欲望是任意的，它不能使个体的行动"合理化"。为了避免欲望的任意特征，伊斯特哈兹引出了"合理欲望"，它需要满足三个基本条件：②

（一）建立在正确的事实信息之上，此事实信息与个体信念联系起来。虽然个体会持有错误信念，但在搜集了正确且全面的信息之后将持有正确信念，他基于此信念以调整之前的欲望。

（二）合理欲望是内在连贯的。

（三）合理欲望在反思之下是稳定的。

---

① Esterhazy P. Reasons for Action[M]. LMU München: Fakultät für Philosophie, 2013:44.
② Esterhazy P. Reasons for Action[M]. LMU München: Fakultät für Philosophie, 2013:102.

第九章　契约式道德论证的完善方向

　　如果合理欲望是使理由具有稳定基础的关键，而之前的休谟主义理论不能规避欲望的任意性问题，那么高蒂耶意义上深思熟虑的偏好是否规避了上述问题，即深思熟虑的偏好是否属于伊斯特哈兹意义上的合理欲望？答案是否定的。这里将从上述三个条件予以说明。具体而言，深思熟虑的偏好不能满足第一个条件，它可以满足后面两个条件。第一个条件表明合理欲望建立在正确的事实信息之上，但高蒂耶在阐述深思熟虑的偏好的形成时认为个体可能持有正确的信念，也可能持有错误的信念，因为现实个体持有的事实信息和经验基础是有限的。也就是说，信念的正误对于深思熟虑的偏好的形成过程并不重要。重要的是，基于信念和偏好所引发的判断和行动需要前后一致。对于第二个条件，即内在的连贯性。深思熟虑的偏好建立在偏好的选择维度与态度维度一致性的基础上，这满足了第二个条件。对于第三个条件——合理的欲望在反思之下是稳定的，偏好的"深思熟虑性"表明了它是基于反思而形成的，这是一种经过反思之后稳定的偏好，因此这满足了第三个条件。简言之，深思熟虑的偏好不是合理欲望，因此伊斯特哈兹断定唯一的出路只能是将欲望理解为评价态度。"高标准"的行动理由论是以正向评价立场确定行动理由，此立场涉及对善或好的目标的评价。

　　更进一步，伊斯特哈兹将实践承诺视作实践的精神状态，它作为对某对象进行承诺的规范状态，包含了规范内容。[①] 伊斯特哈兹对作为低标准理论的休谟主义的反对可知，实践承诺不能"简化为"休谟主义式的欲望或倾向，实践承诺中包含的规范关系也不能"还原为"欲望关系或倾向关系。伊斯特哈兹按照欲望—信念模型中欲望和信念对世界的不同"适应方向"区分了实践承诺和信念承诺（理论承诺），它们作为一组对立的概念包含了不同的内容。其中，实践承诺涉及与欲望有关的实践推理，理论承诺则涉及与信念关联的理论推理，两者在真理方面的表现不同。信念承诺要求承诺某命题是一个真理，实践承诺则是通过相关的实践方式（如按照特定的方式实施行动）而成为一个真理，即通过行动揭示命题的真理内容。需注意，实践承

[①] Esterhazy P. Reasons for Action[M]. LMU München: Fakultät für Philosophie, 2013:144.

诺不是现实中"作出承诺"之承诺,实践承诺和理论承诺无需旁观者的存在,这是能动者的自我承诺,是"向内的"过程。相较而言,"作出许诺"则需要不同能动者的共同参与,即这需要许诺者和受诺者的参与,因此不是实践承诺意义上的"自我承诺"。

虽然实践承诺是对欲望概念的替代,但这是两个不同的概念。为了区分实践承诺和欲望,伊斯特哈兹将实践承诺理解为意向,他说:"人们都认同信念在理论领域是一个关键状态,但学者们对于欲望或信念是否为实践领域的关键状态却分为两个派别。"①两个派别对欲望和信念所处的位置持有不同的理解:一派认为意向以欲望为基础,意向可还原为欲望。另一派则强调意向更为基础,意向要因果或非因果地为某个行动负责,此派进一步将意向与实践域联系,而将信念与理论域关联起来。可以看到,"以意向为基础"的思路未按照休谟主义的方式划分实践域和理论域,因为休谟主义的欲望用于实践域的分析,信念则用于理论域的区分。伊斯特哈兹承袭了后一派别,他以赋予意向以更根本的位置从而完成实践承诺对欲望的替代以及对休谟主义的改造。

伊斯特哈兹将意向这一根本概念用于激发理由的说明,即意向才具有真正的激发效力,欲望只是"看起来"具有此种效力。相较于欲望,以意向描述行动理由的优势是:当个体持有欲望 p 时,个体对欲望 p 之上的相关事态持有了正向观点,作为态度的正向观点可能会引发个体的相关行动以实现欲望 p。然而,如果基于欲望阐述理由激发性,欲望不能引发采取某种行动的"准备性"(preparedness),"行动的准备性"由意向提供。在确立了意向的基础位置之后,伊斯特哈兹认为作为态度的意向不同于作为举动(act)的意向,他说:"'表征'的含义是模糊的,它可以是一种正在表征某事态的举动,也可以是在此举动中的表征内容。"②这涉及两种理解:"正在进行"的表征动作以及所表征的内容。进一步,在对表征区分的基础上,意向和信念也可以按照上述方式持有多种不同理解,如意向既可以理解为个体持有意向做

---

① Esterhazy P. Reasons for Action[M]. LMU München: Fakultät für Philosophie, 2013:147.
② Esterhazy P. Reasons for Action[M]. LMU München: Fakultät für Philosophie, 2013:42.

第九章　契约式道德论证的完善方向

某事,也可以指个体"正在意向"的心理态度;再如信念也可理解为"何者被相信"或"正在相信"的精神举动,即信念可理解为信念举动或信念内容,意向可理解为意向举动和意向内容。伊斯特哈兹作出上述区分的目的是从"内容"着手以阐述理由的规范内容。

伊斯特哈兹说:"实践承诺之上的客观理由包含了规范性,个体也可以持有其他的承诺。"①此论断中的"其它承诺"可以是实践承诺、理论承诺和主观承诺等。个体在不同承诺之上会持有不同的理由,如实践承诺的规范理由、主观承诺的主观理由等。如此理解的话,承诺为确立个体理由以及划分个体理由提供了新的切入点。结合上述引文,需追问:第一,伊斯特哈兹如何界定客观理由?第二,为什么此种客观理由包含了规范内容?

对于第一个问题,伊斯特哈兹将客观理由称为实质理由,他以"不能杀人"的例子说明客观理由的特征。无论行为主体是否知道"不能杀人"这一客观的应然标准,此标准之上的实质理由都不会受到行为主体的主观视角以及所持有的主观理由的影响,即主观理由需"让位于"此实质和规范的理由。②可以看到,客观理由包含了实质和规范的内容,这是由客观的应然标准所提供的内容。为了更好地理解理由的"实质性",伊斯特哈兹引入了"欧洲大陆右侧驾驶"的例子,驾驶者之所以都选择了右侧行驶,他们持有的实质理由是为了避免交通事故。也就是说,实质理由包含了约束个体行动的规范内容。而对于理由的"客观性",这是相较于个体的主观视角和主观理由而言的,客观理由不受个体的主观要素的影响,如个体的主观欲望、主观信念以及内在冲动等。对于第二个问题,伊斯特哈兹引入了语言哲学予以分析。塞拉斯认为行为者的言说活动包含了规范内容,这是由意义的精神状态所包含的规范性而决定的。同样,非语言活动也有意义的支撑,因此实践承诺作为有意义的活动而包含了规范内容。也就是说,实践命题的意义是确定客观理由规范内容的关键。

基于实践承诺确立客观理由的思路与斯坎伦对道德理由的分析思路类似,两者分别以不同的方式确定了理由的优先地位。伊斯特哈兹关注实践

---

①② Esterhazy P. Reasons for Action[M]. LMU München: Fakultät für Philosophie, 2013:268.

181

承诺之上客观理由的特殊位置,此时理由的优先地位是由客观理由的规范内容决定的;而在斯坎伦的理论中,道德理由是契约主义意义上"一致同意"的结果,这是主体与他人"契约式互动"确立的。从这个角度上讲,客观理由因主体对自己的承诺而确立,这不是"契约主义一致同意"。问题是:第一,伊斯特哈兹的改进是否完备? 第二,它作为行动理由的完善方案为契约式的道德论证提供了何种启示?

对于第一个问题,实践承诺的改进方案也是有缺陷的。例如,在理由的激发效力方面,伊斯特哈兹认为欲望不是"行动准备性"的源头,只有意向才可以提供此"准备性"。然而,什么是"行动的准备性"? 此概念并未得以清晰界定。如果准备性是激发行动的关键概念,但此概念却未被明确界定的话,那么从意向到行动理由确立的阐述是不完备的,理由的具体形成机制被"准备性"这一概念"遮蔽"。

对于第二个问题,实践承诺理论将带来如下两个方面的启示。一方面,前面论及非道德者的挑战时,曾论及一般行动的理由论与道德论证过程的"割裂现象",这表明在一般的行动理由中,此种理由的规范内容不一定是道德规范内容,即它不一定是道德理由的道德规范。然而,伊斯特哈兹在阐述实践承诺理论时明确表示,此理论是一般行动的理由论,它与道德领域的分析没有关联。① 本书是道德领域的研究,即将一般行动的理由用于道德领域的说明和论证之中,这说明实践承诺理论只能在理由基础上为两种契约论提供理论资源。另一方面,实践承诺理论阐述了语言活动所包含的规范内容,这表明高蒂耶式的"道德无涉区"是不存在的,这在一定程度上印证了其道德论证存在的"循环论证"问题。

三、行动理由论的完善

对行动理由论的完善,可以实现对个体行动更全面的把握,那么在此之上所建立的契约理论也将更具优势。前面论述了内在主义和外在主义的缺陷,那么是否存在对两者予以调和的完善方式? 如形成一种所谓的"温和理

---

① Esterhazy P. Reasons for Action[M]. LMU München: Fakultät für Philosophie, 2013:53.

由论"？再如是否可以基于之前的内在主义和外在主义"整合出"一种"新的理由论"，由此实现对理由来源、形成过程更为深入的了解？①

如果温和理论存在的话，它将同时认可理由的内在来源和外在来源，即理由可源于欲望，也可源于对外在对象的考虑，但此理论将面临如下的难题。第一，内在理由和外在理由激发一项行动时，具有不同的机制，那么温和理论如何调和上述两种激发过程？第二，以高蒂耶和斯坎伦的行动理由论为例，他们对行动理由和实践合理性的关系持有完全不同的理解。其中，高蒂耶将行动理由建立在实践合理性的要求之上，斯坎伦则将"有理由性"建立在外在理由之上。更进一步，两者的理论以不同的合理性为基础（即工具合理性和有理由性），那么温和理论如何论述合理性和理由的关系，此理论建立在何种合理性之上？第三，内在理由论和外在理由论包含了不同的价值论，前者涉及目的论价值的考量，后者涉及非目的论价值的分析，那么温和理论包含了何种属性的价值？显然，无论在激发机制方面，还是合理性以及价值论方面，两种行动理由论都存在巨大的差异。或许在工具合理性和有理由性之上存在一种"全新的"合理性，这可以容纳工具合理性和有理由性。抑或温和理论可以提供一种更为深入的实践推理说明，这推翻了之前理由论中对实践推理的阐述。然而，这仅仅是一种可能性，这些未来的理论发展仍旧不能掩盖内在理由论和外在理由论的众多区别，因此温和理论并不存在。

更进一步，完善理论是否可行？如果说温和理论面临调和内在主义和外在主义的任务，完善理论则不以调和两者为目标。首先，完善理论需要对理由进行一种全新的界定，且此种界定需要摆脱内在主义和外在主义的概念框架。其次，在界定行动理由的基础上，需要为理由的来源提供相关说明。如果对理由的界定跳出了传统框架，那么理由的来源不再是主观的欲望，也不再是关于外在对象的考虑。最后，需要考察此行动理由的激发效力以及规范效力。面对上面提出的任务，这里以"向康德哲学回溯"的方式为完善理论提供资源，原因是康德对行动理由以及理由与合理性的关系持有

---

① 为了论述便利，下文分别将两种行动理由论称为"温和理论"和"完善理论"。

极为不同的理解。

休谟哲学中理性与合理性被等同使用,这显然相悖于康德哲学的基本论点。对康德而言,既不是休谟式的合理要求确立了行动理由,也不是规范实在论意义上对外在事实的考虑提供了行动理由,而是将纯粹实践理性作为行动理由的基础。可以看到,康德对行动理由提供了一种与众不同的基础。康德的真正目的不是"批判"实践理性,即不是与其书名所描述的"实践理性批判",而是将实践理性置于理论核心位置,以此说明个体实践。在康德哲学中,绝对命令和假言命令分别引出了"无条件"的行动理由和"有条件"的行动理由。奥尼尔说:"由于康德意义上的实践推理可以设置无条件的要求(即一种绝对命令),因此他要否认实践推理可以设置有条件的要求。"[1]工具推理为个体提供了"假言式"的命令,此情境下的个体持有"有条件"的行动理由。然而,对康德而言,"目的—手段"式的工具推理并不能为行动提供普遍的要求,他试图确立一种普遍的绝对命令。例如,在康德伦理学中,幸福被视作一种未被决定且存在于想象之中的"理想目的",那么以此为基础的生活说明和个体伦理分析也是成问题的。更进一步,如果幸福是一种"理想目的",这表明实现此目的的各种因果要求以及技术命令等都是假言的命令。如果工具推理对应于假言命令,此时个体持有"有条件的理由",那么绝对命令的确立则与非工具性的推理有关,个体将持有"无条件的理由"。[2]

在阐述了行动理由之后,这里转到合理性概念上。奥尼尔在分析康德伦理理论中的合理性时曾区分了实践理性和实践推理,她说:"能动者使用实践推理塑造或指导他们的未来行动。由于实践理性不得不承载尚未实施的行动,因此它不能承载行动的标志。两者是不相关的(即行动和行动标志是不相关的),个体涉及的行动标志是在实现推理中发生的,因此实践推理

---

[1] O'Neill O. Kant: Rationality as Practical Reason[M]//The Oxford Handbook of Rationality. Oxford: Oxford University Press, 2008:93.
[2] 这里论及了绝对命令和假言命令之上无条件和有条件的行动理由,麦基对外在主义规范理由的批评也采取了类似的思路,他对理由规范内容作出绝对命令和假言律令的区分,即假言律令式的规范理由和绝对命令式的规范理由。可参照:Ethics M J. Inventing Right and Wrong[M]. London: Penguin Books, 1976:40-45.

承载了行动的类型(这包含态度类型)。"① 可以看到,实践理性不同于实践推理,它们关注了不同的领域。其中,实践理性对未来行动起到指导作用,这说明实践理性之上无条件的行动理由也与未来行动有关。实践推理处理行动的"标志"(token),此"标志"是指与行动关联的各种概念,即参与实践推理各环节的概念,如意向、信念、目标和态度等,实践推理将不同"行动标志"加以联系。虽然实践推理和实践理性关注的主题有所不同,但两者紧密关联,康德意义上的实践推理需要实践理性能力的支撑,即实践推理过程是实践理性能力的表现。

通过上面的论述可知,个体具有多样的实践推理形式,这包括了工具推理以及与绝对命令有关的非工具性的实践推理。从这个角度上讲,道德推理不同于工具推理且道德合理性也不同于工具合理性。康德将"纯粹实践理性"作为理由源头,斯坎伦将此种对行动和理由的分析方式称作"自上而下的"。其中,"上"是指"纯粹实践理性","下"则与行动理由、实践推理以及外显的行动有关。休谟式的欲望模型作为康德行动哲学的竞争理论,它将欲望视作理由源头,这是通过欲望强度的比较以及对欲望发展过程的讨论确定行动理由,斯坎伦将此种方式称作"自下而上的"。"下"是指现实个体持有的欲望、经验信息以及信念等,"上"则是行动理由,即由"下"的欲望到"上"的理由的思路。② 由于高蒂耶承袭了休谟欲望模型,因此高蒂耶也以此"自下而上"的思路确立偏好行动理由。

总体上讲,斯坎伦对康德和休谟式的思路并不满意,这两种理论只描述了行为主体的某一侧面。对斯坎伦而言,个体既不是康德意义上持有"纯粹实践理性能力"的主体,也不是休谟所描述的可欲求个体,而是处于共同生活之中的"合理生物"。简言之,康德是对"理性能动者"(rational agent)的分析,休谟哲学则聚焦于"欲望能动者"(desiring agent)的分析。③ 结合斯坎

---

① O'Neill O. Kant: Rationality as Practical Reason[M]//The Oxford Handbook of Rationality. Oxford: Oxford University Press, 2008:94.
② Scanlon T. How I Am not a Kantian[M]//On What Matters (volume two). Oxford: Oxford University Press, 2011:122.
③ Scanlon T. How I Am not a Kantian[M]//On What Matters (volume two). Oxford: Oxford University Press, 2011:123.

伦确立外在理由的过程可知,理由建立在个体对外在对象和外在事实的考虑之上,这属于上述区分的"自下而上"的思路。斯坎伦、高蒂耶以及其他休谟主义者都以"自下而上"的思路确定行动理由,唯有康德涉及"自上而下"的方式。就此而言,向康德主义回溯为行动理由的确立提供了新的思路和线索。

虽然上面分析了康德与休谟主义在确立理由时思路的区别,但康德却被一些学者视作理由论上的内在主义者,因为当基于纯粹实践理性确定行动理由时,此时实践理性是内在的,即此确立过程表现出"内在的"特征。康德意义上"无条件"的行动理由虽然不需要与休谟式的内在欲望关联,如不需要与威廉姆斯式的主观动机集合关联,但理由仍是内在地被提供。从这个角度上讲,当个体行动遵循了以"实践理性的自我立法"之上的法则时,此项行动是被"内在地"激发,因此康德被视作广义的内在主义者。[①] 斯坎伦潜在地认为他关于理由的分析思路优于康德和休谟式的分析,即纯粹实践理性或者欲望并不是理由的一个牢固基础,如斯坎伦将纯粹的实践理性基础称作"理由的有限基础"(limiting ground of the reasons)。[②]

更进一步,康德分析的独特性不仅体现在行动理由方面,也体现在合理性方面,此种实践合理性不同于高蒂耶式的工具合理性,也不同于斯坎伦式的有理由性。在合理性这一章阐述了高蒂耶理论中合理要求、偏好和工具合理性的关系,此时偏好以及其中的合理要求确定了这是一种工具合理性,斯坎伦则通过外在理由确立"有理由性",此种有理由性不需要偏好或欲望引出,也不需要借助偏好或欲望中的合理要求引出。相较上述两种合理性而言,康德意义的实践合理性是通过纯粹实践理性予以说明的,此种说明不再包含欲望及其合理要求的基础,也不是基于外在理由引出有理由性,实践理性的自我立法为行为提供了绝对命令式的评价标准。

[①] 对于康德是内在主义者还是外在主义者,此问题在学界仍有争议。一方面,行动理由是复杂的概念,学者对其持有多样理解,内在主义者和外在主义者对其考察的侧重点亦有所不同;另一方面,康德对理由的界定和分析方式独特,这需与其哲学体系关联,其分析在众多方面跳出了现有内在主义和外在主义的框架,故康德的思路如何归类以及康德理由论之内容仍有待深入考察。

[②] Scanlon T. How I Am not a Kantian[M]//On What Matters (volume two). Oxford: Oxford University Press,2011:126.

此外,康德曾区分了工具合理性、审慎合理性和道德合理性,此区分会为高蒂耶和斯坎伦理论的合理性基础提供何种启示?如果工具合理性和有理由性对行动的评价并不全面,那么如何对两种合理性加以改进?特别是,斯坎伦认为有理由性优于一般合理性理论中的狭义合理性,那么这些不同类别的合理性是否可以纳入康德哲学的语境中理解?下面将从道德契约论层面阐述康德哲学可能提供的启示。

第二节　向康德哲学回溯

一、高蒂耶对康德哲学的"扩展式解读"

本节将论述高蒂耶和斯坎伦对康德哲学的分析,在此之上阐述康德哲学为两种契约理论提供何种补充。虽然高蒂耶受到休谟哲学的深刻影响,但他建立契约论时也考察了康德哲学的分析思路。实际上,在建立理论之前高蒂耶曾就康德哲学展开了细致分析,本节将从这些考察文本出发考察向康德哲学回溯的可能性。[①]

康德哲学的核心概念是纯粹理性,理性被划分为理论理性和实践理性。理论理性成为康德形而上学的基础,实践理性则成为康德建立伦理学理论的基础。对于理论理性,当个体面对杂多的直觉时,理论理性会将杂多直觉"统一成"知识。对于实践理性,康德并未按照理论理性的方式建立伦理理论,而是阐述了实践理性提出绝对命令的过程。高蒂耶对康德哲学进行了"扩展式"的解读,他重新描述了理性与欲望的关系。也就是说,高蒂耶试图按照理论理性建立形而上理论的思路分析实践理性。例如,若"思辨理性"(speculative reason)基于知性(understanding)的作用将杂多表象统一为知识,如此类比的话,实践理性是否也可以将杂多欲望整合为某一具体目标?

---

① 可参照:Gauthier D. The Unity of Reason: A Subversive Reinterpretation of Kant[J]. Ethics, 1985,96(1):74-88. 需注意:此文发表于1985年,高蒂耶阐述道德契约论的主要著作(《一致同意的道德》)是在1986年出版,因此这里将高蒂耶对康德哲学"重新解读"的文章视作为后续建立道德契约论的准备文本。

在高蒂耶看来,康德伦理学中涉及三种个体:理性自足者、理性的有限存在者和非理性的有限存在者。对于有限存在者,由于个体的有限性决定了他是有所需求的,此需求进而确定了欲望,有限者通过理性能力将杂多欲望统一为整体目标,高蒂耶将此整体目标理解为快乐,他认为快乐是实践理性活动的结果,而不是自然的需要。[①] 对于理性自足者,由于他是"无所限制"的,因而他对外界没有相关的需求,这类个体既没有欲望,也无需以实践理性统一杂多的欲望。理性自足者已经拥有了快乐,他只需将所拥有的快乐"表达出来",因此行动是对快乐的表达,而不对快乐的追求。这里,高蒂耶主要考察理性有限存在者,而不涉及对理性自足者以及非理性有限者的分析,他对康德哲学的扩展思路如下:

(一)个体是理性有限者,他持有各种各样的欲望。

(二)理性有限者持有实践理性能力,他可以通过此能力统一杂多欲望。

(三)对不同欲望统一的结果是快乐,行动指向了快乐这一目标,因此实践理性可以为行动提供相关说明。

如果对杂多欲望的统一最终得出了快乐的目标,那么能否以快乐为基础确立某种实践法则?在康德看来,此种思路并不可行,实践原则(包括道德原则)只能为经验"立法",而不是建立在经验(包括快乐的经验)之上。换言之,快乐包含了经验要素,不同主体对快乐有不同的理解。康德要求主体的理性意愿必须指向同一个目标,因此快乐不是理性意愿的"同一个"目标,基于快乐的实践法则也不存在。即使存在这类的实践法则,它也只是对个体的实践提供错误的指导和说明。

高蒂耶进一步说:"康德的论断似乎是建立在个人快乐之上的原则将是破坏性的,而建立在普遍快乐之上的法则将被永远禁止,对此我是同意的,如自利主义和功利主义都没有为实践法则提供足够基础。但康德潜在地认为至今为止所有与快乐有关的实践法则都不可行,我对此并不赞同。在这里,我们必须考察交往的逻辑框架,以便更清晰地确定为什么每个人在最大

---

① Gauthier D. The Unity of Reason: A Subversive Reinterpretation of Kant[J]. Ethics,1985,96(1):79.

第九章　契约式道德论证的完善方向

化自身偏好时存在不同意图的冲突,以及此意图如何在不诉诸最大化目标之外的他物而被约束。"①虽然高蒂耶认为即使不存在基于快乐的实践法则,但仍旧可以在快乐之外以其他基础建立实践法则,他在康德对快乐基础拒斥的基础上引入了深思熟虑的偏好,即此目标被作为整体性的目标被用于建立实践法则。一方面,深思熟虑的偏好既不同于个人快乐,也不同于功利主义式的普遍快乐;另一方面,高蒂耶以此种方式"绕过"康德意义上的纯粹实践理性这一实践法则的基础,而同样地实现了"实践理性"对杂多欲望的统一,即深思熟虑的偏好完成了对个体持有的多种欲望和偏好的统一。

如果深思熟虑的偏好是实践法则的基础,它相较于快乐这一不稳固的基础而言有何种优势?这主要有如下三个方面的优势:第一,分析实践法则的相关背景和概念基础更为明确。主观化的快乐对行动的"相互冲突"的说明被转换为囚徒困境的情境,此分析背景更为明晰。高蒂耶将对快乐的分析转化成理性选择意义上的契约式的语言,即转化为对个体如何最大化地追求效用价值的分析,此为概念基础更为牢固的表现。第二,由于快乐包含主观要素,不同个体对快乐的理解"大相径庭",因此快乐在人际之间不可以被直接比较,即快乐不是人际比较的基础。高蒂耶则以偏好在"自我之内相对让步"的方式实现了人际的比较,并进一步实现了契约的订立,这为个体在追求各自偏好时不同意图的冲突提供了解决方案。第三,按照上面引文,如果基于快乐的实践法则会产生"破坏性的结果",那么深思熟虑偏好之上的分析避免了这类结果的出现,订约过程的让步原则以及守约过程的约束倾向最终得出"合作"以及"共赢"的结果,这不是"破坏性的"。从这个角度上讲,高蒂耶的契约理论是对康德哲学的回应,即使不使用实践理性同样可以为个体确立普遍的实践原则。

上面阐述了高蒂耶"扩展工作"的思路以及特点,但是此种"扩展工作"是成问题的,因为其契约论的理性概念并未被清晰说明,这表现了他在康德式的实践理性和休谟式的工具理性之间的"犹豫不定"。如果高蒂耶理论的

---

① Gauthier D. The Unity of Reason: A Subversive Reinterpretation of Kant[J]. Ethics,1985,96(1):82.

工具理性基础包含了康德式实践理性,那么个体实施道德行动不仅是为了追求期望效用的最大化,它也受到了康德意义上绝对命令之要求的影响。高蒂耶对康德哲学的"重新解释"建立在对实践理性的考察之上,此种实践理性能力是"作为目的"的理性存在者特有的,其他生物不具备此种能力,如动物虽然也持有杂多的欲望和需求,但它不会以实践理性的方式将之统一成整体目标。高蒂耶的契约论以工具主义的理性为基础,他说:"为人熟知的理性选择理论的观念与已知的纯粹理性概念相互对应。"这表明高蒂耶是从理性选择理论的角度理解康德式实践理性以及从此视角把握康德式关于原则的理性意愿。① 然而,理性选择理论中涉及的"理性"是工具性的,高蒂耶承袭了休谟哲学中实践理性的工具概念。无论是在高蒂耶对康德哲学的"扩展工作"中,还是在其契约论之中,都存在理性基础被"混乱使用"的情况,此为前面说的高蒂耶对契约论的理性基础的"犹豫不定"。如果休谟式的理性能力只是在实现目的方面发挥作用,那么康德则赋予了实践理性以更多的作用,理性不仅可以实现目的,还可以确定以及评价目的。简言之,康德哲学和休谟哲学关于理性概念的不同理解,这不仅导致了高蒂耶在"扩展工作"出现关于理性概念使用的混乱,也预示了其道德契约理论在论证基础上的不稳定性,即理性基础是不稳定的。

虽然"扩展工作"存在诸多问题,但这不能否认高蒂耶对康德式实践理性"重新解读"的重要研究价值,这为理解康德伦理学提供了一种独特的视角,也为高蒂耶契约论向康德哲学的回溯提供了可能性。按照上述"扩展工作"对纯粹实践理性的统一能力的论述,深思熟虑的偏好实际上是对杂多偏好的统一,这些杂多偏好包括了原初偏好、非反思的偏好、行为偏好和态度偏好等。就此而言,向康德哲学的回溯可以在深思熟虑的偏好方面予以完善。高蒂耶引出深思熟虑的偏好的过程,此概念混合了康德式的实践理性、休谟式的欲望概念以及理性选择理论等。高蒂耶对康德哲学的"重新解释"并不是简单的"扩展工作",而是将康德哲学融入进来成

---

① Gauthier D. The Unity of Reason: A Subversive Reinterpretation of Kant[J]. Ethics,1985,96(1):79.

为其道德契约理论的构成要素。

二、斯坎伦对康德伦理学的批评

相较于高蒂耶对康德哲学较为明确的态度而言,斯坎伦的契约主义与康德哲学之间的关系则更为复杂。虽然在行动理由方面,斯坎伦反对休谟的内在主义,但他也并未承袭康德基于纯粹实践理性提供理由的思路。帕菲特在《论重要之事》(On What Matters)中提出了"康德式的契约主义",斯坎伦撰文详述了对此种契约主义的态度,本节以此文本为基础讨论斯坎伦的契约主义与康德哲学的区别,并进一步阐述向康德哲学回溯的可能性。[1]

在斯坎伦看来,对理由的说明必须是实质性的,这包括"将某物视作理由的说明,以及主体拥有何种理由的论断"[2]。这里,将说明的两个构成部分分别称为内容(一)和内容(二),而休谟的欲望理论主要涉及内容(二)的说明,此时"主体拥有何种理由"被转换成"欲望之上的语言"以说明个体欲望理由以及从欲望到理由的形成过程。然而,此欲望理论并不主要关注内容(一)的"为什么关注理由"以及"将某物视作理由",它只表明理由源于欲望理由,因此人们会"自然而然地"关注欲望并基于欲望理由实施活动。真实情况是:个体不仅可以持有多种欲望,且个体之间的欲望大为不同,欲望理论没有阐述不同个体是否以及为什么会关注同一种理由,因为此议题涉及理由规范性的分析。更进一步,基于欲望的理由不可以被直接比较,欲望之上的理由判断也不具有普遍性。与上述欲望理论的分析思路不同,在康德伦理学中,个体的行动接受实践理性的指导,而行动理由是由实践理性提供的,那么康德伦理学涉及内容(一)的说明,它强调理性个体在"理性地意愿"(rationally will)某个原则时所持有的理由。

---

[1] 此文可参照:Scanlon T. How I Am not a Kantian[M]//On What Matters (volume two). Oxford: Oxford University Press,2011:116-139. 其标题是:"我缘何不是康德主义者"(How I Am not a Kantian)。在此文中,斯坎伦将康德伦理学视作建构主义理论,以说明其契约主义与康德建构主义之区别。

[2] Scanlon T. How I Am not a Kantian[M]//On What Matters (volume two). Oxford: Oxford University Press,2011:123.

在斯坎伦看来,行动理由具有"关系结构"(relational structure)的特征。[①]将此论点用于康德哲学中的话,那么康德虽然论述了实践理性对理由的"绝对命令式"的提供过程,但是这具有明显的形式主义特征,即这是一种形式性的普遍理由,因而不能把握现实中多样且具体的行动理由。也就是说,实践理性之上的理由没有把握斯坎伦意义上的理由的"关系结构的特征"。虽然欲望理论意义上的理由是以欲望强度比较以及欲望的不同发展阶段确立,这在一定程度上把握了现实个体持有的理由的实质内容以及把握了理由的关系特征,但它未能满足理由判断普遍性的要求。例如,在境况 C 中,欲望 D 之上的理由可能是某人持有的最终行动理由,但这并不意味着在另一种境况 C'中同一个体也会选择此理由。

现在的问题是:斯坎伦意义上的外在理由是否把握了此种关系结构特征?这是如何实现的?更进一步,此种外在理由与康德意义上基于实践理性的理由有何种区别?这里,首先论述帕菲特提出的康德式契约主义。在此之上论述斯坎伦对它作出的批评。帕菲特认为对一项原则或行动的合理意愿建立在理由之上,那么原则和行动的最终确定有赖于理由强度的比较。反之,如果个体并不持有关于原则和行动的相关理由,他也不能对其持有合理的意愿。也就是说,原则和行动的确立过程需要"无偏倚"的理由与个人理由进行强度上的比较。然而,斯坎伦则认为上述分析是对康德哲学的误解。行动虽然需要理由的参与和支撑,但这根本上体现了纯粹实践理性的要求,即实践理性处于上述分析更为基础的位置。相较而言,在斯坎伦的契约主义中,原则和行动不是通过对无偏倚理由和个人理由的强度比较确定,斯坎伦甚至将个人理由排除在"有理由地拒绝"之外,此过程涉及人际之间的一般理由。需提及:此一般理由不是康德意义上由实践理性提供的理由,而是对外在对象的考虑而形成的"外在理由"。简言之,斯坎伦契约主义中原则的确立不涉及不同属性的理由强度比较(如帕菲特所论及的比较方式),这是对同一种一般理由的比较,最终确定了道德理由的重要性和优先性。

[①] Scanlon T. How I Am not a Kantian[M]//On What Matters (volume two). Oxford: Oxford University Press, 2011:122.

在斯坎伦看来，康德基于实践理性确立普遍原则的"立法过程"，这与理由没有本质关联，即它与个体持有何种理由无关，它只与理性有关。也就是说，实践理性在先，行动理由在后，因此对个体行动的分析不是理由强度的比较，而是对实践理性的考察。进一步，斯坎伦认为如果试图建立关于个体发展禀赋或帮助他人的相关原则的话，这些原则所指向的目的不一定是所有人的目的，而这些原则也是基于经验的实践原则，因而不一定具有普遍性。例如，一个人发展自身禀赋的实践原则并不意味着其他人同样如此遵循。同样，帮助他人的实践原则也具有此种特征。然而，在康德伦理学中建立一个普遍的原则，这要求主体以及他人都指向同样的目的，此为"人为目的而非手段"意义上的目的，因此基于经验要素的现实目的不能成为建立普遍原则的基础。[①] 简言之，当个体持有纯粹实践理性时，其行动和原则最终普遍地指向了"作为目的的人"，故帕菲特将康德确立原则的过程理解为建立在理由及其强度的比较之上，斯坎伦认为这是错误的理解方式。

斯坎伦说："当他（指康德）考虑到是否一个给定的原理能否被意愿为普遍法则的问题时，康德似乎根本没有以一种基础方式将合理意愿建立在理由或者它们的强度之上。实际上，理由及其强度的观念至多在康德对合理行动和道德的说明中是一种衍生角色（derivative role）。"[②] 可以看到，康德伦理学中，理由在原则的建立过程中不占据主要位置，这是理性的"自我立法"过程，展现了康德伦理学的建构特征，即这是自我之上的"建构"过程，因此斯坎伦将康德伦理学称为"关于理由的康德式建构主义"（Kantian constructivism about reasons）。[③] 康德哲学在理由方面的自我建构特征，这在一定程度上回应了他是内在主义者还是外在主义者的问题，因为实践理性提供实践理由的过程是在"自我之内"完成的，它不涉及外在要素的参与，因此这说明他是一个广义的内在主义者。更进一步，此种自我建构的特征

---

① Scanlon T. How I Am not a Kantian[M]//On What Matters (volume two). Oxford: Oxford University Press, 2011: 118.
② Scanlon T. How I Am not a Kantian[M]//On What Matters (volume two). Oxford: Oxford University Press, 2011: 119.
③ Scanlon T. How I Am not a Kantian[M]//On What Matters (volume two). Oxford: Oxford University Press, 2011: 121.

表明原则的确立无需通过契约主义的方式实现,即原则的确立不是"一致同意"的结果。此种建构主义分析不关注人际比较以及他人维度的考虑,康德式理性意愿对原则的检测是基于个人主义视角,此为斯坎伦对康德伦理学的建构主义解读,这不同于帕菲特对康德伦理学的契约主义式的解读。相较于康德伦理学建构主义特征,斯坎伦的契约主义不是理性主体的"自我建构",这是以"没有人能够有理由地拒绝"的方式确立原则,通过对外在他人生命价值的关注而产生可证成倾向,进而使"一致同意"成为可能,故斯坎伦的契约主义不是建构主义的。

康德伦理学中的理性主体持有的原则以及实施的行动无需向他人证成,对原则遵循而实施的活动是"自我立法"的要求,且道德原则的确立不以经验要素为基础,因此斯坎伦认为此种建构主义理论不足以为个体真实的行动和理由提供完整的说明。斯坎伦契约主义对原则的检验不是个体自我的建构,它考察了不同个体对原则的考虑,并通过持有的不同理由确定原则,因此所有人都参与到契约主义"检验过程"中。如果斯坎伦的契约主义与康德伦理学有如此多的区别,康德的建构主义可以提供何种理论启示?这构成了下面研究主题。

三、道德自主性的缺失以及向康德伦理学的回溯

在伦理学的研究中,隶属于规范领域的道德行动研究往往持有的论点是:道德行动的目的是特殊的,它与利益属性的目的没有本质的关联,但道德行动仍具有目的论的特征。与此同时,它也涉及非目的论意义上"行动过程"的分析。在道德行动的分析中,目的和过程的分析都是重要的。此部分将首先论述两种道德契约论在道德自主性上的缺失,其后通过回溯康德伦理学的方式为道德自主性的缺失问题提供相关理论资源。

在斯坎伦对"彼此义务"的分析中,他强调生命价值之上对他人承担的义务,那么这是主动还是被动承担的过程?实际上,当斯坎伦强调道德行动对他人生命价值的回应过程时,这在一定程度上忽视了康德意义上理性主体自身"作为目的"的"自我立法"基础。在"彼此义务"领域中,对道德义务

第九章　契约式道德论证的完善方向

的承担是可证成倾向的表现,这是个体主动表现出来的倾向。① 然而,对于康德式的自我立法,斯坎伦式基于道德义务的行动仍表现出"过于被动"的特征,即其契约式的道德论证在自主性方面有所缺失。在康德式"自我立法"中,承担道德义务是对纯粹实践理性的要求,此时理性主体无需展现出指向他人的可证成倾向。虽然斯坎伦从契约主义视角将康德式的"理性意愿"理解为可证成倾向,但"理性意愿"的倾向是为经验个体提供指导的,它仍不同于经验个体在交往中所表现的可证成倾向。②

与斯坎伦讨论的狭义的"彼此义务"不同,高蒂耶聚焦于"广义上"的道德约束的论证,此"广义"是针对道德义务属于道德约束来讲的。高蒂耶对义务的论述仅仅出现在订约前提的洛克条款论述之中,此条款要求个体不能使他人境况变坏,这是关于财产权所被动承担的义务。高蒂耶将个体对道德约束接受的论证建立在利益追求的分析之上,这是一种"具有被迫特征的他律性质的道德约束",即这未能把握道德行动的自律性,即此种说明在道德自主性方面也是缺失的,这将导致关于行动说明的不完整。例如,这不能解释主动承担义务的道德行动,也不能解释同情心之上自主的道德行动。然而,高蒂耶明确反对以情感为基础建立道德理论,在最大化地追求偏好满足的过程中,情感是没有位置的。问题是,如果道德行动展现出了"被迫"的特征,这是否把握了道德的本质?汉普顿对高蒂耶"工具性的道德论证"表达了疑虑,他说:"这种工具道德并未在严格意义上把握道德本质。"③

从高蒂耶契约论的视角上讲,契约式的道德论证是否把握了道德的本质,这并不重要。只要道德约束是"一致同意的",并满足了无偏倚的要求,它即可以视作"真正的道德",高蒂耶说:"此时的道德内容(即契约论道德的内容)与传统道德原则是否一致是另外的问题,我们对此不作详细考察。"④即使高蒂耶契约论意义上的道德不同于其他理论对道德的理解,它甚至与

---

① Scanlon T. How I Am not a Kantian[M]//On What Matters (volume two). Oxford: Oxford University Press, 2011: 127.
② Scanlon T. How I Am not a Kantian[M]//On What Matters (volume two). Oxford: Oxford University Press, 2011: 138.
③ Hampton J. Two Faces of Contractarian Thought[M]//Essays on David Gauthier's Morals by Agreement. Cambridge: Cambridge University Press, 1991: 32.
④ Gauthier D. Morals by Agreement[M]. Oxford: Oxford University Press, 1986: 6.

社会中"流行的"道德准则以及与个体直觉上的道德判断"有所出入",这并不影响高蒂耶契约式的道德论证的总体目标。其证成目标是:个体在追求利益的过程中接受了道德的约束,由此消解了道德与利益"由来已久"的冲突。

相较而言,斯坎伦的"彼此义务"领域与财产权无关,它有着更为深刻的基础,这是基于生命价值的"彼此亏欠"。这样来看,斯坎伦式的义务不仅比洛克条款的义务提出了更为严苛的要求,由于它把握了生命价值这一基础,因此此基础所确定的义务也比其他义务更为深刻,这将在一定程度上支撑其他的义务,其中包括了高蒂耶式洛克条款的义务。从整体论证思路上讲,"彼此义务"领域中义务之上的道德行动是"由外向内"地被实施,即从外在视角出发基于对他人生命价值的重视而实施,道德行动"外在地"被激发,那么这种契约主义式的道德本质上是一种"自律"与"他律"相互混合的道德,且它更侧重于"他律"方面,因为义务根本上是由他人的生命价值所引发的。

两种契约论的道德证成为个体确定了不同的"道德底线",高蒂耶式的"底线"是在不使他人境况变差的前提下,道德成为提升期望效用的手段,故道德约束是必要的。斯坎伦式的"底线"则是不能忽视以及伤害他人的生命价值,这种底线是通过"有理由地拒绝"的证成而实现的,这为现实个体活动提出了较高的道德要求。简言之,高蒂耶的契约论把握了道德的"被迫特征",斯坎伦的论证则表现出"自律和他律"混合的特征。如果两种道德论证都侧重于"他律"方面,这说明两种理论在道德自主性上的缺失。现在将考察,康德伦理学作为一种"自治"的伦理学,它可以为两种契约式的道德论证提供何种资源?特别是,它能够在道德自主性的缺失方面提供何种补充?

史密斯认为"他治伦理学"的固有缺陷是:任意性。[1] 例如,在以欲望为基础的伦理学理论中,欲望的任意性将导致行动持有任意且主观的个体目标。对于休谟著名的论断,"宁可世界覆灭,也不能伤到我的手指,这并不违反理性",这展现了欲望的任意性,并进一步导致无法确立普遍的道德原则。

---

[1] Smith M. Humean Rationality[M]//The Oxford Handbook of Rationality. Oxford: Oxford University Press, 2008:75.

再如功利主义意义上的幸福、康德伦理学中基于假言命令的"有条件的行动理由"以及麦基式的"假言命令式的规范理由"等都表现出任意性的特征,由此任意导致了伦理学理论对人类幸福和社会发展不能提供有效的说明。相较来讲,作为"自治伦理学"的康德伦理学,它以普遍的实践理性为基础的"普遍立法"方式,这在一定程度上避免了"他治伦理学"的任意性。

如果从康德伦理学视角考察两种契约式的道德论证,康德不会赞同高蒂耶的论证思路,因为康德意义上的道德行动是自律的,它遵循实践理性的"自我立法",道德行动不是获取期望效用的手段,即道德不是手段,道德行动体现了"人之为人"的尊严这一绝对价值。与此同时,康德也不会同意斯坎伦"自律"和"他律"混合式的道德行动,因为道德行动遵循"自律"的绝对命令,而非遵循对他人生命价值的考虑的道德要求。无论是高蒂耶"内在视角"的道德论证,还是斯坎伦"外在视角"的道德论证,两种论证思路都把握现实个体的经验要素。就此而言,这种以偏好满足和外在对象考虑的经验要素所进行的道德论证是康德所反对的。康德式纯粹实践理性的"自我立法"不仅把握了道德的普遍性,也把握了道德的自主性。

上一节曾论及了高蒂耶理论中实践理性的工具概念是成问题的,契约主体在守约阶段表现的审慎倾向表明它不完全是一个工具概念,它还可能包含非工具的要素,即这可能是实践理性的非工具概念。从这个角度上讲,如果可进一步理清高蒂耶理论中实践理性与纯粹实践理性的具体联系,将更好地把握高蒂耶道德论证的局限性,因此未来可以聚焦于契约论的具体论证环节以考察契约主体的活动分析以何种理性概念为基础,以此确定个体所接受的道德要求与康德意义上的工具理性的假言命令的关联。此外,高蒂耶仅聚焦于"市场域"的道德论证,但当市场域过渡到其他交往领域时,高蒂耶的论证是否成立?此过渡是否有实践理性的非工具概念的"摄入"?也就是说,即使按照高蒂耶的描述,市场情境的参与者在工具理性的基础上会接受道德约束,这并不意味着在其他交往域也会如此,因此不同情境的过渡过程仍有待理清,这将有助于完善高蒂耶理论的道德自主性的基础。虽然斯坎伦被视作广义上的康德主义者,但其契约理论对理性(reason)这一概念的论述较少,这也是未来的聚焦方向。若可以把握斯坎伦契约主义的理性基础与纯粹实践理性的深度关联,这说明道德行动不仅是被动的回应过程,纯粹实践理性之上的"自我立法"同样在发挥作用,这也将弥补斯坎伦理论中道德自主性的缺陷。简言之,向康德伦理学的回溯以确立两种理论的工具概念与纯粹实践理性的关联,这有助于弥补它们在道德自主性上的缺失。

第三节　向休谟习俗论的回溯

契约论涉及谈判双方如何就原则和行动达成"一致同意"过程的分析,因此契约理论以"契约式"语言"简化"描述个体活动。然而,高蒂耶和斯坎伦对活动"契约式简化"的描述忽视了社会化对个体活动的影响,即工具合理性以及有理由性之上的活动评价忽略了社会化的活动影响。鉴于此,本节提出向休谟主义回溯,在考察两种理论在习俗道德缺失的基础上,阐述休谟关于社会化的论述可以为两种理论的完善提供何种启示。

在高蒂耶的道德论证中,追求偏好价值的活动是分析的起点,而现实个体会追求众多的目标。高蒂耶为了论证的便利将这些多元的目标"简化为"偏好价值,这种对道德的理解以及所选择以市场域为论证背景是狭隘的。在斯坎伦的论证中,生命价值是理论分析的起点。虽然其他价值也会影响个体的活动,但生命价值始终处于分析的核心位置。现在要处理的问题是:向休谟习俗论的回溯可以为高蒂耶和斯坎伦关于习俗和惯例的分析提供何种启示?对于高蒂耶而言,深思熟虑的偏好是给定的,偏好的形成不可避免地受到个体真实情境的影响,这包含了习俗和惯例等要素的影响。高蒂耶曾就休谟习俗论发表过相关文献,他将休谟式的习俗理解为规则,此规则仅在特定情境下有效,但并不具有普遍性。[①] 也就是说,作为规则的习俗不同于道德原则,更不能等同于康德意义上的绝对命令。当习俗在特定情境下

---

① 纵观高蒂耶的学术生涯,他就休谟伦理学主要发表了两篇论文,分别是:Gauthier D. David Hume, Contractarian[J]. Philosophical Review, 1979, 88(1):3-38; Gauthier D. Artificial Virtues and the Sensible Knave[J]. Hume Studies, 1992, 18(2):401-428. 前文就休谟行动哲学对高蒂耶契约论的影响作了相关分析,但未讨论休谟习俗论的影响。

发挥作用时,它可以是作为群体共享的知识产生影响,也可以是"潜在认定"的一种不成文的标准。当然,也存在不被习俗所影响的个体,故习俗规则并非对所有人都是有效的。进一步,高蒂耶将习俗划分为主导且稳定的习俗和不稳定的习俗,并认为前一种习俗不是契约式的。在主导习俗的囚徒困境之中,参与者都会受到主导习俗的影响而做出相似的选择和行动,那么此困境中的每个个体都持有明确的方向,囚徒困境最终将基于习俗的影响而得出明确的结果。相较而言,在面对不稳定习俗的特定情境时,个体不一定会受到习俗的影响而实施不同方向的行动,高蒂耶认为此种情境具有契约的特征,因为个体需要通过契约式的"讨价还价"以达到某种均衡状态。特别是,个体不仅需要就习俗进行"讨价还价",还涉及对所订立的习俗的遵守过程,这实际上是契约的订立和遵守过程,那么此种习俗是契约式的。

上述是高蒂耶对休谟习俗论的契约式解读,他将休谟习俗论转换成契约论语言,习俗论中的利益认同和利益责任分别被改造成对偏好的相对让步过程和守约理论的分析。[①] 延续上述思路,如果存在主导习俗的情境,即使个体持有了不同的偏好,那么契约是否有必要存在?特别是,契约论是否还需要建立?如果个体无需借助于契约论式的谈判和让步,仅依靠习俗的影响就可以实现均衡的话,契约论也没有建立的必要性。实际上,在高蒂耶的契约论中,它并未论及习俗对谈判所产生的影响,因此习俗也成为学者们批评其订约理论和守约理论的切入点,即契约式的道德论证中已经暗含了习俗的要素。此种批评是有一定道理的,因为"简化的"偏好以及偏好之上的理性选择忽视了习俗的影响。

斯坎伦同样忽视了习俗惯例对道德行动的影响,道德理由的重要且优先位置的确立不是受到了社会化的影响,而是基于生命价值的重视得以确定。如果习俗惯例在个体成长过程中已经被"内化到"语言和信念之中,那么习俗惯例也将影响道德行动,那么对生命价值的重视即不是"彼此义务"的唯一基础。斯坎伦曾认为相对主义持有多重的道德标准,它们会退化为

---

① 对此可参照:Gauthier D. David Hume, Contractarian[J]. Philosophical Review,1979,88(1):3-38.此文是在高蒂耶提出道德契约论之前所发表的,故有助于理清高蒂耶契约思想的发展历程。

社会传统和习俗的标准。[①] 斯坎伦既承认价值的多元化,也承认现实道德准则的多元化,那么休谟习俗论是否对斯坎伦契约式的道德论证构成挑战?虽然习俗和传统惯例可以"部分地说明"彼此的义务,但它对义务领域的分析说明并不深刻,且不成体系。当下流行的价值观会影响个体的道德判断以及道德行动,如相对主义视角下某行为在某个时期或某种文化背景下是道德的,在另一境况下则是非道德的。斯坎伦并未否定上述论点,但他认为这些多元的价值序列以及多样的道德标准并不会对其道德论证构成挑战,因为在社会化道德准则的背后还有生命价值的彼此义务的支撑。习俗惯例式的道德准则与彼此义务领域的道德原则并不处于同一层面,它们之间不存在根本的冲突。两者涉及的范围不相同,如相对主义的道德规则以及各类习俗惯例属于广义道德范围的议题,它既可以影响广义道德范围的私人计划,也与狭义道德范围的共同生活关联,而斯坎伦的契约主义主要集中于狭义道德范围的分析。

需要追问:斯坎伦是否过于看重生命价值,从而使这种义务"过于理想"而不符合现实境况?同样,高蒂耶刻意在其道德论证中忽视了习俗的作用,这是否会影响其整体的论证效力?高蒂耶和斯坎伦在建立契约论时不得不采取"透视"的视角,使得两者在某种程度上忽视了习俗惯例的作用,这也决定了两种理论的不完备性。实际上,习俗道德总会以"潜移默化的方式渗入"个体的判断和交往之中。对斯坎伦而言,如何将习俗道德的影响整合到其契约主义之中,这是完善契约理论的方向。对高蒂耶而言,如果习俗影响了订约阶段"讨价还价"的过程以及影响了对契约遵守的分析,那么一种"混合了习俗论"的契约理论是否可能,这构成了高蒂耶契约论的完善方向。

回顾过去伦理学的发展历史可知,伦理学为个体提供了大量理论层面的分析。然而,现实中大量突破道德底线的案例在一定程度上表明了伦理学对个体的指导往往是"无力的"。在高蒂耶的订约理论中曾引入了约束理性和半透明性,虽然论证思路仍存在诸多问题,但它对现实有重要的启示。

[①] Scanlon T. What We Owe to Each Other[M]. Cambridge: The Belknap Press of Harvard University Press,1998:333.

第九章　契约式道德论证的完善方向

当代社交技术的快速发展印证了"透明性"对交往产生的积极影响，获取信息的便捷使个体变得愈加"透明"。非道德行动固然可获得短期好处，若此种行动在多次实施之后被识别到的话，从长远来看将对个体生活产生负面的影响。斯坎伦对不道德行动的分析虽然不建立在利益得失之上，它是基于对生命价值重视而表现出的可证成倾向。但是在指导个体实施道德活动以便更好融入生活方面，两种契约论的论证目标是一致的。在现实境况中，个体的道德活动既不能忽视他人的生命价值，也不能忽视自身的偏好价值。如徐向东所言："伦理学本来就是透视性的，也就是说，一个伦理观点本质上是通过一个给定的角度来表征的。"[①]当学者们"不得不"选择特定视角建立理论时已经预示着所建立的伦理学理论的"限度"。

　　本书的切入视角不同于其他契约论的研究视角，本书不仅系统考察了契约式的道德论证的整体思路，也系统考察了两种理论的行动哲学基础。不同的行动哲学基础导致两种理论表现出不同向度，并决定了两者的"理论限度"。本书不再按照学界惯常基于外在表现的区分，而是在行动哲学和道德论证思路之上将向度总结为目的论和非目的论。[②] 上述向度的区分是对两种理论"透视性视角"的总结。本章虽提出了向康德哲学和休谟哲学回溯的方式完善两种理论，但这些方向仅是指导性的，完成此项工作仍需要大量的概念理清和理论支撑。然而，当下学界对行动理由没有统一界定，行动理由论也仍旧处于发展之中；且两种契约理论与康德伦理学、休谟习俗论的关联有待深入考察，此为未来的研究方向。

---

　　① 徐向东.道德哲学与实践理性[M].北京:商务印书馆,2006:442.
　　② 代表性的划分方式,可参照:Darwall S. Contractarianism and Contractualism[M]. Oxford: Blackwell, 2003:3; Hill G. Reason and Will in Contemporary Social Contract Theory[J]. Political Research Quarterly,1995,48(1):101-116.

参考文献

[1] 巴能强.戈德尔的市场自由道德理论评介[J].北京大学学报(哲学社会科学版),1999(5):45-49.

[2] 柏拉图.理想国[M].张斌,郭竹斌,译.北京:商务印书馆,1996.

[3] 陈代东.论斯坎伦论道德契约主义的范围[J].上饶师范学院学报,2014(4):14-19.

[4] 陈真.当代西方规范伦理学[M].南京:南京师范大学出版社,2006.

[5] 陈真."道德"和"平等"——哈佛大学斯坎伦教授在华访问演讲录[J].哲学动态,2005(9):42-46.

[6] 陈真.斯坎伦的非自利契约论述评[J].世界哲学,2005(4):4-10.

[7] 邓伟生.斯坎伦的契约主义与总计问题[J].世界哲学,2016(4):127-135.

[8] 邓伟生.斯坎伦论道德动机与道德的优先性[J].现代哲学,2012(6):72-80.

[9] 董良.审慎理性作为道德基础的意义和限度——高蒂耶的"协议道德"研究[D].杭州:浙江大学,2011.

[10] 弗罗伊弗.道德哲学十一讲:世界一流伦理学家说三大道德困惑[M].刘丹,译.北京:新华出版社,2014.

[11] 龚群.斯坎伦的契约伦理思想初探[J].华东师范大学学报,2009(5):45-52.

[12] 霍布斯.利维坦[M].黎思复,黎廷弼,译.北京:商务印书馆,1997.

[13] 江璐.康德的意志概念的两个方面:实践理性和自由抉择[J].社会科

学辑刊,2015(3):5-13.

[14] 莱斯诺夫.社会契约论[M].刘训练,译.南京:江苏人民出版社,2005.

[15] 梅谦立.勒维纳斯和利科的伦理学的异同[J].现代哲学,2007(3):112-120.

[16] 梅谦立.卢梭和政治参与[J].世界哲学,2012(5):15-24.

[17] 诺齐克.无政府、国家和乌托邦[M].姚大志,译.北京:中国社会科学出版社,2008.

[18] 帕菲特.论重要之事[M].阮航,葛四友,译.北京:时代华文书局,2015.

[19] 石若坤,胡宜安.道德契约:道德关系重建的重要取径[J].东南学术,2015(1):188-195.

[20] 石元康.罗尔斯[M].桂林:广西师范大学出版社,2004.

[21] 斯坎伦.宽容之难[M].杨伟清,等译.北京:人民出版社,2008.

[22] 斯坎伦.我们彼此负有什么义务[M].陈代东,等译.北京:人民出版社,2008.

[23] 须大为.托马斯·斯坎伦的反休谟主义动机理论[J].广西师范大学学报,2016(1):37-44.

[24] 徐向东.道德哲学与实践理性[M].北京:商务印书馆,2006.

[25] 应奇.当代政治哲学名著导读[M].南京:江苏人民出版社,2017.

[26] Adler J. Introduction: Philosophical Foundations[M]//Reasoning: Studies of Human Inference and Its Foundations. Cambridge: Cambridge University Press, 2008.

[27] Anscombe E. Intention[M]. Oxford: Blackwell, 1957.

[28] Audi R. A Theory of Practical Reasoning[J]. American Philosophical Quarterly, 1982, 19(6):25-39.

[29] Audi R. Practical Reasoning[M]. London: Routledge, 1989.

[30] Audi R. Theoretical Rationality: Its Sources, Structure, and Scope[M]//The Oxford Handbook of Rationality. Oxford: Oxford University Press, 2008.

[31] Baier K. Rationality, Value, and Preference[J]. Social Philosophy and Policy,1988,5(2):17-45.

[32] Brandom R. What do Expressions of Preference Express[M]//Practical Rationality and Preference: Essays for David Gauthier. Cambridge: Cambridge University Press, 2001.

[33] Bratman M. The Interplay of Intention and Reason[J]. Ethics,2013, 123(4):657-672.

[34] Broome J. Normative Practical Reasoning[J]. Aristotelian Society, 2001,75(1):175-193.

[35] Broome J. Rationality [M]//A Companion to the Philosophy of Action. Cambridge: Cambridge University Press, 2008.

[36] Broome J. The Unity of Reasoning? [M]//Spheres of Reason: New Essays in the Philosophy of Normativity. Oxford: Oxford University Press, 2009:62-92.

[37] Brunero J. McDowell on External Reasons[J]. European Journal of Philosophy, 2007, 16(1):22-42.

[38] Buchanan J, Tullock G. The Calculus of Consent: Logical Foundations of Constitutional Democracy[M]. Ann Arbor: University of Michigan Press,1962.

[39] Cohon R. Are External Reasons Impossible[J]. Ethics, 1986, 96(3):545-556.

[40] Crisp R. Contractualism and the Good[J]. Philosophical Books, 2006,41(4):235-247.

[41] Dancy J. Ethics without Principles[M]. Oxford: Clarendon Press, 2004.

[42] Dancy J. Practical Reality[M]. Oxford: Oxford University Press, 2000.

[43] Darwall S. Contractarianism and Contractualism[M]. Oxford: Blackwell, 2003.

[44] DeBruin D. Can One Justify Morality to Fools? [J]. Canadian Journal of Philosophy,1995, 25(1):1-31.

[45] Donselaar G. Sticks or Carrots? The Emergence of Self-ownership [J]. Ethics, 2013,123(4):700-716.

[46] Dworkin G. Contractualism and the Normativity of Principles[J]. Ethics, 2002, 112(3):471-482.

[47] Elster J. When Rationality Fails[M]//Reasoning: Studies of Human Inference and Its Foundations. Cambridge: Cambridge University Press, 2008.

[48] Esterhazy P. Reasons for Action[M]. LMU München: Fakultät für Philosophie, 2013.

[49] Ethics M J. Inventing Right and Wrong[M]. London: Penguin Books, 1976.

[50] Finkelstein C. Pragmatic Rationality and Risk[J]. Ethics,2013,123 (4):673-699.

[51] Finlay S. The Reasons That Matter[J]. Australasian Journal of Philosophy, 2006, 84(1):1-20.

[52] Fishkin J. Bargaining, Justice, and Justification: Towards Reconstruction [J]. Social Philosophy & Policy,1988, 5(2):46-64.

[53] Frankfurt G. Freedom of the Will and the Concept of a Person[J]. Journal of Philosophy, 1971,68(1):5-20.

[54] Freeman S. Contractualism, Moral Motivation and Practical Reason [J]. The Journal of Philosophy,1991, 88(6):281-303.

[55] Friend C. Trust and the Presumption of Translucency[J]. Social Theory and Practice, 2001,27(1):1-18.

[56] Gauthier D. Are We Moral Debtors? [J]. Philosophy and Phenomenological Research,2003, 66(1):162-168.

[57] Gauthier D. Artificial Virtues and the Sensible Knave[J]. Hume Studies, 1992,18(2):401-428.

[58] Gauthier D. Assure and Threaten[J]. Ethics,1994,104(4):690-721.

[59] Gauthier D. David Hume, Contractarian[J]. Philosophical Review, 1979, 88(1): 3-38.

[60] Gauthier D. Morals by Agreement[M]. Oxford: Oxford University Press,1986.

[61] Gauthier D. The Unity of Reason: A Subversive Reinterpretation of Kant[J]. Ethics,1985, 96(1):74-88.

[62] Gibbard A. Reasons to Reject Allowing [J]. Philosophy and Phenomenological Research,2003, 66(1):169-175.

[63] Goldman A. Reason Internalism[J]. Philosophy and Phenomenological Research, 2005,71(3):505-532.

[64] Hampton J. Two Faces of Contractarian Thought[M]//Essays on David Gauthier's Morals by Agreement. Cambridge: Cambridge University Press,1991.

[65] Harman G. Practical Reasoning[J]. The Review of Metaphysics, 1976,29(3):431-463.

[66] Heath J. The Transcendental Necessity of Morality[J]. Philosophy and Phenomenological Research,2003, 67(2):378-395.

[67] Hill G. Reason and Will in Contemporary Social Contract Theory[J]. Political Research Quarterly,1995, 48(1):101-116.

[68] Hume D. A Treatise of Human Nature[M]. New York: NuVision Publications,2008.

[69] Kriegel U. Normativity and Rationality: Bernard Williams on Reasons for Action[J]. The Jerusalem Philosophical Quarterly,1999, 48(3): 281-292.

[70] Lubin D. External Reasons [J]. Metaphilosophy, 2009, 40（2）: 273-291.

[71] MacIntosh D. Assuring, Threating, a Fully Maximizing Theory of Practical Rationality, and the Practical Duties of Agents[J]. Ethics,

2013,123(4):625-656.

[72] McCord G. Deception and Reasons to Be Moral[M]//Essays on David Gauthier's Morals by Agreement. Cambridge: Cambridge University Press, 1991.

[73] McDowell J. Might There Be External Reasons[M]//World, Mind and Ethics: Essays on the Ethical Philosophy of Bernard Williams. Cambridge: Cambridge University Press, 1991.

[74] Mele A. Intention[M]//A Companion to the Philosophy of Action. Cambridge: Cambridge University Press, 2008.

[75] Mendola J. Gauthier's Morals by Agreement and Two Kinds of Rationality[J]. Ethics,1987, 97(4):765-774.

[76] Messerly J. The Omission of Unconditional Cooperators: A Critique of Gauthier's Argument for Constrained Maximization[J]. Philosophical Studies: An International Journal for Philosophy in the Analytic Tradition, 1992, 67(1):19-39.

[77] Miller R. Moral Contractualism and Moral Sensitivity: Critique and Reconstrual[J]. Social Theory and Practice, 2002,28(2):259-276.

[78] Mintoff J. Rational Cooperation, Intention, and Reconsideration[J]. Ethics, 1997,107(4):612-643.

[79] Morris C. Moral Standing and Rational-choices Contractarianism [M]//Essays on David Gauthier's Morals by Agreement. Cambridge: Cambridge University Press, 1991.

[80] Nagel T. Equality and Partiality[M]. Oxford: Oxford University Press, 1991.

[81] Nielsen K. Rawls and Classist Amoralism[J]. Mind, 1977, 86(34): 19-30.

[82] O'Neill O. Constructivism vs. Contractualism[J]. Ratio, 2003, 16 (4):319-331.

[83] O'Neill O. Constructivism vs. Contractualism[M]//On What We

Owe to Each Other. Oxford: Blackwell, 2004.

[84] O'Neill O. Kant: Rationality as Practical Reason[M]//The Oxford Handbook of Rationality. Oxford: Oxford University Press, 2008.

[85] Parfit D. On What Matters[M]. Oxford: The Oxford University Press,2011.

[86] Parfit D. Reasons and Motivation[J]. Aristotelian Society, 1997, 71(1):99-130.

[87] Parfit D. Reasons and Persons[M]. Oxford: The Oxford University Press,1986.

[88] Pettit P. Can Contract Theory Ground Morality[M]//Contemporary Debates in Moral Theory. Oxford: Blackwell Publishing Ltd, 2006.

[89] Pettit P. Deliberation and Decision[M]//A Companion to the Philosophy of Action. Cambridge: Cambridge University Press, 2008.

[90] Rawls J. A Theory of Justice[M]. Cambridge: Harvard University Press, 1971.

[91] Raz J. Introduction[M]//Practical Reasoning. Oxford: Oxford University Press,1978.

[92] Raz J. Practical Reason and Norms[M]. London: Hutchinson, 1975.

[93] Replies W B. In World, Mind, and Ethics[M]. Cambridge: Cambridge University Press,1995.

[94] Russell B. The Analysis of Mind[M]. London: George Allen & Unwin,1921.

[95] Scanlon T. Being Realistic about Reasons[M]. Oxford: Oxford University Press, 2014.

[96] Scanlon T. Contractualism and Utilitarianism[M]//Utilitarianism and Beyond. Cambridge: Cambridge University Press, 1982.

[97] Scanlon T. How I Am not a Kantian[M]//On What Matters (volume two). Oxford: Oxford University Press,2011.

[98] Scanlon T. Reasons, Responsibility, and Reliance: Replies to Wallance,

Dworkin, and Deigh[J]. Ethics, 2002, 112(3):507-528.

[99] Scanlon T. Replies[M]//On What We Owe to Each Other. Oxford: Blackwell, 2004.

[100] Scanlon T. Review: Reply to Gauthier and Gibbard[J]. Philosophy and Phenomenological Research, 2003, 6(3):176-189.

[101] Scanlon T. What We Owe to Each Other[M]. Cambridge: The Belknap Press of Harvard University Press, 1998.

[102] Scanlon T. Why does Inequality Matter[M]. Oxford: Oxford University Press, 2018.

[103] Sellars W. Language as Thought and as Communication[M]//The Space of Reasons: Selected Essays of Wilfrid Sellars. Cambridge: Harvard University Press, 2007.

[104] Smith M. Humean Rationality[M]//The Oxford Handbook of Rationality. Oxford: Oxford University Press, 2008.

[105] Smith M. The Moral Problem[M]. Oxford: Blackwell, 1987.

[106] Sobel D. Subjective Accounts of Reason for Action[J]. Ethics, 2001, 111(3):461-492.

[107] Streumer B, Hooker B. Procedural and Substantive Practical Rationality[M]//The Oxford Handbook of Rationality. Oxford: Oxford University Press, 2008.

[108] Streumer B. Practical Reasoning[M]//A Companion to the Philosophy of Action. Cambridge: Cambridge University Press, 2008.

[109] Sugden R. Contractarianism and Norms[J]. Ethics, 1990, 100(4):768-786.

[110] Timmerman P. Contractualism and the Significance of Perspective-taking[J]. Ethical Theory and Moral Practice, 2015, 18(5):909-933.

[111] Timmons M. The Limits of Moral Contructivism[M]//On What We Owe to Each Other. Oxford: Blackwell, 2004.

[112] Vallentyne P. Contractarianism and the Assumption of Mutual Unconcern[M]//Essays on David Gauthier's Morals by Agreement. Cambridge: Cambridge University Press, 1991.

[113] Vallentyne P. Gauthier's Three Projects[M]//Essays on David Gauthier's Morals by Agreement. Cambridge: Cambridge University Press, 1991.

[114] Wallace J. Scanlon's Contractualism[J]. Ethics, 2002, 112(3): 429-470.

[115] Watson G. Some Consideration in Favor of Contractualism[M]// Rational Commitment and Social Justice: Essay for Gregory Kavka. Cambridge: Cambridge University Press, 1998.

[116] Williams B. Internal and External Reasons[M]//Moral luck. Cambridge: Cambridge University Press, 1981.

[117] Williston B. Reasons for Action and the Motivational Gap[J]. The Journal of Value Inquiry, 2005, 39(3): 309-324.

后 记

本书以博士学位论文为基础而著。博士学位论文完成五年后,再翻开重新阅读,发现有诸多不成熟的地方以及可深入挖掘之处。当下国内外学界围绕行动理由、合理性、理由之上的道德论证等议题展开了大量讨论,这在一定程度上印证了对契约式道德论证的整体比较研究是必要的。在最初写作时,持有的主要困惑是:面对不同论证思路以及不同论证目标的道德契约理论,展开此项比较研究是否可行?在对行动哲学、合理性理论以及心灵哲学等哲学分支有了更深入的了解后,此困惑便即刻消逝。原因是:道德契约论是关于契约主体道德活动的分析,这需考察契约主体的活动模式、道德思考方式以及实现一致同意的过程等。易言之,无论特定的道德契约论被划入何种派别、冠以何种名称以及试图实现何种不同的论证目标,它们都需要分析个体的思考和行为模式,故为此项比较研究提供了可能性。

契约是人类社会的"特有之物",也是人类的"伟大创造"。契约思想作为人类思想宝库中的瑰宝,早在古希腊时期已被广泛讨论。在柏拉图的《理想国》中,格劳孔与苏格拉底曾就正义本质和起源展开激烈辩论,格劳孔借"吉格斯指环"的比喻引出了基于契约的正义概念,此时契约被置于利益语境中被讨论。在近代,契约思想大放异彩,它成为霍布斯、洛克、卢梭等人建立政治理论的重要工具。到了现代,契约论思想并未"销声匿迹",它以另一种方式重新"焕发生机",罗尔斯将之用于正义原则的证成之中,伦理学家则将之引入道德领域。当下契约思想已成为众多学科的重要议题,希望此书能对未来研究起到"抛砖引玉"的效果。

感谢在中山大学求学期间导师和师友们的帮助,感谢浙江大学出版社曲静女士,感谢家人的厚爱和妻女的陪伴。本书的不足之处以及可能造成的后果,责任在我。

2024 年晚秋,杭州